주목 불복종

디지털 미디어 주목 통제권 회복

주목 불복종

김영욱 지음

디지털 미디어 주목 통제권 회복

DISOBEDIENCE TO ATTENTION

이화여자대학교출판문화원

저자의 말

나는 요즘 일을 하다가도 아무 이유 없이 네이버 뉴스나 다음 뉴스 페이지로 들어가 시간을 보내다가, 결국 다시 돌아올 기회를 놓치고 하던 일의 모멘텀까지 놓치는 경우가 많아졌다. 이제 온라인 뉴스에 의미 없이 시간을 뺏기는 일은 하지 말아야지 하고 생각하지만, 곧 또 여지없이 일하는 중간에 다시 온라인 뉴스 페이지를 생각 없이 찾게 되는 나를 발견하곤 한다. 생각과 행동이 따로 노는 것에 놀라기도 하지만, 이 정도의 여가를 보내는 것에도 죄책감을 느낄 필요가 있나 하고 스스로 위안하기도 한다. 분명한 것은 내가 습관적으로 온라인 뉴스 페이지에 들어간다는 것이고, 이를 개선할 의지의 유무와는 관계없이 자연스럽게 그러한 행동을 반복한다는 점이다. 나만 그런가 하는 생각도 했지만, 주위에서 모두 그런 경험이 있다고 하는 걸 보면 이것도 디지털 사회가 만들어낸 하나의 현상이 아닐까 하는 생각에 미치게 되었다.

하지만 잘 따져보면 내가 의미 없이 온라인 뉴스 포털에 들어가서 보내는 시간은 책을 읽거나 논문을 쓰거나, 아니면 집중하고 있던 다른 일을 수행하는 데에 굉장히 방해가 되는 시간이다. 온라인 뉴스를 본다는 것, 즉 콘텐츠에 주목하는 행위는 내가 행하는 어떤 생산적인 일이나, 스스로 가치 있다고 여기는 어떤 일들을 희생하고 얻게 되는 의미 없는 대체 행위일 가능성이 높다. 그렇다면 주목하는 행위는 그만큼 사람들이 뭔가를 희생하면서 스스로 시간을 내어놓는 행위인 것이고, 내어놓는 사람이 있으면 그로부터 특정한 편익을 얻는 상대방도 있기 마련이다. 즉 누군가 내가 희생한 주목 시간을 자신에게 유리한 방향으로 사용하고 있다는 의미이다. 그렇다면 편익을 취하는 주체는 어떻게든 많은 시간을 자신의 이익과 관련된 것에 주목하게 만들려고 할 것이고, 가장 효율적인 방법으로 최대한의 편익을 거두려고 시도할 것이다. 현재 이러한 편익을 취하는 주체는 디지털 미디어 자본이고, 이들이 주로 쓰는 가장 효율적인 방법이 주목을 기반으로 하는 광고와 데이터 마케팅을 통해서 이윤을 생성하는 것이다.

이러한 이윤 창출 시스템이 가능해지려면 아무 생각 없이 습관적으로 온라인 뉴스에 들어가는 나와 같은 사람들이 많아져야 한다. 온라인 뉴스를 습관적으로 보거나 소셜미디어에 습관적으로 접속하는 것은 어떤 새로운 소식이 있을 것이라는 기대가 있기 때문이고, 또 그것을 충족할 수 있는 수단이 너무 쉽게 내 주위에 있기 때문이다. 스마트폰 화면을 한 번 터치하는 것만으로 우리는 미지의 세계를 만날 수 있다. 한편 내가 하는 행위들에 대한 반대급부나 희생은 아주 미미하다. 내가 네이버 뉴스를 둘러본다고 해서 당장 어떤 희생을 치러야 할 일은 벌어지지 않는다. 내가 화면을 터치하는 권한을 가지고 있는 한, 나는 내가 세계를 내 마음대로 할 수 있는 권리를 가졌다고 착각한다. 누가 왜 이렇게 쉽게 즐길 수 있는 장치들을 만들었을까? 우리는 정말 아주 미미한 희생만 치르고 있는 것일까? 만약 이러한 일들이 그냥 내가 가진 시간을 조금 내어놓는 수준이 아니라 사람들의 정체성을 송두리째 바꾸고, 그래서 이런 습관적인 행위에 물든 사람들이 많아짐으로써 이성적인 공론장을 기반으로 하는 민주주의의 틀을 뒤흔드는 차원까지 나아가게 한다면 어떻게 해야 할까? 의문이 꼬리를 물게 된다.

이런 의문들은 실제로 매우 유효하다. 좀 더 거창하게 이야기한다면, 내가 온라인에서 행하는 습관적인 행동들은 자본주의 욕망 시스템과 긴밀하게 연결되어 있다. 또한 이러한 현상은 기술이 인간을 지배하며, 기술과 인간 사이의 부조화가 일어나고 있다는 것을 여실히 보여준다. 내가 통제할 수 없는 상황, 즉 마치 내가 모든 선택권을 가지고 있는 것처럼 느끼게 하지만 실상은 선택의 자유를 빼앗긴 사회에서 우리의 정체성은 무너지고, 착취는 더 강화되며, 디지털 미디어 자본의 통제력은 더 강력해진다. 우리가 이에 맞설 수 있는 방법은 뭔가에 습관적으로, 아무 생각 없이 주목하는 우리 자신의 일상적인 행위를 심각하게 돌아보고, 이러한 행위가 가지는 정치경제적인 맥락을 이해함으로써 디지털 미디어가 가져온 환경 변화에 무심코 맡겨두었던 스스로의 통제권을 회복하는 것이다. 따라서 이 책에서는 우려되는 디지털 미디어 환경 변화를 좀 더 심층적으로 해석하기 위해 관련된 철학 기반을 살펴보고, 이러한 문제의 정수에 사람들의 미디어 주목이 있음을 이해하며, 주목하고 이를 착취함으로써 움직이는 디지털 자본주의의 실체를 알아보고자 한다. 이런 상황 분석이 끝나면, 제기된 주목 상품화 문제를 해결하기 위해서 디지털 미디어를 보지 않는 행위, 즉 미디어를 거부하거나 자신의 통제권에 두려는 시도를 중심으로 문제 해결을 위한 대안을 제시해보고자 한다.

이 책은 총 4부로 구성되어 있다. 1부는 디지털 주목 사회란 무엇이고, 그에 대한 통제권을 회복하려면 어떠한 노력을 할 수 있는지를 설명하기 위한 배경지식으로서, 기술과 인간의 관계에 대한 사회철학적인 논의를 다룬다. 2부는 현재 상황을 진단하기 위해서 디지털 주목 사회와 주목 자본주의에 대해 논의하며, 3부는 주목 과잉이 낳은 문제를 해결하기 위해 디지털 미디어 보지 않기와 관련된 다양한 의미, 그리고 주목 통제권 회복을 위한 개인, 정체성, 사회 차원의 접근 방법에 대해서 다룬다. 마지막으로 4부에서는 책을 마무리하면서 디지털 착취 자본주의 시스템 안에서 어떻게 사회적인 변화를 기획할 수 있는가에 대해 논의한다. 정리하자면 이 책은 배경지식, 상황에 대한 진단, 문제 해결을 위한 방법의 순으로 구성되어 있다.

1부 1장 '디지털 과잉 주목과 보지 않기'는 책의 서론 차원으로서, 디지털 미디어에 대한 주목을 둘러싼 인간과 기술 간 관계 이해의 필요성을 강조한다. 나아가 디지털 주목을 중심으로 발생하는 착취 상황 및 근본적인 인간성 상실로 연결되는 자본주의 욕망, 그리고 주목의 상품화를 이끄는 사회구조에 대한 분석의 중요성 또한 역설한다.

2장 '디지털 주목 사회를 보는 사회철학적인 기반'에서는 미디어 주목을 착취하게 만드는 기술적인 기반의 영향, 이러한 주목 착취의 사회심리적인 구조, 미디어 주목 착취가 실제로 이루어지는 실행 과정에 대한 논의를 살펴보기 위해 세 사회철학자의 논의를 살펴본다. 이 장에서는 스티글레르Stiegler가 말했던 인간과 기술이 조화를 이루는 것, 들뢰즈Deleuze가 역설했던 자본주의 욕망기계에서 벗어나 사람들의 진정한 욕망을 되살리는 것, 푹스Fuchs가 주장했던 디지털 생산수단을 소유한 디지털 자본 계급에 맞서 일반 시민이 디지털 사회의 주목 통제권을 되찾아오는 것 등을 주요한 목적으로 두고 논의를 이어간다. 이러한 논의는 결국 이를 실천하기 위한 시민의 자각과 행동으로 연결되어야 한다는 것으로 귀결되는데, 이러한 성찰만이 주목 자본주의 문제를 근본적으로 해결할 수 있는 열쇠를 제공할 것이기 때문이다.

2부 3장 '주목과 주목 경제'에서는 현재의 디지털 미디어 사회에 나타나는 많은 부정적인 현상, 예를 들어 선정주의, 정파주의, 낚시성 기사, 프로보커쳐provocateur 인용, SNS 인용 저널리즘, 기사 남용 등이 주목과 클릭에 목을 매는 디지털 환경에서 비롯되었음을 설명한다. 그리고 주목을 통해서 이루어지는 사회관계와 인지자본주의 사회의 작동 원리를 이해하지 않고는 디지털 미디어 환경을 이해하기 어려움을 짚는다. 이 장에서는 특히 디지털 파르마콘pharmakon, 외장 기억, 죄의식 같은 개념을 가져와, 획일화된 주목 끌기를 통해 전체적인 사회규범이 만들어지는 과정 그리고 주목을 통해서 이익을 실현하려는 자본의 탐욕 및 이를 뒷받침하는 통제적인 주목 양식에 대해서 논의한다. 또한 이러한 디지털 주목 양식을 더 잘 이해하기 위해 주목의 속성, 주목 경제의 원리, 주목에 따른 시공간과 생산 조건의 변화, 주목에 맞추어진 개인에 대해서도 심층적으로 다룬다.

4장 '주목 노동'에서는 디지털 사회의 주목하는 행위가 어떻게 노동으로 변모하는가를 집중적으로 다룬다. 디지털 노동은 디지털 하드웨어 및 소프트웨어 제작과 관련된 물질 노동, 그리고 주로 생산소비자prosumer 활동과 관련된 비물질 노동을 모두 포함하는데, 디지털 자본주의 체제에서는 물질 노동을 통해서도 당연히 가치가 생성되지만, 디지털 플랫폼에 참여하는 모든 사람의 활동을 통해서도 가치가 생성된다. 줄어드는 이윤율로 인해 힘들어하던 자본은 디지털 환경이 제공하는 새로운 가치 소스, 즉 주목의 노동화를 통해서 새롭게 부활한다. 나아가 디지털 자본은 주목 노동을 통해서 착취의 기반을 다양화하고 확장한다. 이 장에서는 디지털 노동의 유형을 나누고, 그중에서 특히 비물질 주목 노동이 착취의 대상이 되는 과정을 살핀다. 또한 주목 노동이 어떻게 생산적인 노동으로 기능하는지 밝히면서, 생산소비자상품론, 공짜 노동 등의 개념을 통해 주목이 가치를 만들어내는 과정과 가치의 유형, 주목 노동의 구체적인 유형을 설명한다.

5장 '주목 자본주의'에서는 주목을 중심으로 재편된 주목 자본주의에 대해서 다룬다. 주목 자본주의란 디지털 미디어를 중심으로 주목 노동이 가치 창출의 중심이 되는 사회를 말한다. 디지털 미디어 플랫폼은 주목을 상품화해서 이윤을 창출하기 때문에 여기서는 주목을 끌 수 있는 정보만이 독점적인 권리를 획득한다. 이 장에서는 이와 같은 주목 자본주의의 특성과 함께, 주목 자본주의가 등장하게 된 배경과 변화, 그리고 착취의 확대를 통해 주목 자본주의의 문제점이 심화되는 과정을 살핀다. 또한 주목 계급의 탄생과 이에 따른 사회의 변화 및 디지털 의존, 이를 극복하기 위한 접근 방법을 고민한다.

3부 6장 '디지털 미디어 시대 주목의 폐해와 통제력 회복의 필요성'에서는 디지털 미디어 시대에 일어나는 주목의 폐해에 대해서 전반적으로 정리하고, 주목 통제력을 회복할 필요성을 역설한다. 사람들은 주목 자본주의가 배치한 욕망을 실현하기 위해 자신의 삶을 갉아먹는 주목 행위에 집착하게 된다. 따라서 디지털 미디어를 보지 않는 행위는 곧 주목 경제를 통해 피폐해진 삶에서 다시 통제권을 되찾기 위한 노력을 의미한다. 이 장에서는 디지털 주목 기술이 인간을 종속하는 과정을 설명하면서, 정체성 상실, 더 나아가 민주주의의 위기를 야기하는 주목의 폐해에 대해 설명한다. 이러한 과정이 디지털 미디어 보지 않기를 통한 통제력 회복의 필요성을 자연스럽게 드러내게 된다.

7장 '디지털 미디어 보지 않기와 거부의 역사'에서는 끊임없이 주목할 것을 강요하고, 이윤 창출을 위한 노출 사회를 자연스러운 습속으로 수용할 것을 강요하는 디지털 미디어 사회의 경향에 반기를 드는 미디어 거부하기media refusal와 관련된 역사 및 연구 경향을 살펴본다. 그리고 디지털 미디어 보지 않기 행위를 이해하기 위한 배경지식을 설명한다. 나아가 보지 않는 행위의 다양한 관련 개념과 디지털 미디어 보지 않기와 관련된 배경 담론을 광범위하게 살펴보고, 그것이 가지는 현실적인 어려움에 대해서도 논의한다.

8장 '개인 차원의 디지털 미디어 보지 않기'에서는 주목 과잉 사회에 대항하기 위해 디지털 미디어 보지 않기를 실천하는 방법으로서 개인 차원의 노력, 즉 행위 차원과 정체성 차원을 다룬다. 개인 행위 차원에서 디지털 미디어를 과잉 사용했을 때 생기는 문제점은 생산성의 문제와 관련되고, 정체성 차원에서는 감각을 상실하고 진정한 자아에 대한 의문을 형성하는 것과 연결된다. 이처럼 디지털 미디어 과잉 주목은 다양한 부작용과 직접적으로 연관되기 때문에, 이로부터 벗어나기 위해서는 행위를 조절하고 자신이 형성하는 강박에서 벗어나 인생의 균형을 회복하는 것이 중요하다. 이 장에서는 이러한 문제점과 발생 원인에 대한 분석을 기반으로, 미디어 사용을 통제하기 위한 다양한 접근 방법을 행위 차원과 정체성 차원에서 설명한다.

9장 '사회 차원의 디지털 미디어 보지 않기'에서는 디지털 미디어 보지 않기가 단순히 개인 차원에서 이루어지는 수동적인 방어 행위에 그쳐서는 안 되며, 좀 더 사회적인 정치 행위로 변화할 필요가 있음을 역설한다. 온라인 정치 참여 행위는 능동성이라는 긍정적인 속성을 보여주지만, 디지털 미디어 보지 않기는 오히려 불참, 수동성 등의 부정적인 속성을 통해 정치적인 목적을 달성하고자 한다. 이 장에서는 이러한 목적을 위해 기존 디지털 미디어 체제에 대응하는 방법으로 두 차원에서 네 가지 전략을 정리한다. 또한 디지털 미디어 보지 않기가 개인적인 차원에서 이루어질 때 발생하는 패러독스를 설명하며 사회 차원의 대응이 얼마나 중요한지를 밝힌다. 더불어 디지털 미디어 과잉 주목이 가져오는 권력 불평등의 문제를 다룸으로써 사회적인 차원의 저항이 필요한 이유를 설명하고, 사회운동 차원의 구체적인 전략들에 대해서도 논의한다.

마지막 장인 4부 10장 '디지털 미디어 보지 않기와 디지털 자본주의 대항 권력'에서는 디지털 미디어 보지 않기의 의미를 다시 한번 짚으면서 그것이 디지털 자본주의 착취 시스템과 어떤 식으로 긴밀하게 연결되어 있는가를 살핀다. 특히 노출 사회라는 감옥에서 벗어나 진정한 욕망을 실현하기 위해서는 사회구조적인 체제의 변화와 연결해서 바라보는 것이 중요함을 강조한다. 문제를 해결하기 위해서는 시민의 참여가 필수적이며, 사적·개인적 주목이 공적·사회적 주목으로 거듭날 필요가 있다는 것이다.

이 책이 현재 시점에서 나에게 가지는 의미에 대해서도 한마디 남겨둘 필요가 있을 것 같다. 책의 내용은 배경 이론, 상황 진단, 문제 해결이라는 논리적인 구조와 더불어 완결적인 속성을 갖추고자 노력했다. 하지만 이 책은 지금까지 내가 읽고 경험하고 고민한 바를 정리한 것일 뿐 완결된 내용이라고 하기는 어렵다. 그럼에도 불구하고 이제는 우리 사회에 어떤 변화가 필요하다는, 책을 내어야 할 절박함 같은 것이 있었다. 더 이상의 혁명은 어렵다고 말하는 사람들이 대부분인 세상을 살아가고 있지만, 이 책에서 주장하는 혁명은 다른 의미, 곧 우리가 세상을 바꾸어갈 현실적인 방법을 찾아가는 것이라고 말하고 싶었다. 하지만 그런 의도와는 달리, 혁명으로 다가갈 수 있는 방법에 대한 단초만을 제시할 뿐 구체적인 방법론을 구성하지는 못했다. 그렇다 보니 자칫 사변적으로 현상을 해석하는 데에 치중하지 않았나 하는 우려가 있다. 또한, 이 책을 쓰는 것이 인터넷 세상을 온통 뒤덮고 있는 풍조들, 즉 '내가 간단하게 정리할 수 있는 방법을 알고 있으니 그 비결을 너에게 가르쳐주마' 식의 디지털 미디어 세계관에 일조한 것은 아닐까 하는 두려움도 있다. 하지만 책을 쓴다는 것은 후일의 발전을 기약하면서 현재의 생각을 정리하는 것이지, 변하지 않을 진리를 공개하는 이벤트는 아니라고 생각한다. 이 책은 현재 시점에서 내 생각을 정리한 최선의 결과물이다. 따라서 이 책에 들어 있는 실수나 논리적인 결함은 모두 나의 책임이다. 지금으로선 더 열심히 읽고 생각해서 다듬어지지 않은 생각과 논리는 더 날카롭게 만들겠다는 약속만을 할 수 있을 뿐이다.

디지털 미디어의 폐해가 심각하다. 모든 것을 디지털 미디어의 탓으로만 돌린다면 미디어 결정론의 함정에 빠지게 되겠지만, 관련된 사회현상을 무시하기에는 현상적으로 드러나는 디지털 미디어의 문제가 너무 심각하다. 더 심각해지는 시기는 디지털 원주민들이 우리 사회의 주역으로 등장하는 지금부터이다. 요즘은 아주 어린아이들도 모바일 기기를 손에 쥐고 있는 광경을 어디서든 쉽게 목격할 수 있다. 주목은 저들에게 아주 자연스러운 세계관으로 자리 잡을 것이고, 또한 저들은 주목을 통한 착취를 아주 당연한 것으로 받아들이게 될 것이다. 이것은 텔레비전이 주목을 통해서 어린아이들을 유혹하고, 잠재적인 시장 수요자로 양성하는 수준과 비교하기 힘들다. 이미 생활 속에서 주목이 판단의 가장 중요한 근거로 작용하게 되면 사람들은 인생에서 진정으로 중요한 것이 무엇인가에 대해 숙고할 기회도 갖지 못하고, 주목이라는 허상 속에서만 인생을 허비하게 될 가능성이 크다. 디지털 미디어가 지배하는 시대에 가장 우려되는 부분은 세대를 넘어 전해줄 도덕, 기준, 가치, 지혜가 모두 사라질 수 있다는 것이다. 나아가 다음 세대가 주목의 허상 속에서 서로 뚜렷한 이유도 없이 경쟁하며, 자신이 착취당하고 있다는 사실조차 인지하지 못한 채 살아가는 세상을 물려줘야 할 수 있다는 것이다.

지금 현실의 문제도 심각하다. 디지털 미디어가 만들어내는 주목 중심주의는 인터넷을 뒤적거리며 과도한 시간을 소비하게 만들고, 이것이 심해지면 인터넷 중독에 빠지게 된다. 이러한 정신보건 문제나 디지털 피곤과 관련된 개인 차원의 논의는 빙산의 일각에 불과하다. 디지털 미디어가 만들어내는 폐해를 제대로 살펴보려면 개인 차원에서 벗어나, 주목을 이용한 착취적 비즈니스 모델을 디지털 미디어들이 어떻게 작동시키고 있는지 분석해야 한다. 디지털 미디어는 어떤 식으로든 사람들의 주목을 모아서 이윤을 창출할 수단을 강구하려 하고, 그 과정에서 공짜 사용 유도, 개인정보 감시, 디지털 사용 강매 등 최대한의 이윤을 얻기 위한 모든 방법을 강구한다. 이러한 디지털 미디어 기업의 무자비한 주목 착취는 결국 심각한 사회문제를 낳는다. 우리가 익히 알고 있는 가짜 뉴스를 통한 조작, 필터 버블, 정치적 양극화, 사회적 유대관계의 약화와 사회자본의 잠식, 시민의식의 약화를 통한 민주주의의 토대 붕괴 등이 그것이다.

이 모든 개인·조직·사회 차원의 문제는 우리가 이미 경험하고 있고, 잘 인지하고 있다. 문제는 이러한 현상을 생활 속에서 수용하고 있다는 것이며, 문제인 줄 알면서도 이를 개선하려는 의지를 가지지 못한다는 점이다. 나아가 정말 심각한 문제는 디지털 미디어가 가져온 주목 자본주의를 피할 수 없는 자연스러운 현상, 혹은 우리 사회의 상식으로 받아들이는 경향에 있다. 디지털 주목 사회가 만들어낸 사회관계와 사회구조를 자연스러운 현상으로 바라보게 되는 이유는 우리가 디지털 주목 현상에 대한 역사적인 비판의식을 가지지 못하고 있기 때문이다. 디지털 주목에 대한 의존은 본래 우리 사회에 내재한 현상이 아닌, 디지털 주목 자본주의가 만들어낸 허상에 불과하다. 그것은 디지털 자본에 의해 비즈니스 모델로 만들어진 것이며, 이윤을 최대화하기 위해서 조작되고 강화된 것에 불과하다. 주목을 사회의 지배적인 이데올로기로 만들고 상품으로 만들어 물신화하는 것은 디지털 미디어의 책략에 불과하다.

우리 모두는 주목 자본주의 아래에서 주목을 착취당하면서도 자신이 주목 사회의 건강한 일원이라는 허위의식에 사로잡혀 있다. 소셜미디어에서 많은 팔로워를 거느리게 되면 디지털 자본이 나눠주는 부스러기 이익을 가질 수도 있고, 사회적 영향력을 어느 정도 발휘할 수도 있게 된다. 하지만 이런 유의 허위의식, 즉 실제로는 디지털 지배계급이 이윤을 최대화하기 위해서 만들어내는 것일 뿐인 가치와 신념을 스스로 받아들이고 내면화하면서 사람들은 주목 자본주의에 점점 순치되어간다. 이러한 상황을 바로잡기 위해 현재의 주목 자본주의가 만들어내는 사회경제적인 구조를 피할 수 없다고 생각하는, 또 그것이 정당하다고 생각하는 관념에서 벗어나야 한다. 그러기 위해서는 당연하게 생각했던 주목 현상을 보다 중요한 가치와 이데올로기, 헤게모니 경쟁의 개념으로 받아들이고, 디지털 미디어에 대한 통제권을 되찾아오기 위해 스스로 노력하는 것이 무엇보다 중요하다. 디지털 미디어를 보지 않으려는 행위 혹은 주목 불복종은 스스로 디지털 미디어 사용에 관한 통제권을 되찾아오려는 시도이며, 주목 자체를 뭔가 대단한 내재적인 가치가 있는 행위라고 신비화하기보다는 단지 만들어진 상품에 불과하다는 것을 깨닫고 거부하는 행위이다. 이 책은 우리 사회에서 그러한 자각과 변화를 만들어내기 위한 작은 시도라고 할 수 있다.

책을 만드는 과정에서 많은 사람의 도움을 받았다. 우선 언제나 멋있는 책을 만들어주는 이화여자대학교출판문화원 여러분께 감사의 말을 전한다. 책의 아이디어를 잡는 과정에서 언론신뢰책임연구회, 커뮤니케이션정치경제연구회 등 학회 공부 모임의 선생님들로부터 많은 영감을 받았다. 수업 시간에 대학원 학생들과의 토론도 이 책에서 더 강조하고 보태야 할 부분을 선별하는 데에 큰 도움이 되었다. 또한 초안을 읽어준 선생님들과 대학원생들에게 고마움을 표한다. 마지막으로, 책을 쓰는 몇 년 동안 사실상 수많은 아이디어를 함께 고민하고, 토론하고, 기꺼이 내 생각을 들어주고 조언해준 아내에게 고맙다는 말을 전하고 싶다.

2025년 1월

일산에서

김영욱

차례

3부. 디지털 미디어 보지 않기와 주목 통제권 회복

DISOBEDIENCE TO ATTENTION

1부

들어가기

디지털 미디어 시대의 주목

1장

디지털 과잉 주목과 보지 않기

디지털 미디어와 수용자의 권력관계

텔레비전 시대와 디지털 미디어 시대의 수용자 접근 방법은 완전히 다르다. 텔레비전 시대에는 적절한 미디어 수용자층을 찾아내는 게 우선이었다. 즉 어떤 프로그램을 만들면, 어떤 그룹의 사람들이 그 프로그램을 봐줄 것인가를 걱정해야 했다. 텔레비전 시대가 광고 판매를 위해 사회 통념에 맞게 대상을 분류하고 상황에 맞게 적당히 수용자 집단을 이용하는 사회였다면, 디지털 미디어 시대는 개별적인 수용자 데이터에 상세하게 접근해서 개인을 심층적으로 이해하고, 상품 판매에 필요한 미디어 수용자를 개별적으로 선택해 이들에게 직접적으로 판매하는 시대가 되었다. 이 과정에서 디지털 미디어에서는 수용자 개개인의 개별적인 의사결정이 중요해진다. 하지만 수용자 입장에서는 네트워크의 크기가 더 중요해진다. 어느 정도 수용자 수가 확보되어 사회적인 네트워크를 형성할 수 있는 디지털 미디어 플랫폼이 아니라면 수용자 입장에서는 개인정보를 내어줄 이유가 없다. 그래서 플랫폼 역할을 하는 디지털 미디어는 미디어와 수용자 사이의 힘의 불균형이 수용자 편으로 유지되는 동안에는 편리한 무료 서비스를 가급적 많이 제공함으로써 수용자들을 최대한 유인코자 노력하고, 힘의 불균형이 디지털 미디어 쪽으로 역전되는 상황이 오면 개인정보와 서비스 이용료 등과 관련하여 플랫폼 입장에서 유리한 정책을 곧바로 시행하게 된다. 드디어 마음대로 이윤을 착취할 수 있는 여건이 마련되는 것이다.

디지털 미디어와 수용자의 권력관계를 이해한다면, 디지털 미디어가 가지는 힘의 기반이 '확보할 수 있는 수용자의 수'에 있다는 것을 짐작할 수 있다. 수용자의 수가 많아지고, 디지털 미디어에 의존해서 사회관계를 형성하는 사람이 많아질수록 디지털 미디어 플랫폼의 힘은 세질 수밖에 없다. 이를 역으로 생각해보면, 만약 수용자가 없다면 디지털 사회관계가 형성되기 어렵고, 디지털 미디어 플랫폼의 역할도 줄어들 수밖에 없다. 문제는 수용자가 개별화되어 있기 때문에 수용자의 집단적인 힘을 만들어내는 데에 기민하지 못하고, 욕망이 주어진 조건에 순응하는 형태로 사회적으로 배치됨으로써 디지털 미디어를 이용해 사회관계를 이루는 것과 욕망을 실현하는 것이 매우 자연스러운 현상이라고 스스로 받아들이게 된다는 점이다. 따라서 수용자가 스스로의 허위의식과 잘못된 욕망 실현 욕구를 자각하고, 디지털 미디어가 만들어내는 권력의 원천이 자신들이라는 것을 자각한다면 현재의 디지털 미디어 기술이 장악하고 있는 사회 작동 원리를 바꾸어갈 계기를 마련할 수 있게 된다. 결국 플랫폼화된 디지털 미디어의 작동 원리를 이해하고, 우리가 가진 힘을 직시한다면 디지털 미디어에 모두 내어준 통제권을 회복할 길이 열릴 수 있다.

새로운 기술과 주목의 통제권

디지털 환경에 대한 통제권을 수용자들이 되찾아와야 한다는 주장은 새로운 기술의 끝없는 등장과 이에 중독된 사람들의 환호, 그리고 기술 유토피아 논리로 인해 목소리를 내지 못하고 있다. 사람들은 현재 생성형 인공지능artificial intelligence: AI인 챗지피티ChatGPT에 대해서 온갖 찬사와 우려를 쏟아내고 있지만, 실제로 챗지피티에 쏟아지는 여러 감상이 향하는 지점은 AI가 인간에게 궁극적으로 이로울 수 있으며, AI를 어떻게 인간에게 이롭게 사용할 것인가에 대해 지금부터 고민해야 한다는 것이다. 이러한 논의에서 우리가 오해하고 있는 점은 결국 AI가 중립적으로 존재하면서 인간의 삶에 보탬이 될 것이며, 우리의 삶을 어렵게 만들 가능성이 있다고 해도 그것을 우리가 충분히 통제할 수 있다고 쉽게 간주하는 것이다. 따라서 우리는 AI에 대한 자신의 욕망도 자연스럽다고 느끼며, AI를 개발하기 위한 사람들의 노력은 순수한 과학자들의 고귀한 창의성과 연결된다고 본다. 하지만 과연 그럴까? 텔레비전과 컴퓨터, 스마트폰, 소셜미디어가 개발되고 사람들의 삶은 편리해졌지만, 우리의 삶이 과연 더 나아졌다고 확신할 수 있을까?

모든 미디어에는 기득권과 자본의 논리가 깃들어 있고, 사람들의 순수한 욕망을 억제하면서 자본주의가 배치한 욕망을 그들 자신의 욕망으로 수용하도록 강요하는 경향이 있다. 그러한 자본주의 욕망의 실현이 결국은 자연스럽게 기득권과 자본이 편익을 창출해낼 수 있게 하는 밑거름으로 작용한다. 예를 들어 소셜미디어 시대의 도래로 우리의 사회관계는 더 확장된 것처럼 보이지만, 오히려 물질주의 욕망은 더 커졌고 온라인 관계에서 오는 피곤함, 수치화된 경제적 욕망을 실현하기 위한 멈출 수 없는 노력, 남들과의 끊임없는 비교 등이 우리의 삶을 더욱 피폐하게 만들고 있다. 자본은 점점 더 줄어드는 수요와 수익률을 상쇄하기 위해서 언제나 새로운 미디어와 눈길을 끄는spectacular 볼거리를 만들어내고, 이를 통해서 새롭게 이윤을 창출한다. 이런 상황에서 챗지피티의 부상은 다르다고 과연 우리는 확신할 수 있을까?

챗지피티가 만들어내는 관계는 소셜미디어 사회의 관계보다 훨씬 더 위험하다. 소셜미디어는 사람들 간의 관계로 네트워크를 형성하고 있지만, 챗지피티에서의 관계는 AI와 사람들 간의 일대일 관계에 불과하다. AI가 사회관계를 주도하면 사람들 간의 관계는 더욱 희미해지고, 공동체 의식도 사라질 가능성이 높다. 이러한 관계는 디지털 미디어 자본이 사람들을 더욱 통제하기 쉽게 하는 착취 체제를 만들어낸다. 특정 질문에 대해 이윤이 창출되는 방향으로만 응답하게 된다면 사회의 다원성은 사라질 것이다. 다른 사람과의 논의를 통해서 집합적인 힘을 만들어내지 못하는 사람들은 점점 더 AI에 의존하게 되고, 결국은 진실에 대한 통제권도 AI에 넘겨줄 가능성이 농후하다.

그럴듯해 보이지만 진실하지 않은 정보에 대해 서로 체크하고 비평할 공간이 사라진 사회에서 인간의 역할은 축소되고 만다. 반면에 AI 자본은 사람들의 행태 데이터뿐만 아니라 사람들이 가진 생각의 내면을 파고들어 무의식도 조종할 수 있게 되고, 착취에 가장 최적화된 상품화 공간을 만들어내게 된다. 이런 사회는 민주주의 사회가 아니라 독재사회이다. AI 기술을 통제하는 자본은 사람들의 디지털 공짜 노동을 마음대로 착취할 것이고, 착취할 노동이 부족하다고 느낀다면 어떻게 해서든 착취할 수 있는 다른 노동을 찾아낼 것이다. 지금은 챗지피티의 일부 기능을 공짜로 이용하고 있지만, 일정한 시간이 지나서 주목이 모이면 모두 유료화되거나 광고 모델이 적용될 것이고, 시간이 더 지나면 일과 쉼의 구분이 없어지면서 언제나 이용할 수 있는 챗지피티에 맞춰진 노동 착취 모델을 강요하게 될 가능성이 높다. 그러한 통제권을 잃어버린 AI 사회의 미래는 그리 밝지 않다.

챗지피티를 비판하는 것은 AI의 발달을 지연시키거나 막자는 것이 아니다. 결국 사람들의 주목이 모이고 거기에서 비롯되는 사회 원리가 모두에게 작동하면서 사회의 자연스러운 체제로 굳어지기 전에, 누가 AI의 통제권을 가질 것인가에 대한 사회적인 논의를 확실히 하자는 것이다. 처음 소셜미디어가 등장했을 때 우리가 새로운 미디어의 등장에 취해서 놓쳤던 것들, 즉 자본의 이윤 창출을 위해 개인의 행태 정보가 아무렇지도 않게 감시당하거나, 사람들 간의 관계가 왜곡되고, 삶과 놀이가 상품화되는 광경을 목격하면서 우리가 부작용을 막고자 뒷북을 칠 수밖에 없었던 이유는 소셜미디어의 작동에 대한 사람들의 통제권을 첫 개발 단계부터 고민하지 않았기 때문이다. 대부분의 사람들이 '페이스북Facebook'과 '카카오톡KakaoTalk'의 네트워크에 몸을 담그고 삶을 영위하는 순간이 되면, 그때부터 페이스북과 카카오톡을 통제하는 것은 불가능에 가깝다.

챗지피티도 마찬가지이다. 사람들의 주목을 모으기 시작하고, 사회관계를 챗지피티에 맞게 변화시켜가는 시점에서 사람들의 통제권에 대한 논의도 함께 이루어져야 한다. 챗지피티가 충분한 주목과 네트워크를 모으고, 자신들의 이윤 시스템을 이미 강화하게 되는 상황에서 사람들의 통제권을 논의하는 것은 너무 늦다. 결국 자본이 주목을 충분히 획득해서 통제권을 장악하기 전에 누가, 어떻게 챗지피티 혹은 AI를 통제할 것인가에 대한 논의가 이루어져야 한다. 이렇게 챗지피티에 대한 우려를 길게 늘어놓는 이유는, 디지털 사회의 작동 원리에 대한 통제권을 이미 디지털 미디어 자본에 모두 빼앗겨버린 상황에서 챗지피티의 등장이 그러한 상황을 더욱 가속화할지 모른다는 우려 때문이다. 결국 이런 주장은 우리가 다시 디지털 미디어 사회의 통제권을 되찾아오기 위해서 어떤 노력을 기울여야 할 것인가에 대한 논의로 모아지게 된다.

주목 사회의 문제와 디지털 미디어 보지 않기

주목이 사회 작동의 원리가 되는 사회는 여러 문제를 보여준다. 우선 개인 차원에서 정신보건상의 문제가 두드러진다. 주목해야 할 것이 많아지면서 일상은 흔들리고, 무엇에 주목하든 뭔가 중요한 것을 놓치고 있다는 강박이 더욱 심해진다. 이러한 중독과 정보 의존 현상은 점점 더 개인이 성찰할 수 있는 시간을 허락하지 않게 되고, 결국은 사람들의 복지를 심각하게 훼손하게 된다. 이러한 주목 사회의 단면은 그러한 결과를 의도하는 디지털 미디어가 사회를 지배하고 있기 때문에 발생한다. 디지털 미디어 입장에서는 주목을 많이 끌 수 있는 콘텐츠가 최고의 콘텐츠가 된다. 주목을 끌 수 없다면 그러한 콘텐츠는 채택될 기회를 잡을 수 없다. 자극적이고 말초적인 관심을 증폭시키는 콘텐츠가 진실성과 공정성의 기준을 압도한다. 개인의 주목을 더 끌기 위해서 개인정보에 대한 감시가 심해지고, 사생활 침해가 일상적으로 일어난다. 사회는 점점 더 조작과 거짓에 취약해지게 되고, 의견의 극단성도 심화한다. 이런 사회는 사회자본을 소진하게 되고, 그나마 남아 있던 사회적인 유대도 무너지게 만든다.

일반적으로 지금까지 이런 문제 상황에 대응하기 위한 접근 방법은 대부분 개인의 의지와 노력을 강조하는 방법이었다. 개인이 의지를 가지고 디지털 기기의 사용을 제한하거나, 스스로 시간 관리에 대한 자각을 바탕으로 중요한 일에서의 집중력을 회복함으로써 문제를 해결하는 것이 가능하다고 보았다. 만약 개인의 의지로 실행하기 힘들다면 그것을 도와줄 수 있는 기기의 도움을 받을 것을 역설했다. 하지만 과연 정말 이렇게 문제를 개인 차원으로 축소하고, 사회구조적인 문제를 개인의 자각과 노력의 탓으로 돌리는 것이 문제를 해결하는 데에 도움을 줄 수 있을까? 인간의 역사에서 새로운 기술은 언제나 사회적인 변화를 수반했고, 그럴 때마다 인간과 기술의 관계를 재정립하기 위한 노력 역시 항상 수반되어왔다. 디지털 미디어의 등장과 관련해서도 새로운 기술이 인간에게 미치는 영향에 대한 광범위한 분석이 수반될 때 문제 해결을 위한 심층적인 논의가 가능해진다. 새로운 기술은 사람들의 생산관계와 사회관계를 근본적으로 변화시키고, 새로운 욕망에 맞서는 사회구조적인 접근 방법의 필요성을 언제나 제기한다.

따라서 단지 개인이 디지털 미디어를 보지 않는 것만으로 문제를 해결할 수 있으리라는 발상은 너무 순진하다. 사회의 모든 생산관계와 사회관계가 디지털 미디어를 통해 중개된다면, 개인이 디지털 미디어 사용을 절제하는 것만으로는 문제를 해결할 수 없다. 디지털 미디어를 거부하는 행위는 사회구조적인 문제에 대한 스스로의 자각과 함께, 개인이 할 수 있는 절제 행위를 사회적인 문제 해결과 연결하려는 노력으로 이어가야 한다. 보지 않는다는 행위는 디지털 미디어가 우리에게 강요했던 것, 즉 기술이 인간성의 우위에 있으며, 우리 모두가 행복해지기 위해서는 우리 모두가 좀 더 기술 종속적으로 변해야 한다는 명제를 집단적으로 거부하는 몸부림이 되어야 한다.

디지털 미디어는 우리가 스스로 보유한 지성과 인간성에 의존하기보다는 기계가 가리키는 방향으로 주목할 것을 요구하고, 기계가 만들어낸 노출과 주목의 양이 사회관계와 신뢰를 대변할 수 있다고 주장한다. 인간은 이런 환경 속에서 자신의 생각을 선형적으로 정리하는 능력을 잃어버리고, 비판 능력을 상실한 채 기계가 명령하는 대로 주목하고 움직이는 수동적인 객체로 변해버렸다. '보지 않기'는 인터넷 시대가 만들어낸 좀비와 같은 존재들에게 다시 주체성을 가질 것을 요구하는 집합적인 패러다임 변화 운동이 되어야 한다.

이러한 패러다임 전환에서 가장 중요한 사실은 인간과 기술의 관계를 재정립하는 것이다. 인간은 기억을 기계에 맡기고 외장화하면서 스스로 생각하고 정리하는 능력을 점점 잃어가고 있다. '디지털 미디어 보지 않기'는 인간성을 회복하고, 스스로 기억하고, 능동적으로 생각하는 우리 모두의 능력을 회복하기 위한 첫걸음이라고 할 수 있다. 이를 위해 디지털 미디어 주목을 둘러싼 인간과 기술의 관계를 사회철학적인 관점에서 이해하고, 디지털 주목을 중심으로 한 착취 상황을 살펴봐야 한다. 그리고 그것을 위해서는 다시, 인간성 상실을 초래한 자본주의 욕망과 주목의 상품화를 이끄는 사회구조를 살펴보는 것이 필요하다. 결국 우리는 어떻게 해서 디지털 미디어 주목에 목매달게 되었는지, 그리고 왜 그것을 자연스럽게 일상 속에서 받아들이게 되었고, 어떤 방식을 통해서 착취의 과정이 구성되는지 이해하는 것이 디지털 미디어 과잉 주목 문제를 해결하는 데에 있어 우선적으로 다루어져야 한다.

2장

디지털 주목 사회를 보는 사회철학적인 기반

디지털 미디어 주목과 주목 착취: 기술, 심리 그리고 실행

인간과 기술이 공진화共進化 · coevolution하지 못하고, 인간이 기술의 진화에 종속된다면 인간의 삶과 의식은 기술에 종속될 수밖에 없다. 기술이 인간의 의식을 지배하는 사례들은 일상생활에서 쉽게 찾아볼 수 있다. 우리가 더 이상 전화번호를 외우지 못하게 된 것이나, 웬만한 자극에는 코웃음을 치면서 더 짧고 강력하고 선정적인 자극에만 겨우 반응하는 것 등이 그런 사례들이다.

이 책은 현대 디지털 사회에서 사람과 기술이 조화를 이루지 못하고, 인간이 점점 인간성을 상실하면서 기술에 종속되는 현상의 원인을 과도한 미디어 주목에서 찾는다. 따라서 종국에 가서는, 이러한 문제를 해결하려면 디지털 미디어 주목에 대한 사람들의 통제권을 회복해야 하며, 이를 통해 주목에의 접근이 개인 차원의 문제 해결이 아니라 전 사회적인 문제를 해결하는 사회운동으로 발전해야 한다고 주장하고자 한다. 이러한 주장의 근간을 이루는 사회철학적인 논의 기반은 베르나르 스티글레르Bernard Stiegler, 질 들뢰즈Gilles Deleuze와 피에르펠릭스 과타리Pierre-Félix Guattari, 크리스티안 푹스Christian Fuchs가 기술의 발전과 현대사회의 문제를 연결해 나름대로 문제점을 진단하고 해법을 논의한 것에서 가져왔다. 이러한 논의는 미디어 주목을 착취하게 만드는 기술적인 기반의 영향, 주목 착취의 사회심리적 구조, 미디어 주목 착취가 실제로 이루어지는 실행 방법에 대한 논의 등으로 나누어 각각 다룰 것이다. 그리고 이러한 논의가 서로 연결됨으로써 이 책의 주제를 구성하는 사회철학적 기반으로 작용하게 될 것이다.

기술의 인간 지배, 기술과 인간의 부조화: 스티글레르

미디어 주목 착취의 기술적인 기반과 그 영향력에 대한 논의는 베르나르 스티글레르의 『기술과 시간*Technics and Time*』 3부작에서 찾을 수 있다 (Stiegler, 1998; 2009; 2011). 스티글레르에 따르면 인간은 기술을 빌려와서 문명을 이룰 수 있었지만, 기술의 확장과 지배에 따라 점점 더 인간성을 상실하고 기술이 중시하는 현재의 시간에 정복당하고 말았다. 따라서 시간의 흐름을 마음대로 조작할 수 있는 '영화적인 의식cinematic consciousness'을 지배할 수 있게 된 미디어 기술이, 인간과의 조화를 무시하고 오직 현재 시점의 미디어에 주목하게 만드는 기술 논리를 내세우게 되었고, 이로 인해 보는 행위의 주체인 사람들의 인간적 속성을 완벽하게 통제하게 된 것이 현재 디지털 미디어 주목 사회가 처한 엄연한 현실이라는 것이다. 이는 실제로 미디어가 업데이트해서 보여주는 내용에 우리가 얼마나 안달복달하면서, 미디어가 제시하는 현실 구성 논리대로 자신의 생활을 재편하고 있는가를 생각해보면 쉽게 이해가 간다. 인간은 많은 면에서 욕망을 매개하는 기술 미디어의 시각을 통해 자신의 욕망을 결정해나간다.

사람들이 누리는 모든 미디어와 기술 문화에는 과거로부터 전승되어온 것, 그리고 현재 그들이 인식하는 것이 통합되어 작용하고 있다. 따라서 사람들이 보고 느끼는 것은 시간의 흐름에 따라 정연하게 정돈된 것이라기보다는 영화적인 시간 속에 있는 것이라고 보아야 한다. 이는 영화의 몽타주 기법과 유사한데, 여러 다른 곳에서 촬영한 영상들을 따로 떼어내고 붙여서 내용을 만들어내는 것처럼, 사람들의 의식도 현재, 과거, 미래가 함께 공존한다고 보아야 한다. 사람들은 사용하기 편한 기술을 통해서 기억을 바깥에 보관할 수 있게 되었고, 이러한 작업을 통해 과거, 현재, 미래를 잇는 것이 훨씬 더 수월해졌다. 이처럼 인간에게 매우 중요한 작용을 하는 기술이지만, 사람들이 점점 더 기술에 의존하게 되면서 인간은 기술과 조화를 이루기보다 기술이 가진 본래의 속성 위주로 기억을 하게 되는 문제 상황에 놓인다. 곧 기술이 인간성을 지배하게 되고, 이러한 기술의 지배가 현재의 디지털 미디어 문화의 문제로 정착하게 되는 것이다.

인간이 기술을 가져다 쓰는 것은 인간의 본질적인 특징으로, 인간과 기술의 조화 및 상호작용, 공진화가 인류의 문명을 끌어왔다. 인간에게 주어진 특별한 생물학적인 능력은 없지만, 불로 대변되는 기술을 통해서 인간은 자신의 결함을 메우고 문명을 발전시킬 수 있었다. 이러한 과정에서는 기술도 하나의 개체로서 인간과 상호작용하며 사회를 변화시키고 발전시킨다. 하지만 기술이 사회문화적인 변화의 범주를 넘어서서 기술 자체의 속성만으로 인간을 이끌게 되면 기술과 인간의 조화는 깨지는 문제가 발생한다. 미디어 산업도 인간의 기억을 전수하는 산업, 즉 기억 기술 산업인데, 미디어가 기억의 외장화를 통해 사람들 간의 관계를 발전시키기보다는 소비문화를 조장하고 자본의 착취를 강화하는 쪽으로 작용하면서 사람과 기술의 잘못된 불균형적 공진화가 이루어지게 된다. 불균형은 주로 기술을 통해 주목 수단을 가지는 사람과 가지지 못하는 사람 사이에서 발생한다. 이러한 현상은 새로운 주목 프롤레타리아 계급의 형성과 맥을 같이하는데, 사람들은 생산 현장에서 기술을 통해 착취당할 뿐만 아니라 미디어를 통한 주목 노동을 통해 착취의 구도에 빠지는 악순환을 경험하게 된다. 예를 들어 생산 현장에서 지친 몸을 뉘어 잠시 휴식하는 시간에도 광고나 PPL에 계속 주목해야 하는 주목 착취에 시달리게 된다. 이러한 주목 프롤레타리아 계급의 확장 및 노동 강화가 미디어 기술의 지배가 만들어낸 문제점이다.

인간이 기술을 이용해서 외장화된, 즉 바깥에 보관할 수 있는 기억을 사용하는 것은 기술과 인간의 상호작용을 통한 공진화에 필수적인 요소이다. 과거의 기억과 현재의 존재를 묶어주고, 미래를 예측해 필요한 것을 저장하기 위해서는 기억의 외장화가 반드시 필요하다. 하지만 외장화된 기억은 숙명적으로 주목에 의존할 수밖에 없다. 수많은 기억 속에서 어떤 기억을 선택할 것인가의 문제는 주목의 문제이다. 주목하는 것은 주목하지 않는 것의 희생을 필요로 한다. 미디어 기술은 주목을 끌기 위해 원하는 기억의 선택을 유도하고, 인간과 기술의 조화를 해치면서 기술 중심의 미디어 문화를 만들어나간다. 주목받지 못한다면 외장화된 기억은 존재가치를 잃어버린다. 이때 가장 두려운 지점은 미디어 기술도 자본과 결부되어 있다는 점이다. 따라서 디지털 기술의 진화에 따라 인간은 점점 더 외장화된 기억에 의존하게 되고, 기술이 유도하는 주목은 인간과 기술의 상호작용에 있어 핵심적인 요소로 등장하게 된다.

인간과 기술의 공진화 과정에서 기술 체계가 관계를 지배하게 됨에 따라 인간의 의도와는 상관없이 기술에 의한 착취의 범위는 늘어나게 된다. 사실 죽음을 앞둔 유한한 인간이 자신의 기억을 외장화하고자 하는 것은 자연스러운 일이고, 여기서 인간과 기술이 함께 상호작용하며 발전할 수만 있다면 가장 이상적인 인류 발전 모델이 될 수 있다. 하지만 기술은 주목 받지 못한다면 생존할 수 없다는 딜레마에 빠진다. 스티글레르는 이것을, 쓰기를 통한 기억 기술이 가진 본질적인 한계, 즉 아무리 정확한 것을 쓰더라도 그 의미는 바뀔 수밖에 없다는 측면에서의 기술의 한계로 설명하려고 했다. 이러한 맥락에서 기억 기술과 자본의 결합이라는 주제에 좀 더 깊이 파고들 필요가 있다. 쓰기 기술이 왜곡될 수는 있지만 이것이 일정한 방향성을 가지고 왜곡되려면 외부의 작용이 있어야 한다. 미디어 기억 기술에서 주목이 우세한 결정 수단이 된 것은 미디어 기술과 연계된 자본이 생존을 위해 주목이라는 프로그래밍 기술을 활용하게 되었기 때문이고, 과거와 현재를 이어주는 영화적인 시간을 통해 인간과 기술의 조화를 꾀했던 기억 기술은 점점 더 현재의 이익 창출에 매달릴 수밖에 없게 된다. 과거-현재-미래를 이어주던 인간의 유구한 역사에서 현실의 욕망에 천착하는 기제가 발생하게 된 것이다.

> 대상은 의식의 흐름을 따라가는 한 시간에 종속될 수밖에 없다. 이러한 새로운 시간성에서 전 지구적인 집단의 의식 흐름은 이벤트화의 과정(어떤 일이 일어났고, 시간에 대응하는 공간이 어떻게 활용되는가 하는 과정)에서 혼란을 일으키며 프로그램 산업의 상품이 만들어내는 시간의 흐름을 자동적으로 따라가게 된다. 이러한 혼란은 생물체가 관련된 사건에 영향을 주게 되거나 디지털 현재 시간real time의 중요성을 부추기게 된다. 기억의 산업화를 분석하기 위해서는 통합(판단과 의식 흐름의 통합)의 철학적인 문제에 대한 새로운 고민, 즉 철학 내에서 이미 기술을 통한 통합을 생각할 수 없게 되는 혼란의 시각을 가지고 다시 이 문제를 열어 보아야 한다. (Stiegler, 2011b, p. 1).

인간과 기술의 공진화는 주체의 내부 의식과 외부 기술의 조화를 통해서 이루어진다. 하지만 디지털 미디어를 통한 주목 기술의 특성은 외부에서 보이는 것에 의해 내부가 결정되게 만든다는 점에 있다. 어떤 것이 더 디지털 미디어를 통해서 보이는가에 의해 주체 내부의 의식의 방향성이 더 결정된다. 즉 디지털 미디어 문화에서는 보여주는 기술이 점점 더 인간의 의식을 결정해간다. 스티글레르를 통해 인간의 의식을 더 이해하기 위해서는 영화적인 의식을 이해할 필요가 있다. 인간의 의식은 기본적으로 영화적인 의식이다. 영화적인 시간이 구성되는 것처럼, 사람은 시간과 공간을 재배치하고, 압축하고, 확장하고, 붙이고, 잘라내는 작업을 통해서 통합적으로 자신의 의식을 결정해나간다.

영화적인 의식은 크게 세 가지 층위로 나눌 수 있는데, 에드문트 후설Edmund Husserl의 기억에 대한 논의를 참고해서 설명하면 다음과 같다. 즉 제1의식은 현재의 인식이고, 제2의식은 기억을 통해서 상상력을 되살리는 것이며, 제3의식은 의식을 보강하는 기술에 의해 형성되는 의식이다(James, 2010; Preester, 2021). 이 중 세 번째 층위가 외장된 기억, 즉 기억 기술을 통해서 인류가 남긴 과거의 유산을 전승하는 역할을 한다. 의식은 이 세 가지 의식 층위가 서로 조화를 이룰 때 가장 이상적인 상태가 된다. 마치 영화가 이러한 세 가지 요소를 잘 규합하고 자르고 붙여서 만들어지는 것과 비슷하다. 제1의식과 제2의식을 이루는 주체의 의식과 제3의식을 구성하는 외장된 기술의 의식이 상호작용함으로써 기술과 인간이 조화로운 발전을 도모할 수 있다. 하지만 문제는 미디어 기술의 영향력, 즉 기술의 영향력이 너무 커져서 의식의 층위 간에 불균형이 발생한다는 점이다. 스티글레르가 주장했듯이 기억의 산업화가 우세해짐으로써 의식의 조화로운 발전은 어렵게 된다. 이것이 상품 소비문화와 연결되고, 디지털 미디어를 통한 자본주의 착취의 근본을 이루게 된다. 결국 의식에서 기술이 우위를 보이게 되면 혼란은 불가피하다.

의식 층위의 상호작용이 미디어 프로그램 산업의 상품화에 귀속하게 되면, 질베르 시몽동Gilbert Simondon의 표현에 따르면 주체와 기술의 조화를 의미하는 인간의 개체화individuation는 사라지고, 사람들의 의식은 기술이 외장 기억을 통해서 제공하는 것에 종속된다. 인터넷에 대한 여러 희망적인 전망에도 불구하고, 결국 인간이 기술의 요구에 이끌려가는 디지털 미디어 문화 현상이 그러한 비정상적 기술의 왜곡을 잘 보여준다. 여기서 기술의 왜곡을 설명하는 키워드가 주목이고, 주목은 스티글레르와 카를 마르크스Karl Marx를 연결한다. 외장 기억 기술이 인간과의 조화를 깨뜨리고 지배적인 요구를 하게 된 이유는 디지털 미디어 자본의 욕망을 충족하기 위함이며, 디지털 미디어 자본은 생산수단의 독점을 통해서 주목을 생성할 때에만 잉여가치를 창출할 수 있다. 결국 기억 기술은 모든 것을 주목을 통해 상품화하는 데에만 집중하게 되고, 이런 주목을 통한 이윤 추구 풍조가 인간의 의식을 왜곡하고 인간성을 상실하게 만든다.

> 논리적이면서 상징을 만들어내는 기술의 통합적인 발전과 장악은 질베르 시몽동이 육체노동자와 19세기 공작기계의 관계를 분석하면서 논한 개체화individuation의 상실 개념과 통한다. 노동자들이 자신의 기술을, 외장화한 기술인간technical individual인 공작기계에 맡겨두면서 개체화는 점점 더 힘들어지고, 노동자들은 프롤레타리아의 굴레로 떨어지게 된다. (Stiegler, 2011b, p. 4).

여기서는 시간 개념도 왜곡된다. 인간의 의식이 기억의 외장화를 통한 기억 기술에 의존하게 됨에 따라 과거-현재-미래를 이어주는 인간과 기술의 조화로운 상호작용은 힘들어진다. 미디어 기술은 현재의 관점에서 모든 것을 해석하기 때문에 과거로부터 이어져온 사람들의 지혜를 심사숙고하거나 미래의 가치를 위해 현재를 재고하는 일에 무관심해진다. 그에 따라 오직 디지털 미디어가 실시간으로 보여주는 표면적인 인상만이 의식을 지배하게 되고, 사람들은 점점 더 세속적인 주목에 집중하게 된다. 지금 현재 시간의 주목에 바탕을 둔 디지털 미디어 문화가 시간을 왜곡시키고, 다양한 시간 층위로 구성되는 공간을 굴절시킨다. 스티글레르는 시간과 공간의 정위orientation 상실이 인간 의식에서 주체성의 상실로 이어지게 되고, 디지털 미디어 문화는 사람들의 프롤레타리아화에 취약해지게 된다고 주장했다.

이러한 주장과 관련하여 세 가지 층위의 착취를 생각해볼 수 있는데, 첫 번째는 산업사회 프롤레타리아 계급을 통한 착취이고, 두 번째는 상품화와 소비문화를 통한 착취이며, 세 번째는 삶 자체를 통한 착취이다. 여기서 두 번째와 세 번째 착취는 더 확장된 프롤레타리아 계급을 대상으로 한다. 첫 번째 착취는 생산을 통해서 발생하지만, 두 번째와 세 번째 착취는 소비문화와 생활 전반에서 발생하기 때문이다. 이런 삶과 생활 전반의 착취는 주목을 통해서만 가능하다. 사람들은 이제 주목을 통해 생산 현장에서뿐만 아니라 디지털 미디어를 통한 사회공장social factory에서도 감정, 인지, 행동 등 의식의 모든 측면에서 착취를 당하게 되었다. 주목이 의식이고, 의식은 주목에서 생성된다. 실로 인류는 기억의 외장화를 통한 기술의 승리를 목격하게 된 것이다.

스티글레르는 현대 디지털 미디어 문화의 문제점을 설명하기 위해 파르마콘pharmakon의 개념을 바탕으로 파르마콜로지pharmacology의 필요성을 주장한다. 파르마콘은 본래 '약' 또는 '독'을 의미하는 단어로, 쓰기writing 개념을 표현하는 말이기도 하다(Stiegler, 2012a). 쓰기 개념은 인류의 지혜를 잘 전승할 수 있다면 약이 되지만, 정보를 왜곡하고 인간성의 상실을 유도한다면 독이 될 수 있다. 쓰기 개념을 대표하는 외장화된 기억 기술이 인간과 기술의 조화로운 상호작용을 통해 인간에게 본래 결핍된 것을 보완할 수 있는 기제로 사용된다면 우리는 기술의 발전에 대해 공포감을 느낄 필요가 없다. 기술은 파르마콘, 즉 약이거나 독이고, 이를 어떻게 사용할 것인가는 사람이 결정한다. 결국 사람들이 기술에 무조건적으로 의존하기보다는 비판적으로 기술을 평가하고, 주체성을 상실하지 않는 방향으로 기술을 이용하고 해석한다면 우리가 디지털 미디어 사회에서 직면하고 있는 많은 문제를 해결할 수 있다.

하지만 어떻게 인간이 통제권을 회복할 것인가에 대한 방법론은 구체적이지 않다. 한 가지 중요한 단서는 사람들이 자신의 개체화된 성찰을 바탕으로, 상품화된 주목이 아니라 깊은 주목deep attention을 할 수 있다면 어느 정도는 기술에 대한 통제권을 되찾아올 수 있다는 주장이다. 이러한 논의는 이 책 후반의 '디지털 미디어 보지 않기' 혹은 '디지털 미디어 단절digital media disconnection'에 대한 논의와 자연스럽게 연결된다. 스티글레르의 문제는 그가 구사하는 기술결정론적 철학이 아니라 그 구체적인 방법론에서 너무 일반적인 해결 방법을 제시한다는 점이다. 이 책이 그러한 점을 보완해줄 수 있기를 바란다.

> 현대 소셜 웹의 네트워크는 메타데이터의 협력적인 생산이 만들어내는 성과를 일방적으로 통제하려고 한다. 이는 관계 기술을 이용하여 사람들을 응집하려는 목적 아래에서 정신활동을 하는 개인들이 가지는 통시성과 특이성을 평탄화하려는 시도라고 할 수 있다. 하지만 이런 상황은 절대 고정되어 있지 않다. 이런 상황은 비판적이고 집합적인 시도들이 이루어질 수 있는 조직화된 수단을 고안함으로써 변형될 수 있어야만 한다. 특히 이러한 수단들은 초월적인 개체화 과정에서 분명하게 드

러난 갈등과 비판적인 논쟁을 다룰 수 있는 협력적인 토론 공간의 형성으로 이어져야 한다. (Stiegler, 2012a, p. 15).

욕망의 코드화와 자본주의 욕망기계: 들뢰즈와 과타리

주목 착취가 사회심리적인 구조로 정착되는 과정에 대한 논의는 들뢰즈와 과타리의 『안티-오이디푸스*Anti-Oedipus*』(Deleuze & Guattari, 2009/2014)에서 자세하게 기술된다. 인간의 욕망이 욕망기계와 더불어 사회화되면서 자본주의 욕망기계가 완성되고, 사람들은 자본주의 사회가 억압과 착취를 위해 만들어낸 욕망 생산에 종속됨으로써 모든 신체 기관을 자본주의 욕망기계에 맞게 새롭게 디자인하게 되었다. 따라서 디지털 미디어에 주목하는 것은 사회가 억압과 착취를 위해 만들어낸 욕망을 생산하는 것이지 사람들이 가진 진정한 욕망을 충족하는 것이 아니다.

들뢰즈는 『안티-오이디푸스』에서 욕망이라는 무의식을 정신분석학과 같은 낡은 관념에 묶어두는 것을 반대한다. 정신분석학이 욕망을 과도하게 일반화함으로써 주체에 귀속된 모든 관념적 욕망을 표상 가능한 통일된 시선으로 바라보게 만들어버렸다는 것이다. 욕망은 사회적 영향으로부터 자유로울 수 없지만, 한편 표상 가능한 하나의 시선에 묶어서 동일하게 취급할 수도 없다. 욕망기계는 욕망에 대한 주체 중심의 관념적 접근에 반대하면서 욕망의 사회적 관계성을 강조하기 위해 만들어진 개념이다. 따라서 욕망은 오이디푸스 차원의 해석이 보여주는 '주체에 귀속된 관념적 대상'이 아니라, 사회적 관계에서 만들어지는 스스로 살아 움직이는 사회적 흐름의 결합이라고 보아야 한다. 결국 욕망은 주체로 귀속되는 가족적인 배치가 아니라 욕망기계를 통한 사회적인 배치와 코드화를 거친다.

욕망을 주체의 바깥에서 스스로 작동하는 어떤 힘이나 흐름이라고 했을 때, 역으로 욕망을 견제함으로써 사회가 만든 기존 질서를 파괴하고 새로운 질서를 수립하는 역할을 도모하는 것도 가능하다. 이를 위해서는 사회가 우리에게 요구하는 것이 아니라 나의 진정한 욕망이 무엇인가를 파악하려는 개개인의 용기가 중요하다. 특히 디지털 주목 경제에서는 스스로의 성찰을 통해 사회로부터 주어진 것이 아니라 내가 진정으로 원하는 것이 무엇인가를 고민하고, 사회가 부여한 규범과 이데올로기로부터 벗어나 욕망기계가 기획한 소비문화와 상품화에 대항하려는 의지를 만들어가는 것이 필요하다. 사회가 만들어준 욕망이 아닌 스스로 존재의 의미를 묻는 내재적인 욕망을 통해서만 디지털 미디어 사회가 만든 조작된 욕망의 문제들을 해결할 수 있기 때문이다.

욕망은 주체와 이성에 귀속되기보다는 욕망기계를 통해서 사회적으로 분출되고, 그 자체로 생산적인 힘을 가진다. 결국 욕망을 정의하면서, 욕망은 주체가 가진 어떤 결핍, 그리고 개인적인 이성의 지배를 벗어난 비정상적인 상태를 의미한다는 식의 사고 체계에서 벗어나는 것이 중요하다. 욕망은 사회적으로 구성되고, 사회적인 관계 속에서 구현된다. 욕망이 사회와의 관계 속에서 욕망의 속성을 드러낸다는 것은 결국, 사회의 모든 제도가 욕망이 가진 내재적인 속성에 대한 억압과 연결되어 있다는 것을 의미한다. 디지털 미디어 시대를 지배하는 주목 욕망은 자본주의 욕망기계를 통해 구현된 욕망이지, 욕망 자체가 가진 내재성이 온전히 드러나는 욕망이라고 말하기는 어렵다. 우리가 자본주의 욕망기계를 통해서 드러난 문제점을 해결하려면, 다시 욕망의 순수한 내재적인 속성으로 돌아가야 한다. 과연 우리는 주목하고자 하는 욕망을 가지고 있는가, 아니면 자본주의 욕망기계를 통해서 주목이 우리의 욕망이라고 학습하고 있는가? 우리가 미디어 노출과 주목에 빠져서 정신이 황폐해져가고 있을 때, 우리가 진정으로 갈망하는 것은 무엇인가를 생각해보면 이러한 의문에 대한 답은 쉽게 나온다. 우리는 소셜미디어를 통해 항상 긴장하고 남들과 비교하면서, 즉각적으로 성취할 수 있는 욕망 충족을 진정으로 원하고 있을까? 결국 우리의 욕망은 순수한 욕망이 아니고 자본주의 욕망에 불과하다는 결론에 이르게 된다. 욕망을 주체의 결핍이라고 보는 오이디푸스적인 욕망 해석은 사회 시스템의 결함에 대한 비판적인 해석을 어렵게 한다.

> 문제는 오이디푸스가 한번 자리를 잡고 나면 자신의 힘으로 욕망하는 생산의 산출을 전유하고, 이는 결국 징후, 꿈, 망상 따위의 오이디푸스적 생산물로 드러나게 된다는 것이다(Deleuze & Guattari, 2009). 결국 원칙적으로 실수는 욕망의 도달점을 넘어 사회적인 것에 두어진다. 이는 마르크스주의와의 구체적인 연계에 부적합한 것임이 드러난다. (Buchanan, 2008/2020, p. 63).

자본주의 욕망기계는 모든 것을 상품화하고, 자본의 이익 창출을 위해서 시간과 공간을 독점한다(Buchanan, 2008/2020). 우리는 눈 뜨고 있는 모든 순간과 공간에서 자본주의와 함께 호흡한다. 디지털 미디어는 이러한 자본주의 욕망기계의 작용을 더욱 날카롭게 한다. 특히 디지털 미디어를 통한 자본주의 욕망기계에서 가장 중요한 지향점은 주목이다. 자본주의 사회에서 내가 욕망하는 것은 자본의 욕망이 투영된 대상일 뿐 진짜 나의 욕망이 아니다. 디지털 미디어와 결부된 자본주의는 주목받을 수 있는 지점에서 이윤을 창출하기 때문에 주목받거나 주목받을 수 있는 대상에 모든 욕망을 집중하게 만든다. 이렇게 만들어진 욕망은 코드화되고 영토화territorialization되어 당연한 것으로 받아들여지고, 사람들은 맹목적으로 이러한 욕망을 추구하게 된다. 우리가 '인스타그램Instagram'을 통해 우리의 일상을 자랑하고, 비교하고, 인간성을 상실하면서 다 함께 황폐해져가는 상황은 디지털 미디어 자본주의가 만들어낸 욕망이지, 우리가 가진 본래 욕망이 아니다. 우리는 자본주의 욕망 속에서 제도로부터 탈락하지 않기 위해 욕망을 받아들이고, 자본의 이윤 창출에 도움이 되지 않는 욕망은 제거하며, 욕망이 가져다주는 쾌락에 탐닉하게 된다. 디지털 미디어 자본주의에서 주목받지 못하는 모든 행위는 죄악으로, 현재에 실현할 수 있는 욕망은 진정한 자기만족으로 포장된다.

분명 들뢰즈와 과타리의 논의에서는 순수한 욕망 생산과 사회화된 욕망기계 생산의 대립이 주를 이룬다. 우리가 순수한 욕망을 살려서 인간성을 회복하고, 자본주의 욕망기계의 욕망 생산 구도로부터 벗어날 수 있다면 디지털 미디어 환경이 만들어낸 황폐화된 인간성으로부터도 회복할 수 있다. 하지만 사회적인 제도들은 욕망을 가로막고 코드화·영토화한다. 어느 정도 탈영토화deterritorialization를 지향했던 디지털 기술은 자본의 기획 속에서 새롭게 재영토화reterritorialization된다. 즉 처음에 기존의 사회제도에서 벗어날 동력을 줄 것으로 기대했던 디지털 기술은 결국 다시 자본의 새로운 먹잇감으로 전락하고 만다. 대부분의 디지털 기술이 자본에 유리한 방향으로 욕망을 재단하고, 가장 많은 이윤이 창출될 수 있는 방향으로 욕망을 조작한다.

> 마르크스는 분명하게 자본주의의 반경이 계속해서 넓어지는 것이 문제라고 지적했다. 자본주의는 단지 잉여가치를 생산하거나 착취하는 수준이 아니라 흡수하고 현실화하는 차원에서 자신의 영역을 계속 넓혀가고 있다. 자본가가 단지 즐거움을 위해서만 자신의 역할을 수행하고 있다고 생각하지 않는다면, 그 이유는 그의 목적이 잉여가치를 생산하기 위한 생산적인 측면만이 아닌, 실현되지 않은 잉여가치, 즉 실업과 경제 정체 속에서 실현되지 않은 잉여가치를 모두 포함한다는 것을 의미한

다. 소비와 투자의 영역 바깥에서 잉여가치가 흡수되는 경우는 쉽게 발견된다. 예를 들어 광고, 민간 정부, 군사주의, 제국주의가 그런 것들이다. (Deleuze & Guattari, 1983/2000, pp. 234-235).

이러한 욕망의 재영토화 경향을 고려하면, 욕망은 기존 질서에 얽매이지 않고 엄격하게 문제를 제기하는 경우에만 가장 완전한 형태의 욕망이 될 수 있다. 따라서 디지털 미디어 환경이라는 제도적인 장치가 욕망을 코드화하고 영토화하는 상황에서 우리가 진정으로 원하는 것이 무엇인지 고민하고, 이러한 자본주의 욕망기계 종속에서 탈영토화하기 위한 노력에 동참한다면 디지털 사회의 문제를 해결할 실마리를 찾을 수 있다. 사람들이 형식에 상관없이 자유롭게 연결되는 뿌리줄기, 즉 리좀rhizome의 형태로 다양하게 연결될 수 있다면 자본주의 체제에서 벗어나 욕망도 새롭게 증식할 수 있다(Deleuze & Guattari, 1987). 그리고 이러한 진정한 욕망의 재현은 사회 체제 변화를 위한 저항의 물결을 형성할 수 있다. 이를 위해서는 우리가 타개해야 할 대상으로 삼고 있는 자본주의 욕망기계에 대해 좀 더 파고들 필요가 있다. 이 작업이 자본주의가 디지털 미디어를 통해 어떻게 가치를 착취하고 있는지 살펴보는 것과 연결되기 때문이다.

욕망이 욕망기계를 통해 사회적으로 배치된다고 했을 때, 디지털 미디어 자본주의 사회가 요구하는 욕망은 주목이다. 주목은 디지털 미디어 환경에서 자본이 이익을 착취하는 이상적인 매개가 된다. 사람들이 주목 욕망을 가지기 때문에 디지털 미디어 자본은 가치를 창출할 수 있고, 사람들의 욕망을 자신들이 원하는 방향으로 영토화할 수 있다. 따라서 앞서 논의했듯이, 주목을 오이디푸스적으로 해석하는 것은 큰 의미가 없다. 주목을 가족의 틀에 사로잡힌 무의식과 결핍의 결과물로 해석하는 것은 사회적 의미를 가지기 힘들다는 것이다. 욕망을 오이디푸스적으로 해석하고, 개인과 주체에서 비롯되는 개인적인 문제로 귀결 짓는 경우에는 디지털 미디어 주목과 관련한 해결책을 '디지털 디톡스digital detox' 개념과 같이 개인적인 문제 해결로 치환하게 될 우려가 있다. 욕망에서 사회적 영향을 배제한다면 사회적 변혁을 기대하기 힘들다. 스티글레르도 말했듯이, 인간은 기술이라는 사회적인 영향에서 자유롭지 못하며 자신이 주체적으로 생성하는 지식과 사회적으로 외장화된 지식을 항상 통합적으로 다루어야 한다(Stiegler, 2012a). 그것은 과거-현재-미래의 영화적인 의식을 통합하고, 인간과 기술의 조화를 상정하는 파르마콜로지의 요체와 연결된다.

들뢰즈와 과타리는 욕망과 사회화를 연결하는데, 이는 결과적으로 정신분석 논의와 정치경제 논의를 연결한다. 개별적인 욕망과 사회적인 배치를 효과적으로 연결하는 것이 욕망기계의 개념이다. 그렇다면 디지털 미디어 시대의 주목이라는 욕망 또한 자본주의 욕망기계를 통해서 사회적인 흐름으로 배치되며, 자기 생산으로서 수동적으로 종합된다고 해석할 수 있다. '수동적으로 종합된다' 혹은 '수동적으로 세계를 이해하게 된다'는 말은 들뢰즈와 과타리의 표현을 빌리면, 연접 혹은 연결된 생산connexion, 이접 혹은 연결된 차이disjunction, 통접 혹은 연결된 통합conjunction의 과정을 거친다는 의미이다. 이와 같은 수동적인 종합력은 욕망이 선험적으로 형성된다는 추정에서 벗어나 무의식적으로, 혹은 수동적으로 성립되는 종합적인 능력을 의미한다. 욕망은 선험적으로 주어지는 것이 아니라 수동적으로 주체와 상관없이 특정한 조건 아래에서 생성된다.

여기서 욕망은 마르크스의 『자본론*The Capital*』 논의와 연결되는데, 자본의 가치 창출 공식(MCM')은 연접-이접-통접의 수동적인 종합화 과정을 거친다(Buchanan, 2008/2020). 처음에 투입되는 화폐(M)는 노동과 생산수단을 구입할 수 있는 유연성을 가진다. 그런 다음 투자된 자본이 생산되는 과정, 즉 상품(C)이 만들어지는 과정은 특정한 목적을 실현해야 하기 때문에 그 목적에 닫혀 있는 과정이 된다. 마지막으로 다시 생산된 상품이 화폐(M')로 교환되는 과정은 이제 화폐를 통해 할 수 있는 것이 더 늘어났기 때문에 확장된 유연성을 가진다. 이 과정은 욕망의 연접-이접-통접이라는 수동적인 종합화의 과정과 그대로 연결된다. 연접에서 무엇인가를 채취하고, 이접에서 무엇인가를 분리해내며, 통접을 통해서 다시 그 과정을 확장시켜나가는 것은 자본가와 자본의 증식에 유리한 욕망이 자본의 팽창 과정과 교차하는 지점에 있다는 것을 보여준다. 그리고 다시 이를 자본주의 역사의 발전 과정과 연결시키면, 원시적인 축적의 과정, 산업적인 투자의 과정, 화폐의 유연성이 늘어나는 금융자본주의와 연결시켜볼 수도 있다.

실제로 물질적인 생산(MC)의 단계는 금융적인 확장(CM')의 단계로 유연성을 확장해나가는데, 이는 사람들의 배치된 욕망이 자본의 증식 과정에 투영되어 있기 때문이다. 예를 들어 상품을 생산해서 이익을 증식하려는 노력(MC)보다 주식이나 비트코인과 같은 금융 투자(CM')를 통해서 일확천금을 벌려는 시도들이 더 많은 것은 자본주의 아래에서 자연스러운 것이다. 자본이 금융 투자로 나서는 것은 갈수록 떨어지는 이윤율 때문에 조급해지기 때문인 것으로 볼 수도 있지만, 욕망이 연접-이접-통접의 과정을 거쳐서 유연성을 확장해나가는 과정과 상통하는 것으로 볼 수도 있다. 자본주의는 경쟁을 통해서 내재적으로 위기를 잉태하기 때문에 어떤 것이든 이윤이 되는 것을 흡수하려는 욕망을 보여준다. 디지털 미디어 자본의 이익 창출 과정도 여기에 그대로 적용될 수 있다.

디지털 미디어가 처음 등장했을 때는 생산력의 변화를 토대로 뭔가 새로운 변화를 창출할 것이라는 기대감을 주었지만, 결국은 동일한 생산관계 속에서 똑같은 구동 방식(MCM')을 보여주고 있다. 그것은 디지털 미디어 자본이 자본주의 욕망기계 속에서 같은 방식으로 구동되며, 같은 자본 증식의 욕망을 드러내고 있기 때문이다. 단지 다른 측면이 있다면, 디지털 미디어 자본은 줄어드는 이윤율을 보완하기 위해 주목을 이윤 창출과 연결시키며 생활 전방위에서 착취의 기반을 확대한다는 점이다. 이러한 현상은 물질적인 생산을 넘어 금융적인 확장으로 나아가는 일반적인 자본의 증식 과정과 유사하게, 디지털 미디어 환경에서의 이윤 창출 영역이 생산공장으로부터 생활 전반의 사회공장으로 확장되어가고 있음을 보여준다. 자본은 이윤이 되는 것이라면 뭐든지 먹어치우려는 늑대인간werewolf의 속성을 가진 욕망기계이다.

> 전체적이고 진정한 욕망에 의해서 만들어진 새로운 사회관계는 자율적인 영토로서 기능할 수 있다. 하지만 자본주의 욕망기계에 포획된, 혹은 침해된 영토는 시장의 영역으로 축소될 수밖에 없다. 돌연변이하는 자본의 큰 흐름은 자신의 한계를 넘어서면서 새롭게 자명해 보이는 원리를 형성하고, 확장된 경계를 이루는 동적인 구조 속에서 욕망을 유지해나가기 때문이다. (Deleuze & Guattari, 1983/2000, p. 375).

디지털 미디어 환경에서 욕망의 연접-이접-통접 과정은 주목 자본주의의 이윤 창출 과정에서 그대로 구현된다. 디지털 미디어 자본은 화폐(M)를 통하여 노동과 주목 생산수단을 구축하고, 주목 상품(C)을 생산해내며, 이를 통해서 화폐(M') 가치를 확장해 나간다. 주목을 통해서 이윤을 창출할 수 있는 새로운 사업모델이 다양하게 형성되기 때문에, 물질적인 생산이 금융 차원의 가치 확장으로 이어지는 것과 유사하게, 주목은 한번 갖추어진 생산 조건을 초월하여 새로운 디지털 가치 창출 영역을 확장하면서 점증하는 이윤을 창출해낸다. 예를 들어 '네이버Naver'는 뉴스 서비스를 통해 주목을 확보한 후 온라인 광고 판매, 개인정보 판매, 온라인 상품 판매 등으로 주목을 활용한 이윤을 계속해서 확장해나갈 수 있다.

디지털 미디어 환경에서는 욕망도 연접-이접-통접의 과정을 거친다. 즉 욕망의 연접은 인간이 디지털 기기의 사용에 맞추어지는 것과 연결된다. 연접을 통해 형성된 욕망기계의 영향력은 기존 신체 기관을 해체하고, 자본주의 욕망기계의 요구에 맞게 신체와 욕망을 디자인하는 단계로 나아간다. 자본이 봉건제로부터 노동력을 분리해내어 착취의 구도 속으로 몰아넣은 원시축적의 상황처럼, 자본주의 욕망기계는 인간의 신체와 욕망을 분리해서 착취에 유리한 조건으로 만들어간다. 다음으로 욕망의 이접 단계는 개별 노동력에 결부되어 있던 욕망기계의 작동이 자본의 지배라는 사회구조에 완벽하게 종속되는 과정을 의미한다. 디지털 미디어를 이용하는 모든 행위는 자본의 이윤 창출로 귀속된다. 따라서 연접 과정에서 모아진 신체와 욕망은 자본의 종속 프레임으로 분리되어 안착한다. 이러한 과정에서 욕망은 자본주의 욕망기계를 통한 사회적인 배치를 완성하게 된다.

마지막으로 통접 과정에 이르면 욕망이 자본주의 욕망기계를 통해 완벽하게 작동한다. 이 과정에서 사람들은 자신에게 주어진 자본주의 욕망을 당연하게 받아들이며, 어디서든 디지털 미디어에 접속하면서 가능한 모든 수단을 통해 주목 욕망을 실현하고, 주목 상품을 소비하고, 주목받기를 실천하려고 애쓰게 된다. 이 모든 행위는 자연스럽게 이윤 창출 공간의 확장과 노동 시간의 연장으로 연결된다. 이제 디지털 미디어 자본은 이윤 창출을 위한 더 큰 유연성을 장착하게 된다. 어디서든 주목을 착취할 수 있는 사회공장이 완성되는 것이다. 주목이 모이면 개별적인 형태의 주목과는 다른 형태를 띠게 되고, 이러한 사회적인 주목은 주목 권력이 되면서 개별 주목을 지배하고 자신에게 순응할 것을 명령한다. 자본주의 욕망기계가 생산한 욕망으로서 주목은 디지털 미디어 사회의 중심 작동 원리를 구성하고, 사회 구성원들에게 그러한 원리에의 복종을 강요한다.

이처럼 욕망의 개념을 도입해서 디지털 미디어 환경을 설명하면 디지털 미디어를 통한 자본의 착취가 생활 전반, 모든 전선에서 이루어지는 과정임을 설명할 수 있게 된다. 욕망은 산업 생산 현장에만 머무르지 않으며, 디지털 미디어를 이용하는 모든 맥락에 자리 잡고 있다. 욕망은 자본주의 욕망기계를 통해 생산과 연결되며, 생활 전반에서 자본주의적인 사회 생산 시스템을 완성한다. 이러한 디지털 미디어 환경에서 욕망이 사회적으로 배치된 것이 주목이다. 디지털 미디어 자본은 주목을 필요로 하고, 사람들은 주목을 욕망으로 받아들인다. 사람들은 왜 주목해야 하는지 깊이 생각하지 않으면서 디지털 미디어에 주목하거나 거기에 기생하여 주목받기 위한 온갖 노력을 다한다. 결국 사람들에게 있어서는 오직 주목만이 자본주의 영토에서 살아갈 수 있는 신념이 된다.

이러한 상황을 타개하기 위해서는 결국 자본주의 욕망기계를 해체하고 디지털 미디어 자본으로부터 우리의 욕망 통제권을 회복해야 한다. 들뢰즈와 과타리가 주장한 논리대로, 소셜미디어를 통해 잘사는 것처럼 보여야 한다는 강박은 사회가 통제와 억압을 위해 만들어낸 욕망일 뿐, 진정한 욕망이라고 할 수는 없다. 따라서 진정한 욕망은 주목의 반대편, 즉 주목하지 않는 것, 혹은 미디어를 보지 않는 행위와 관련되어 있을 가능성이 높다. 주목과 주목하지 않는 것 중 어느 쪽이 사람들에게 더 진정한 자유와 유연성을 줄 수 있는지 생각해보면 그 대답은 자명해진다. 우리는 진정한 욕망을 가지기 위해 그것을 사회적인 환상과 분리할 수 있어야 하는데, 이는 욕망을 이해관계와 분리하는 것과 통한다. 소셜미디어를 이용하는 것은 실제로 이해관계에서 비롯된 사회적인 욕망의 생성 수단인 것이지 진정한 욕망과 관계된 것은 아니다. 욕망에서 이해관계를 배제한다면 진정한 욕망을 볼 수 있지 않을까? 그것은 어쩌면 자본이 시키는 대로 주목하지 않는 것에 답이 있을지도 모른다.

생산소비자 상품론과 디지털 미디어 주목 착취: 푹스

주목하는 행위에 대한 착취가 세부적으로 실행되는 과정은 마르크스의 『자본론』에 바탕을 둔 푹스의 디지털 미디어 자본주의 및 디지털 노동에 대한 논의에서 가져올 수 있다. 종합적인 논의는 책 『디지털 노동과 카를 마르크스*Digital Labour and Karl Marx*』에 실려 있다(Fuchs, 2014). 디지털 미디어에 주목하는 행위를 노동으로 보는 주목 자본주의에서 미디어에 의한 착취 구조가 실행되는 과정은 기존의 가치 창출 구조(MCM')와는 다른 점이 있다. 노동과 생산수단을 구매한 뒤 생산과정을 통해 노동 시간의 착취를 이루어나가는 기존 노동 가치 착취 구조에서, 그 생산과정에 디지털 미디어에 대한 주목 노동이 개입함으로써 변화가 일어난 것이다.

이러한 과정을 설명하기에 앞서, 수용자상품론audience commodity에 대해 먼저 알아볼 필요가 있다(Smythe, 1981). 프랑크푸르트학파와 안토니오 그람시Antonio Gramsci의 헤게모니이론 등이 결합한 비판이론은 미디어를 이데올로기, 헤게모니 등 공중의 의식을 조작하는 수단으로 보았지만, 댈러스 스마이드Dallas Smythe는 미디어를 실제 경제적인 착취가 일어나는 대상으로 보고자 했다. 미디어가 상부구조의 조작 도구로만 작용하는 것이 아니라 실제 상품 생산을 통해 가치를 창출한다고 본 것이다. 여기서 미디어를 통한 상품은 수용자 상품을 의미한다. 모든 상품에는 가치 창출의 측면과 이데올로기의 측면이 공존하는데, 수용자 상품도 수용자의 주목 양이 광고주에게 상품으로 팔려나가 이윤이 창출되는 측면과 함께, 상품이 물신주의fetishism로 이데올로기화되어 전체 사회의 소비문화를 부추기는 측면을 함께 가진다. 즉 미디어는 콘텐츠를 통해 소비문화를 부추기고, 이를 통해 끌어모은 수용자들을 상품으로 만들어 광고주들에게 팔아 이익을 거둔다. 광고주가 미디어에 지불하는 돈은 곧 일정한 수의 수용자가 그 광고를 봐줄 것이고, 그러한 주목이 소비와 연결될 것이라는 예상에 대한 보상이다. 세상에 공짜는 없다. 미디어 수용자들은 공짜로 콘텐츠를 즐기는 것이 아니라 자신을 상품화한 대가로 콘텐츠에 접근할 수 있는 권리를 얻는 것이다. 이 상황에서 콘텐츠를 보기 위해 주목해야 하는 것보다 더 많은 광고나 프로모션에 노출된다면, 이는 당연히 내가 통제할 수 있는 주목 시간에 대한 침해이다. 이러한 침해 행위를 노동가치이론에 빗대어 본다면 주목 노동에 대한 착취로 명명할 수 있다.

전통 미디어 시대에서 디지털 미디어 시대로 오면 상황은 더 악화된다. 단순히 수용자 역할에 머물던 미디어 이용자들은 이제 직접 콘텐츠를 제작하고, 디지털 미디어 플랫폼을 사용하며 스스로 상품화되는 과정에서 생산자의 역할로도 미디어에 참여한다. 이런 과정에서 수용자 상품은 생산소비자 상품prosumer commodity으로 변모된다. 생산소비자들은 단순히 광고를 보는 역할만 하는 것이 아니라, 휴식을 위해 디지털 미디어를 이용하는 시간에도 끊임없이 개인정보를 생산함으로써 자본에 이윤 창출의 기반을 마련해준다. 나아가 직접 콘텐츠를 디지털 미디어 플랫폼에 제작해 올림으로써 네트워크를 형성하고 사람들의 주목을 모으는 데에도 기여한다. 디지털 미디어는 수용자들과의 상호작용을 기반으로 하기 때문에 대부분 플랫폼의 형식을 띤다. 따라서 디지털 미디어와 디지털 미디어 플랫폼은 비슷한 의미로 사용될 수 있다. 기존 전통 미디어 시대에는 콘텐츠를 통해 사람들을 불러 모으고, 이 사람들이 광고에 주목하는 시간이 곧 이윤 창출의 기반이 되었다. 하지만 디지털 미디어 시대에는 광고를 봐야 하는 시간뿐 아니라 미디어를 이용하는 시간, 미디어에 자신의 콘텐츠를 제작해서 올리는 시간 모두가 노동 시간, 즉 디지털 미디어 자본이 이윤을 창출할 수 있는 노동 시간으로 변모한다. 푹스가 정확하게 주목 노동에 대해 논의하지는 않았지만, 디지털 노동이 지향하는 지점은 사람들의 주목 노동을 끌어내는 것이고, 생산소비자로서 수용자들의 행위 역시 스스로의 주목이나 다른 사람들의 주목과 연관되어 있기 때문에 디지털 미디어에 주목하는 행위가 디지털 노동의 핵심에 있다는 것은 명백해 보인다(Fuchs, 2014).

〈그림 2-1〉에서 보는 것처럼, 기존 미디어 시대에 M-C-P-C'-M'의 과정, 즉 노동과 기술, 인프라 등을 투여해 콘텐츠를 만들고(P) 그것을 통해 수용자 상품(C')을 만들어서 이윤을 창출했다면, 디지털 미디어 시대에는 수용자를 끌어들이는 플랫폼화를 통해 M-C-P_1-P_2-C'-M'의 과정을 거친다. 즉 노동과 기술이 결합하여 디지털 미디어 플랫폼에서 콘텐츠를 만드는 과정(P_1)과 함께, 그렇게 만들어진 콘텐츠를 사람들이 이용하거나 그들이 직접 제작한 콘텐츠를 플랫폼에 올림으로써 네트워크의 크기와 주목의 크기를 키우는 과정(P_2)이 이어진다. 디지털 미디어 플랫폼에의 참여 과정을 통해, 디지털 미디어는 이용자가 생산을 통해 기여하는 새로운 주목 상품을 만들어내게 된다. 이러한 과정을 거쳐 만들어진 상품을 생산과 소비 기능을 모두 갖추었다고 해서 '생산소비자 상품'(C')이라고 하고, 디

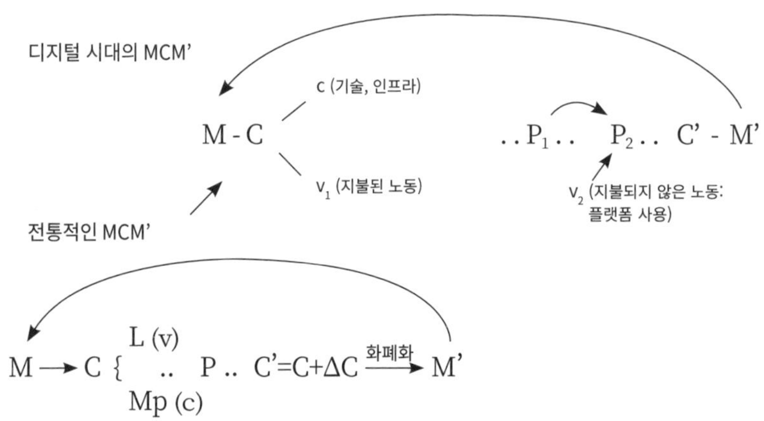

〈그림 2-1〉 디지털 미디어 플랫폼의 이윤 창출 과정(Fuchs, 2014)

지털 미디어 자본은 이를 통해 광범위한 이윤을 창출한다. 예를 들어 처음에는 페이스북을 만들기 위해 일정한 노동, 기술, 자본이 투여되었지만, 페이스북을 지금의 페이스북으로 만든 것은 그 이용자들의 참여, 네트워크, 주목에 힘입은 바가 크다. 즉 페이스북을 처음 만든 것은 마크 저커버그Mark Zuckerberg였지만, 페이스북의 이윤은 페이스북에 참여하는 모든 사람이 만들어내는 생산소비자 상품에서 비롯된다.

이러한 과정에서 소외alienation가 발생한다. 생산소비자들이 해내는 다양한 노동은 디지털 미디어 자본의 이윤 창출에 기여하지만, 그것이 노동이라는 것은 잊히고 자본의 이윤 창출에만 맹목적으로 기여하게 된다. 사람들의 온라인 생활은 자신도 모르는 사이에 모두 자본의 이윤 창출을 위해서 식민지화colonialization된다(Couldry & Mejias, 2020). 온라인에서 이루어지는 생산소비자들의 행태는 모두 주목 데이터 상품이 되는데, 대부분의 디지털 미디어 플랫폼은 이 데이터 상품을 이용해 직접적으로, 혹은 간접적으로 이윤을 창출한다. 하지만 이와 같은 이용자들의 행태는 그것이 가치로서 창출된다는 스스로의 인식 없이 플랫폼의 이윤 창출에 기여한다. 실제로 이러한 가치 창출 과정에서 소외되어 있기 때문에, 생산소비자들은 자신들이 만들어낸 데이터가 다시 자신에게 판매되는 상품으로 이용되는 과정을 큰 어려움 없이 수용한다.

기존 매스미디어에서는 예상 소비자의 평균적인 인식, 즉 일반적인 대상의 평균값이 중요했다면, 디지털 미디어에서는 개별 소비자의 구체적인 행태 자료를 수집하는 것이 중요해진다. 그리고 이러한 디지털 감시digital surveillance가 더욱 은밀해지면서 생산소비자의 소외는 더욱 심해진다. 소외가 심해지는 것은 노동력을 제공하는 사람들이 현실을 자연스럽게 받아들이거나 사회관계를 맺기 위해 그러한 활동이 불가피하다고 느끼기 때문이다. 실제로 이런 사회구조를 변화시키려면 행태 데이터를 착취당하는 사람들이 힘을 합쳐 문제를 개선하려고 노력해야 하지만, 디지털 미디어 플랫폼은 이들에게 달콤한 진통제 같은 콘텐츠와 집단적인 환상을 제공함으로써 이윤 창출 및 노동 착취의 과정을 자연스럽게 만들어버린다. 이는 마르크스의 비유에 따르면 조직화된 종교의 역할과 비슷한데, 현재의 어려움을 극복하고 개혁을 이루기 위한 집단적인 힘을 모으기보다는 개인적인 구원을 통해 현실의 어려움을 잊어버리길 권유한다는 것이다.

디지털 미디어가 인류에게 가져올 미래에 대한 두 가지 시각은 낙관론과 비관론으로 대변된다. 낙관적으로 보면 디지털 미디어는 사람들의 참여를 끌어냄으로써 민주주의를 발전시킬 수 있지만, 비관적으로 보면 사람들의 디지털 노동을 더욱 은밀하게 착취함으로써 자본의 이윤 창출 공간을 오히려 확대할 수 있다. 실제로 사람들이 인터넷 공간에 많이 참여하지만 그것이 정치적인 힘을 만들고 사회를 변화시키는 데에 기여하는가에 대해서는 회의적인 시각이 많다. 우리의 인터넷 활동이 정치적인 활동으로 연결되는 경우는 매우 드물기 때문이다. 하지만 인터넷 공간을 통한 착취는 그것이 구조적으로 이미 조성된 환경 속에서 이루어지기 때문에 대부분의 활동이 은밀한 착취의 밑바탕이 된다.

더욱 심각한 것은 일상의 모든 활동을 미디어 자본이 통제하기 시작한다는 점이다. 본래 인간의 놀이와 일은 구분되어 있고, 인간은 놀이를 통해 자신의 본질적 욕망을 충족한다. 하지만 허버트 마르쿠제Herbert Marcuse가 말한 대로, 삶에 대한 본질적인 욕망인 에로스eros를 과도하게 억압함으로써 삶의 기쁨을 경제적인 욕망으로 바꾸어놓는 것이 자본주의 체제의 속성이다(Marcuse, 1955; 1964). 디지털 미디어 플랫폼은 일과 놀이의 구분을 없애고 사람들의 휴식 시간을 전유함으로써 대부분의 시간을 착취의 기반으로 삼는다. 이러한 감시와 통제, 소외가 일상화되는 사회에서 사람들이 진정한 삶의 기쁨을 느끼기는 힘들다. 디지털 통제 사회에서 사람들의 욕망은 자본주의 욕망기계가 배치한 욕망으로 변모되고, 사람들의 놀이, 기쁨, 사랑, 배려, 공동체 의식은 스스로도 의식하지 못하는 사이에 모두 디지털 미디어 자본의 잉여가치 창출 구조 속에서 길을 잃게 된다.

마누엘 카스텔Manuel Castells이 저서 『커뮤니케이션 권력*Communication Power*』(2009)에서 주장한 대로 인터넷 미디어 환경은 매스-셀프 커뮤니케이션mass-self communication이 가능하다. 따라서 개인이 최대한 창의적인 커뮤니케이션 네트워크를 형성함으로써 자율권을 획득하고, 거대한 플랫폼 미디어의 지배에 대항할 가능성을 열어준다. 하지만 이러한 자율성의 가능성은 푹스의 논의에 따르면 매우 좁다. 우리가 보통 디지털 미디어 플랫폼을 통해 가져가는 자율성, 예를 들어 네트워크를 형성하거나 자신이 만든 콘텐츠를 올리고, 서로 공유하고 커뮤니케이션하는 행위들은 개인정보로 활용되거나 광고의 수단이 되어 거대 디지털 미디어 플랫폼의 이윤 창출 도구가 된다. 실제 매스커뮤니케이션에서 이루어졌던 수용자상품화(Smythe, 1981)는, 디지털 미디어로 들어서며 수용자가 수동적으로 콘텐츠를 소비하는 역할에 더하여 스스로 콘텐츠를 생산하는 역할까지 동시에 하는 것으로 바뀐 차이만 있을 뿐이다. 이러한 생산소비자 역할 혹은 생산소비자 상품화가 디지털 미디어 자본의 착취 구도에서 어떤 식으로든 자율성을 확보하고 있다고 보기는 어렵다. 디지털 미디어 참여자들이 하는 모든 행위는 정보로서 보관되고, 이는 이윤 창출의 근거가 된다. 따라서 자율성을 보장하는 디지털 미디어 플랫폼은 존재할 수 없으며, 디지털 미디어 참여자들의 자율성은 그들의 자각을 바탕으로 기존 시스템의 변화를 위해 투쟁해야만 비로소 얻어질 수 있다.

카스텔에 비해서 확실히 푹스의 논의는 비관적이다. 카스텔은 인터넷을 통해 사람들의 자율성autonomy이 더 신장될 수 있다고 보는 시각이지만, 푹스의 입장은 어떤 의미의 자율성에 초점을 맞출 것인가에 더 주목한다

(Fuchs, 2009). 인터넷을 통한 사람들의 자율성 제고에 대한 논의는 매우 복잡하다. 자율성은 사람들이 시장에서 마음대로 자유롭게 행동할 여지를 의미할 수도 있지만, 시장 활동에서 벗어나 전방위적으로 표현의 자유를 누릴 수 있는 천부적인 권리로 볼 수도 있다. 또한 이러한 개인적인 자율성 논의에서 벗어나 얼마나 공적인 담론에 자율적으로 참여해 정치적 의사결정을 할 수 있는가의 의미로도 쓰일 수 있다. 푹스의 입장에서 보면 개인적인 자율성은 어느 정도 신장되었을 수 있지만, 공적·정치적 의사결정으로 연결될 수 있는 자율성이 커졌다고 보기는 힘들다. 오히려 사람들의 활동은 디지털 미디어 플랫폼이 프로그래밍한 이윤 창출 논리에 귀속되어, 자율적인 공간이 심하게 훼손되고 있다고 보는 것이 더 합리적이다. 실제로 우리가 개인정보를 내놓지 않거나, 통제 혹은 감시에서 벗어나 인터넷 활동을 하기는 현실적으로 매우 힘들다.

결국 디지털 미디어 플랫폼의 이윤 창출 전략은 인터넷에 접근할 권리의 상품화가 아닌, 우선은 공짜로 인터넷에 접근할 수 있게 한 다음 그 결과로서 모인 사람들, 더 정확하게 말하면 그 사람들의 주목을 상품화하는 것이다. 따라서 아무리 사람들이 인터넷에서 많이 활동하고, 창의적이고 자율적인 공간을 만들어내려고 노력하더라도 그러한 활동은 모두 자본의 이윤 창출 구도 속으로 귀속된다. 일방적으로 콘텐츠만 소비하는 것이 아니라 자신이 뭔가를 함께 만들어가는 능동적인 생산소비자들이, 실제는 이윤 창출을 위한 데이터를 만들어내는 주목 상품에 불과하게 된다. 생산소비자는 주목하거나 주목을 만들어내는, 하지만 실상은 모두가 주목 상품으로 귀속되도록 하는, 겉으로만 능동적인 주체에 불과하다.

이러한 디지털 사회의 문제를 개선하고 사회 변화를 만들어내는 문제에 있어 푹스의 시각은 좀 더 마르크스적인 근본주의에 가깝다. 그는, 기본적으로 디지털 미디어 플랫폼의 문제는 자본주의가 안고 있는 거대한 모순에 기반하고 있으며, 이를 타개하기 위해서는 사회 전방위적으로 자본주의 구조를 흔들려는 계급 투쟁 차원의 노력이 있어야 한다고 본다. 이 부분에서 푹스의 논의는 또한 회의주의에 가깝다. 자본주의 구조가 근본적으로 변화하지 않는다면 디지털 미디어 플랫폼의 문제를 해결할 수 없고, 디지털 미디어 플랫폼의 문제를 근본적으로 해결하기 위해서는 정치, 경제, 사회, 문화 등 자본주의 전 부문에서 변화를 위한 전체적이고 구조적인 노력이 있어야 한다고 보기 때문이다. 하지만 푹스 스스로도 주장했듯이 디지털 사회의 이윤 창출 구조가 생산소비자의 주목 상품화에 근거하고 있다면, 생산소비자 스스로 자신이 착취당하고 있다는 것을 깨닫고, 주목 노동에 대한 자신의 통제권을 가져옴으로써 사회 변화를 촉발하기 위해 시도하는 것 역시 필요하다. 전체적인 사회구조가 변하지 않는 한 변화는 없다는 시각도 있을 수 있지만, 사람들의 노력을 통해 구조의 변화를 꾀해볼 수도 있다. 디지털 미디어가 사회에서 차지하고 있는 위치를 고려했을 때, 이러한 디지털 미디어에 대한 개개인의 통제권 확보는 자본주의의 통제권을 흔들 충분한 집단적 잠재력을 배양하는 작업이라고 할 수 있다.

새로운 디지털 미디어 사회를 위한 에로스 차원의 접근

앞서 언급한 세 학자의 사회철학적 논의에서 문제 해결의 답을 찾을 수 있다. 스티글레르가 말했던 인간과 기술의 조화를 이루는 것, 들뢰즈가 말했던 자본주의 욕망기계에서 벗어나 사람들의 진정한 욕망을 되살리는 것, 푹스가 주장했던 디지털 생산수단을 소유한 디지털 자본 계급에 맞서 일반 시민이 디지털 사회의 주목 통제권을 되찾아오는 것 등이 그것이다. 이러한 것들이 결국 시민을 실천을 위한 자각과 행동으로 연결되도록 이끄는데, 이러한 성찰만이 주목 자본주의 문제를 근본적으로 해결할 수 있는 열쇠를 제공할 것이기 때문이다.

사람들이 디지털 자본주의 욕망기계가 배치한 조작된 욕망에서 벗어나 진정으로 자신이 원하는 것을 자각하고, 자신을 디지털 자본주의가 만들어 낸 압력으로부터 해방시키는 과정은 마르쿠제가 행위 원칙performance principle을 에로스 개념과 대비시킨 것에서 아이디어를 얻을 수 있다(Marcuse, 1955; 1964). 행위 원칙은 우세한 사회규범이나 이미 설정된 기준에 따라서 사람들이 자신의 역할과 행동을 결정하는 것을 말한다. 따라서 행위 원칙은 피상적으로 따라하거나, 압력을 느껴 사회가 수용할 만한 행위를 의식적으로 행하는 것이지 진정으로 자신이 원하는 것을 수행하는 것이 아니다. 이러한 현실적인 압력은 대부분의 사회 구성원에게 기존에 요구된 기준에 따라 세워진 기능을 충족하기 위한 삶을 살아갈 것을 강요한다.

결국 이런 상태가 지속되면 지배하는 사람과 지배받는 사람들이 마치 같은 목표를 향해서 나아가는 듯한 착각에 빠지게 된다. 이러한 지점에서 마르크스와 프로이트가 만난다. 즉 사람들은 사회에서 요구하는 욕망을 자신의 욕망이라고 오해하게 되고, 지배계급이 요구하는 노동을 자신의 만족을 위해서 수행한다고 착각하게 된다. 하지만 실상 사람들은 자신의 삶을 사는 것이 아니고 사회가 미리 세워둔 기준을 충족시키기 위해 살고 있을 뿐이다. 사람들의 노동도 자신의 욕망을 충족하기 위해서 수행되기보다는 자본이 통제하는 기준을 충족하기 위해서 실행된다. 다만 그 과정에서 그것을 알지 못하도록 소외되어 있을 뿐이다.

이러한 상황에서 벗어나기 위해서는 사람들이 자신의 진정한 욕망을 되찾아야 한다. 기술의 발전이 진정 사람들과 조화로운 관계로 승화되려면, 자본주의 욕망기계가 배치했을 뿐인 강요된 노동 수행을 당연하게 받아들이는 욕망이 아니라 스스로를 만족시키고 해방시킬 수 있는 진정한 욕망을 찾아야 한다. 마르쿠제는 그것을 에로스라고 불렀고, 그것만이 사람들에게 진정한 해방과 만족감을 가져올 수 있다고 주장했다. 마르쿠제에게 있어 에로스는 내면의 진정한 욕망과 연결된 기본적인 삶의 에너지를 의미하는데, 이를 좀 더 사회적으로 확대해보면 기존에 설정된 사회구조와 규범을 넘어서는, 자기표현에 집중하는 초월적이며 해방적인 힘을 의미한다. 여기서 사회가 설정한 억압적인 측면을 넘어서는 힘이라는 것은 개인적인 내면에서 시작해 집단적인 혁명으로 나아갈 수 있는 힘을 의미한다.

사실 디지털 사회를 보는 우리의 시각은 이후 벌어질 결과에 대해서 일면 낙관적이고 다른 면에서는 회의적이지만, 전체적으로 보면 이러한 발전 경로를 바꿀 수 없다는 면에서는 회의적 시각이 지배적이라고 말할 수 있다. 하지만 사람들이 내면의 소리를 듣고 스스로 진정한 욕망을 발견함으로써 사회를 지배하는 힘에 도전하고, 억압적인 사회규범과 통제에 항거한다면 대안적인 평등한 사회 질서를 만들어나갈 수도 있다. 개인의 내면에서 시작해 결국은 사회 해방으로 연결될 수 있다고 보는 이러한 세계관은 스티글레르, 들뢰즈, 푹스의 논리를 기술, 개인, 사회의 층위에서 통합적으로 포괄한다. 디지털 미디어 환경도 자본주의라는 억압적인 환경 속에서 자본의 이익이라고 하는 미리 설정된 기준에 맞춰져서 발전해가고 있지만, 우리가 에로스 차원의 진정한 내면의 욕망을 직시한다면 그러한 억압적인 환경으로부터 해방을 가져오는 것도 충분히 가능하다. 자본주의 착취 구조는 자본의 이익을 위해 욕망을 통제하고, 소비문화를 통해 쾌락을 전파하고, 노동으로부터 소외되는 사회관계를 고착화하기 위한 시도를 지속한다. 우리가 에로스 차원의 진정한 욕망, 즉 인간성을 해방시키는 순수한 욕망을 되찾는다면 기존 사회규범의 강요에 의해 파괴된 인간성을 복원하고, 억압적인 사회질서로부터 해방될 수 있다.

우리가 맞이하고 있는 디지털 사회는 일차원적one-dimensional인 사회이다. 이런 사회는 개인이 진정한 행복을 느끼기보다는 기술 발전이 도구적인 이성의 충족에 초점을 맞춤으로써 개인의 진정한 만족을 억압하게 되는 사회이다. 디지털 기술이 인간 생활을 지배하고 있지만, 우리가 내면에서 충족감을 느끼는 더 나은 삶을 살고 있는가에 대해서는 자신 있게 말하기 어렵다. 이에 반해 디지털 미디어 자본의 주목을 통한 사회 지배는 더욱 공고해지고 있으며, 이익의 결집을 통한 독점과 통제 체제는 더욱 강화되고 있다. 이런 기존의 사회질서가 부여한 한계를 극복하고 디지털 사회의 발전 경로를 바꾸기 위해서는 미디어 주목을 둘러싼 의미에 천착하고, 주목 통제에서 벗어나 인간성을 회복할 해방적인 사회규범에 대해 고민해야 한다. 이는 물론 지극히 개인적인 욕망에 대한 패러다임 차원의 인식 전환과 관련되어 있다. 후속 장에서는 이런 점들을 좀 더 자세하게 살펴본다.

DISOBEDIENCE TO ATTENTION

2부

디지털 주목 사회와 주목 자본주의

3장

주목과 주목 경제

디지털 사회와 주목

'어뷰징'에 참여한 기자들은 고민할 틈이 없었다. 하루에 써내야 하는 기사는 적게는 5건에서 많게는 50건에 달했다. 이렇게 많은 기사를 직접 취재해서 쓸 수 없으니, '짜깁기', '베껴 쓰기'는 필수였다. 실시간 검색어에 오른 키워드를 넣어서, 여러 기사를 조합해 하나의 기사를 만들어내는 식이다. 종합일간지에서 '검색어 기사'를 쓰는 정규직 기자 ㄱ씨는 "어떤 사실관계를 취재해서 쓰기보다 이미 그 사실관계를 다룬 '눈에 띄는 다른 기사'를 '빠르게' 베껴 쓰는 일이 많다"며 "혼자서 하루 10~20건 정도 기사를 썼다"고 했다. (중략) '어뷰징'을 맡은 이는 시시각각으로 '클릭 수' 압박을 받는다. 이 과정에서 정제되지 않은 '낚시용' 기사들이 포털 사이트에 그대로 노출된다. 기사 데스킹(기사 작성 뒤 사실관계 등을 검토해 다듬는 것) 과정은 없거나 허술하다. "(관리자들이) 항상 클릭 수와 조회 수를 언급했어요. 팩트체크를 해서 기사 쓰는 게 불가능한 상황이었습니다."(언론사에서 3개월간 '어뷰징' 인턴기자로 일한 ㄹ씨). (박준용, "하루 짜깁기 기사 50건…클릭수 노려 미투 2차 가해", 『한겨레』, 2018. 4. 3.).

앞의 글이 보여주는 것처럼 유사한 기사를 반복적으로 공급하는 어뷰징 기사가 온라인 언론 보도에서 큰 문제가 되고 있다. 과거 선정적인 기사가 가지는 문제가 그 내용 자체에 있었다면, 디지털 환경에서는 내용과 함께 그 양이 문제가 되는 것이다. 그렇다면 언론은 왜 기사를 어뷰징하는 것일까? 이유는 명확하다. 언론은 주목을 끌어서 클릭을 유도하고 수익을 창출하려는 의도를 가지고 있는데, 유사한 기사의 양을 늘려 조금이라도 더 많은 클릭을 유도할 수 있다면 더 많은 수익을 거둘 수 있기 때문에 쉬운 수익 창출 수단을 포기할 수 없는 것이다. 한 기사에 따르면 국내 포털 언론 기사의 35%가 베끼기 기사라는 조사 결과도 있다. 언론 입장에서는 정상적인 취재를 통해 바른 여론을 형성하는 기사나 오랜 시간을 공들여 사회 비리를 찾아내는 탐사 보도보다는, 클릭을 더 유도할 수 있는 수단으로서의 기사가 있으면 그것을 더 선호할 수밖에 없다. 지금은 보도 기사 생산의 기준이 암묵적으로 혹은 명시적으로 주목과 클릭에 있기 때문이다.

한국언론진흥재단의 2022년 한국언론산업실태조사에 따르면, 전체 언론산업 수익에서 광고 수익이 2조 4,599억 원으로 전체 매출의 60.6%를 차지하고 있다. 이에 반해 구독 수익은 6,821억 원으로 전체 매출의 16.8%를 차지하는 데에 그쳤다. 우리나라 전체 기자 수는 2022년 기준 2만 8,686명인데, 이를 구독 수익과 비교해보면 기자 1인당 구독 수익은 2,400만 원이 채 안 된다. 구독 수익이 이렇게 작아서는 언론사가 유지될 수 없기 때문에 광고 수익에 매달리는 것은 비즈니스 입장에서 보면 자연스러운 일이고, 광고 수익이 기사 클릭으로부터 비롯되기 때문에 언론사는 클릭 수에 매달릴 수밖에 없다. 언론 비즈니스가 클릭 수에 달려 있다 보니 기자들의 접근 방법도 클릭 우선 환경에 적응할 수밖에 없다. 광고 수익이 확보될 수 있는 기사, 즉 사람들의 주목attention을 끄는 기사에 매달릴 수밖에 없게 된다. 광고 수익은 한마디로 사람들의 주목 수에 대한 보상이다. 지금 나타나는 많은 부정적인 언론 현상들, 따옴표 저널리즘, 선정주의, 극단적인 표현, 정파주의, 낚시성 기사, 프로보커쳐provocateur 인용, SNS 인용 저널리즘, 기사 어뷰징 등은 결국 주목을 끌고, 주목 총량으로부터 광고 수익을 올리기 위한 수단에 불과하다.

우리가 생각하기에 정말 터무니없는 기사, 변죽을 울리면서 흥미만을 유도하는 기사, 소문이나 근거 없는 비방에 경도된 기사, 사람을 악마로 몰아가고 파멸로 유도하는 기사는 모두 주목을 중심에 두고 해석했을 때 비로소 이해가 된다. 결국 슬프지만, 문제의 핵심에는 주목이 있다. 주목 중심의 비즈니스 모델이 디지털 언론 시장을 교란하는 것은 이미 오래된 문제이다. 주목이 디지털 미디어 시대에 관심의 대상이 된 것은 디지털 환경이 가지는 속성과 긴밀하게 연결되어 있다. 디지털 미디어 시대에는 무한정의 정보가 쏟아져 나오지만, 이를 주목할 수 있는 사람들의 능력은 한정되어 있다. 결국 이런 공급과 수요의 불균형은 필연적으로 주목을 중요한 상품으로 만든다. 정보는 넘쳐나는데 사람들이 봐주지 않아서 이익이 산출되지 않는다면, 많은 사회 주체가 주목에 매달리게 되는 것은 당연하다. 결국 주목이 디지털 환경에서 매우 중요한 결정 요인이며, 주목을 통해서 이루어지는 사회관계와 인지자본주의 사회의 작동 원리를 이해하지 않고는 디지털 미디어 환경을 이해하기 힘들다.

주목, 파르마콘 그리고 디지털 환경의 문제

주목의 영어 표현 'attention'은 라틴어 'attentio'에서 유래했다. 명사인 'attentio'는 어떤 대상에 자기 생각의 초점을 맞추거나 자신의 정신적인 에너지를 쏟아붓는다는 의미를 가진다. 동사인 'attend'의 어원은 라틴어 'attendere'이다. 'ad'는 '~에to' 혹은 '~을 향해towards'를 의미하고, 'tendere'는 '뻗어나가다to stretch' 혹은 '향하다to direct'를 의미한다. 즉 무엇을 향해서 뻗어나가거나, 누군가의 마음이 무언가를 향해 서 있다는 의미를 가진다. 또한 동사 어원은 '보살피다to take care'라는 의미도 가진다. 따라서 주목은 뭔가에 자신의 초점을 맞추어 신경 쓰는 상태, 즉 아무 관심이 없다가 어떤 대상에 관심을 가지고 집중하며 정신적인 에너지를 불어넣게 되는 상태라고 정의해볼 수 있다.

주목은 개인적인 측면과 사회적인 측면이 있는데, 주목 양식attentional forms에 의해서 이 두 측면은 연결된다(Stiegler, 2012a). 즉 개인이 주목하는 양식은 태어날 때부터 시작해 사회적으로 주어지며, 사회가 주목 양식으로 규정한 것에 따라 개인이 주목하게 된다. 결국 개인적인 주목은 사회적인 주목으로 집단화되고, 이러한 과정은 사람들이 개인의 범주를 벗어나 기술적 대상의 중개를 통해 다른 사람을 포함한 모든 사회·문화·기술 환경과 관계를 맺고 상호작용하게 만드는데, 이를 개체초월transindividuation이라고 한다(Simondon, 1958/2011; Stiegler, 2012b). 결국 개인적인 주목은 사회적인 성격을 함께 가진다.

현대 디지털 사회가 문제가 되는 것은 이러한 주목의 개인적인 측면과 사회적인 측면이 조화를 이루어서 함께 발전하는 것이 아니라 지나치게 전체주의적 주목 양식이 우세를 보여 개인적인 주목이 자율성을 상실하기 때문이다. 개인과 기술을 포함한 제반 환경의 조화 및 원활한 상호작용이 중요함에도 디지털 미디어 사회는 사람들로부터 기술을 분리시키고 조화로운 공동 창조의 과정을 방해한다(Stiegler, 2012b). 실제로 사람들의 정체성은 기술의 발전과 분리될 수 없음에도 불구하고, 기술에서 소외되고 기술에 의존함으로써 원활한 개체초월이 작동하지 않는 기술 우위의 기술 지배 사회가 도래하고 만다. 이런 디지털 미디어 사회가 가지는 문제의 근원은 결국 인간과 기술의 상호 관계가 조화롭게 작동하지 않는다는 것이다.

사실상 개인과 사회를 연결하는 과정에서 가장 중요한 역할을 하는 것이 주목이다. 사회는 실제로 주목의 유형에 의해 지식과 습속habitus을 전파한다. 주목과 주목 양식이 없다면 어떤 식으로 사람들이 관계를 맺고 서로를 이해할 것인지, 어떻게 지식을 전파하고 교육할 것인지, 그래서 마침내 기술과 문화를 어떻게 전달할 것인지 등에 대해 파악하기 힘들게 된다. 우리의 삶 자체가 무엇을 주목할 것이며, 어떤 식으로 주목할 것인가에 의해서 전개되고 있는 것이다. 주목을 통해 문화와 문명이 전승되며, 개인과 개인 간의 사회관계가 연결된다. 이런 측면에서 보면 문화는 기술이 만들어낸 외장화된externalized 기억을 통해 세대에 걸쳐 전해 내려오는 주목 양식을 의미한다고 볼 수 있다(Stiegler, 2012a). 개인이나 집단의 기억, 지식, 관습은 결국 기술이 만들어준 외장화된 기억을 통해서만 전수가 가능하기 때문이다.

하지만 여기서 문제가 되는 것은 이렇게 중요한 주목이 물질적인 기술 조건에 의해 규정되고, 주목한 대상에 대한 기억은 기술이 통제하는 외장화된 기억 기술에 의해 통제받게 된다는 점이다. 사람들은 점점 더 자신의 주체성에 따라 생각하고 행동하는 것이 아니라 다른 사람들이 어떻게 행동하는지를 보여주는 기억 기술 장치를 따라서 자신의 생각과 행위를 결정하게 된다. 예를 들어 소셜미디어에서 많은 사람이 일정한 패턴을 추구하며 살고 있는 것을 보면, 자신도 그러한 삶이 당연한 규범인 것으로 받아들인다. 하지만 이러한 콘텐츠는 기술적인 알고리즘에 의해 보여지는 것일 뿐이지, 실제와 얼마나 일치하는지 알 수 있는 방법은 없다. 기억이 기술의 지배를 받게 되면 사람들은 점점 더 기술이 원하는 것에만 주목하게 되고, 이러한 기술에는 점점 더 기술을 소유한 사람의 의도가 반영되게 된다. 이런 환경이 고착화되면 우리가 주목하는 것은 우리가 보고 싶은 것이 아니라, 결국 기술을 지배하는 사람들의 의도에 맞춰진 것에 불과해진다.

역사적으로 볼 때 외장화된 기억은 대부분 주목한 것을 글로써 남긴 것이 된다. 하지만 텔레비전 사회를 넘어 디지털 사회로 오면서 주목의 양상은 글의 형태를 넘어서게 되고, 데이터를 통한 저장 기술이 더 발달함에 따라 다양한 감각을 조작하여 집중의 강도를 어느 때보다 더 심화시키고 있다. 즉 글을 통한 문법화grammatization가 다양한 감각을 통한 문법화로 빠르게 변화하고 있다. 문법화는 언어를 사용하는 데에 있어 어떤 법칙을 사회적으로 함께 적용하게 되는 과정을 의미한다. 요컨대 이 개념을 적용하여 디지털 미디어 사회를 보게 되면 다양한 감각을 자극하는 외장화된 기억이 사람들의 언어 사용과 사회관계 형성에 있어 점점 더 사회규범으로 작용하고 있음을 알 수 있다. 이러한 과정에서 더 문제가 되는 것은 사람들이 통제할 수 있는 영역이 점점 더 줄어들게 된다는 사실이다. 대부분 외장화하는 기억 기술을 가지기 위해서는 엄청난 자본이 필요하고, 자본이 투자된 만큼 그것을 회수하기 위한 수단으로서 주목을 이용하는 경향은 더 커지게 된다. 이런 경향이 강화되면 디지털 사회에서 주목은 자본을 회수하기 위한 수단으로 집중되며, 자본을 투자한 사람들은 이러한 주목을 만들기 위해 모든 외장 기술을 동원하여 통제력을 높이게 된다.

본래 쓴다writing는 것은 주목한 것을 기억하기 위해서 외장화하는 작업이다. 실제로 인류가 생물학적인 진화를 멈추고 기술을 통한 진화를 이어갈 수 있었던 것은 쓰기를 통한 기억의 외장화가 가능해졌기 때문이다. 하지만 쓰는 것의 문제점은 자명하다. 플라톤Plato은 기억의 외장화를 혐오했는데, 이러한 작업이 상황을 왜곡하고 진실을 감출 수 있다고 보았기 때문이다. 소크라테스Socrates와 플라톤은 오직 직접 말로써 대면해 표현하는 것만이 진실을 전달할 수 있다고 보았다. 쓰기를 약 또는 독을 의미하는 파르마콘이라고 지칭하는 것 역시 쓰기의 이러한 양면성 때문이다. 우리가 보는 역사적인 사료들도 그것이 진실에 기초해서 작성되었다고 믿는 사람은 별로 없다. 이러한 쓰기의 문제점은 다양한 감각을 대상으로 하고 기억을 영구화시키는 디지털 환경에서 더 심각해진다. 이제는 읽는 것에서 벗어나 모든 감각으로 저장된 정보를 기억을 통해 받아들이며, 바이트byte로 구성된 기억 정보들은 쉽게 조작이 가능해서 온갖 그럴듯한 가짜 정보를 생산해낼 수 있다. 디지털 환경에서 쓰는 것, 즉 기억 정보의 왜곡은 심각한 사회적 압력으로 다가온다.

그렇다면 디지털 미디어 시대의 새로운 주목 양상은 무엇인가? 결국 디지털 미디어 시대에는 쓰기를 통해 형성된 외부의 기억을 이용해서 개인과 사회를 연결해주던 순수한 고리들은 점점 사라지고, 개인과 사회가 조화로운 발전을 꾀하기 힘든 상황으로 빠져든다. 다양한 디지털 쓰기 형태를 사용한 광범위하고 획일화된 주목 끌기를 통해 전체주의적인 사회규범이 만들어지고, 이를 통해 이익을 실현하려는 자본의 탐욕만이 통제적인 주목 양식으로 자리 잡게 되기 때문이다. 이것은 쓰기가 가지는 문제, 즉 현상에 대한 왜곡의 문제를 넘어서는 좀 더 본질적이고 구조적인 문제를 제시한다. 따라서 이 문제를 해결하기 위해서는 쓰기pharmakon를 통해 개인과 사회를 이어주려는 노력, 즉 쓰기가 가지는 문제점을 인식하면서 본래 쓰기가 가진 장점을 되살리려는 노력이 중요해질 수밖에 없다.

물론 이러한 주목을 통한 왜곡은 매스커뮤니케이션 시대에도 있었다. 매스커뮤니케이션 시대에 주목은 행위자 자신의 진정한 욕망이 반영된 것이라기보다는 자본주의 욕망기계에 의해 상품으로 배치되려는 목적으로 만들어진 욕망이라고 할 수 있다. 이러한 주목의 상품화가 보다 다변화되고 개인적으로 극단화된 형태로 나타나는 것이 디지털 미디어 환경의 특징이라고 할 수 있다. 디지털 미디어 시대에 오면 기억을 외부에 저장하는 것, 즉 광범위하게 쓰는 행위는 개인의 통제권을 벗어나서 디지털 미디어가 미리 설정하고 의도한 방향으로 이루어지게 된다. 그리고 이에 따라 개인은 기술의 강요에 종속되는 삶을 살 수밖에 없게 된다. 이것이 외장화된 기억을 장악한 디지털 미디어 환경의 가장 심각한 문제점이라고 할 수 있다. 우리가 흔히 이야기 하는 알고리즘 왜곡도 이러한 현상을 의미한다.

결국 디지털 시대의 쓰기, 즉 기억을 외장화하는 문제는 주목 행위를 통제하고 독점하려는 주목 양식을 만들어내고, 기술을 통해 사람을 지배하려는 의도를 가지는 것과 통하게 된다. 기억을 외장화하면 언제든지 사실을 왜곡할 수 있고, 기억 기술을 통해서 얼마든지 이익과 권력을 창출하려는 의도와 연결될 수 있기 때문이다. 예를 들어 구독자 수를 많이 확보할 수 있는 콘텐츠가 좋은 콘텐츠라는 주목 양식이 '유튜브YouTube' 환경을 지배하게 되면 사람들의 개별화된 노력은 한 방향의 집단적인 지향점과 만나게 되고, 구독자 수를 많이 확보하려는 경쟁이 사회적인 규범으로 자리 잡는다. 이러한 과정에서 이익을 보는 쪽은 디지털 미디어 플랫폼이다. 결국 유튜브가 만든 주목 양식은 사람들의 자율성과 아무런 관련이 없게 된다. 사람들이 유튜브를 사용하여 만들어내는 모든 주목 행위는 이미 설정된 방향으로 몰려가는 것이지 자율적인 판단의 산물이 아니다. 이것이 디지털 미디어 사회에서 개체가 가지는 한계이다.

디지털 환경에서 외장 기억, 쓰기, 파르마콘 같은 개념을 통해 우리가 알 수 있는 것은 디지털 자본이 어떤 식으로 주목 양식을 통제해 지식과 권력의 독점을 이루어내는지를 분석할 수 있다는 점이다. 따라서 기술의 독점이 아니라 인간과 기술 사회가 상호 존중하는 체계를 만들어가기 위해서는 개개인의 자각을 통해 디지털 미디어 자본이나 권력이 통제하는 주목 양식과 기능적인 목적을 거부하고, 어떻게 사람들 간에 진정한 사회관계를 만들 것인지를 고민하는 것이 중요하다. 최근 인기 유튜버들의 번아웃burnout 현상과 이에 따른 활동 중단 소식이 심심찮게 기사화되는데, 이는 모두 통제된 주목 양식 속에서 생존을 위해 자신을 소진해가는 우리의 모습을 대변하는 것이라고 할 수 있다.

디지털 미디어 플랫폼이나 콘텐츠 제공자들은 사람들이 자신의 콘텐츠를 이용하거나 봐주었을 때만 가치를 창출할 수 있다 보니 주목을 최대화할 수 있는 알고리즘에 의존하고, 혹은 주목을 끌거나 유지할 수 있는 자극적인 콘텐츠에 매달리게 된다. 이런 상황은 이슈에 대한 깊은 성찰을 방해하게 하는데, 더 주목을 끄는 콘텐츠에 언제든지 구독자를 뺏길 수 있다는 불안감에 시달리기 때문이다. 따라서 콘텐츠에 자극적인 제목을 달거나, 한 번씩 관심을 끌 수 있는 감동 포인트를 넣어서 콘텐츠를 분할하고, 내용을 과장해 구독자가 쉽게 빠져나가지 못하도록 유인한다. 하지만 사람들이 점차 이런 밑도 끝도 없는 분절적인 콘텐츠에 익숙해지게 되면 점점 더 안정적인 확보가 어려운 수용자로 변모된다. 주목을 끌기 위한 자극적인 콘텐츠는 분절적인 콘텐츠에 익숙한 수용자를 양산하고, 이러한 수용자의 주목을 끌기 위해 더 자극적이고 분절적인 콘텐츠를 개발하는 악순환이 계속되는 것이다.

따라서 주목과 관련해 가장 문제가 되는 것은 수용자들이 점점 더 산만한 주의력을 가지게 된다는 것이다. 여기에는 두 가지 이유가 있는데, 일단 디지털 환경에서 주어지는 정보의 양이 너무 많다 보니 스스로 그 많은 정보를 처리하는 데에 부담을 느낄 수밖에 없게 된다. 그러다 보니 중요한 정보나 집중할 만한 정보를 걸러내는 데에 시간을 투자하기보다는, 피상적으로 정보를 처리하거나 표피적인 정보만을 일상적으로 즐기게 된다. 이렇게 집중하지 못하고 성찰하지 못하는 특성을 가진 미디어 수용자는 디지털 미디어에서 더욱 골치 아픈 현상을 야기한다. 이익을 창출하기 위해서는 그들의 주목이 필요한데, 미디어 수용자들은 가장 흥미를 끌고, 가장 효율적이며, 자기 자신이 정보로부터 소외된다는missing-out 느낌을 주지 않는 미디어 콘텐츠를 이용하려고 한다. 이와 같이 피상적이고 충성심이 전혀 없는 주목 행태를 장착한 미디어 수용자들에 대항하기 위해서 디지털 미디어는 점점 더 주목을 끌기 위한 극단적인 경쟁에 나서게 되고, 자신이 제공하는 정보가 다른 사이트보다 효율적이라는 것을 끊임없이 증명해야 한다. 이때 효율성을 증명할 수 있는 가장 손쉬운 수단은 주목으로 끌어모은 네트워크의 크기이다. 구독자 수가 많은 사이트는 효율적일 것이라는 인상을 심어준다. 일상적으로 많은 사람이 그러한 사이트에 비교적 안심하고 찾는 이유가 여기에 있다.

이렇게 많은 사람이 보는 디지털 미디어 플랫폼 사이트가 효율적이라고 느끼면 느낄수록 조작의 가능성은 점점 더 커질 수밖에 없다. 디지털 미디어 자본이 현재의 주목 양식을 주도하고 있기 때문에 사실 여부와 상관없이 주목을 끄는 방법이 중요해지게 되고, 이런 환경 속에서 가짜 정보 혹은 부분적으로 가짜인 정보가 생성될 수밖에 없다. 주목이 곧 상품이 되므로, 사람들의 주목을 끌 수만 있다면 정보의 사실성 여부는 고려 대상에서 배제된다. 디지털 미디어 사회에서 가짜 뉴스가 문제가 되는 것은 그것의 전파 속도와 범위 때문만이 아니라, 그것이 동일한 목소리 속에서 서로 반향되며 커져가는 효과(반향실echo-chamber)가 상상을 초월하기 때문이다. 같은 목소리만을 듣다 보면 편향된 생각에 확신이 쌓이고, 다른 생각을 가진 사람을 점점 더 이해하지 못하게 됨에 따라 사회적인 갈등이 극심해질 수밖에 없다.

주목, 욕망 그리고 죄의식: 왜 사람들은 주목하는가

인간의 주목은 근원적인 욕망이다. 사람들은 생존을 위해서 주목해왔다. 또한 많은 사람이 다른 사람들로부터 주목을 받는 것을 즐긴다. 이렇게 주목을 주고받는 것은 어떻게 보면 인간 생활에서 가장 본질적인 관계 형성의 기본을 이룬다. 만약에 내가 어떤 사람을 주목하더라도, 그가 나를 주목하지 않는다면 사회관계가 성립되기는 어렵다. 어떤 식으로든 관계를 맺기 위해서는 주목을 먼저 받아야 하고, 관계가 어떤 식으로 형성되든지 간에 주목부터 시작하지 않으면 안 된다. 따라서 주목은 나의 세계와 다른 사람의 세계를 연결해주는 교량 역할을 한다. 어떤 사람이 나에게 주목한다는 것은 내가 그 사람의 세계에 들어가게 되었다는 것을 의미한다(Franck, 1999). 다른 사람의 세계에 들어갈 수 없다면 관계는 형성될 수 없다. 그렇기 때문에 우리 모두는 주목을 끌기 위해서 노력하고, 다른 사람의 세계에 들어갈 수 없게 되었을 때 절망하고 비참해한다. 문제는 이 근원적인 욕망이 디지털 환경에서 훨씬 더 자극된다는 점이다. 예를 들어 일정한 수의 구독자가 확보되지 못하면 나의 존재 자체가 의미를 상실하는 것 같은 박탈감을 느끼게 되고, 다른 사람의 '좋아요' 클릭을 확보하지 못하면 내가 가진 사회적인 관계의 진정성을 의심하게 된다. 이처럼 디지털 환경은 기술의 발전과 인간의 근원적인 욕망을 뒤섞어서 어느 것이 우선인지 헷갈리게 만들어버린다. 개체와 사회의 평화로운 발전을 의미하는 개체초월에 심각한 위기가 초래되는 것이다.

> 어떤 주체도 다른 사람이 주목하지 않는 상황에서 주목을 끌 수는 없다. 하지만 한번 다른 사람의 주목을 끌게 되면 그 사람은 다른 사람의 세상으로 들어갈 수 있게 된다. 이렇게 다른 사람의 의식 속에 자리

> 를 차지하고자 하는 생각은 결국 거부할 수 없는 욕망으로 자리매김하게 된다. 주목은 그것을 충분히 얻지 못해서 생기는 허전함만을 의미하는 것은 아니다. 우리 모두는 자신이 다른 사람에게 어떻게 보일까 하는 의문으로 고통스럽다. 자신이 다른 사람의 마음속에 자리 잡지 못하고 있다는 생각에 괴로워한다. 인간의 영혼은 다른 사람의 영혼에서 자신이 중요한 역할을 하지 못할 때 고통을 느끼기 시작한다는 것이다. 다른 사람들에게서 아주 작은 주목조차 받지 못한다면 영혼은 큰 상처를 입고 통한에 빠지게 된다. 그래서 배려 깊은 주목 속에 놓일 수 있다는 것은 인생에서 가장 큰 축복이라고 할 수 있다. (Franck, 1999, p. 13).

이러한 본질적인 욕망은 실제 사람들이 가진 본질적인 결핍과 연결됨으로써 더 욕망 종속적으로 작동하는 측면이 있다. 사람들이 왜 그토록 주목에 매달리는가 하는 부분은 케네스 버크Kenneth Burke의 죄의식 논의를 함께 참조할 필요가 있다(Burke, 1970). 버크에 따르면 사람들은 언어와 상징을 사용하기 때문에 필연적으로 죄의식을 느끼게 되고, 이 죄의식을 해소하기 위해서 더욱 언어와 상징 행위에 매달리게 된다. 언어의 사용과 상징 행위가 죄의식을 수반하는 이유는 언어를 사용하는 상징 행위 자체가 어떤 위계를 만들어내고, 부정적인 생각을 생성하며, 완결성에 비추어 부족하다는 인식을 심어주기 때문이다. 이런 생각들은 죄의식으로 귀결될 수밖에 없다. 이는 디지털 미디어에도 그대로 적용된다. 예를 들어 소셜미디어를 통해서 다른 사람과 소통하는 행위는 필연적으로 더 나은 상황에 있는 사람과 못한 상황에 있는 사람을 구분 짓게 만들고, 이를 통해서 스스로를 부족하다고 느끼게 만든다. 또한 완전한 형태의 이상적인 상황을 목격하게 됨으로써 나의 완전하지 못한 곤궁한 처지에 대해 죄의식을 느낄 수밖에 없다. 나는 왜 이것밖에 되지 않는가, 왜 다른 사람들은 잘 사는데

나는 못 사는가, 왜 이렇게 나의 인생은 비참하게 흘러가는가와 같은 생각은 모두 죄의식과 관련된 관념들이다. 이런 죄의식은 디지털 미디어 주목을 자극하는 촉매제가 된다.

일단 디지털 미디어 환경이 조성되고 콘텐츠에 대한 주목이 시작되면 사람들의 주목 행위는 죄의식을 자극할 수밖에 없다. 예를 들어 사람들은 소셜미디어를 통해서 성공한 사람들의 상징 행위를 접하게 되면, 자신이 다른 사람들보다 못하며 불완전한 상태에 있다는 생각을 갖고, 나는 왜 이럴까, 나는 왜 이 정도밖에 안될까 하는 생각에서 오는 죄의식 상태를 없애기 위해 죄의식 감정을 정화하려는 노력을 하게 된다. 즉 감정을 정화하려는 노력을 통해서 자신의 죄의식을 없애고 다시 태어난 것 같은 기분을 느끼려고 하는데, 이를 위해서는 결국 새로운 언어와 상징 행위에 매달려야만 한다. 어떤 식으로든 나를 표현함으로써 죄의식에서 벗어날 수 있는 방법을 찾으려는 것이다. 그래서 자신도 소셜미디어를 통해 사람들의 주목을 만들어내거나, 자신도 주목받는 대상이 되기 위해 노력한다. 만약 그렇게 할 처지가 못 된다면, 계속해서 성공한 사람들의 콘텐츠를 보며 그들의 상황에 스스로를 대입해 대리만족을 느끼고, 자신이 처한 상황에서 벗어난 듯한 착각을 경험한다. 디지털 미디어 환경이 죄의식과 정화의 악순환을 반복하게 만드는 것이다. 따라서 디지털 미디어 커뮤니케이션 환경이 죄의식을 자극하면 그것을 정화하고자 하는 욕구가 커지고, 이는 주목 추구로 연결될 수밖에 없다.

하지만 이러한 죄의식-정화-구원의 과정은 일시적이고 반복되기 때문에, 사람들은 계속해서 죄의식을 지우려는 노력을 반복해야 하는 상황에 빠진다. 이러한 죄의식 지우기가 디지털 미디어를 사용하는 사람들의 정체성을 형성한다. 디지털 미디어는 계속해서 죄의식을 자극하고, 사람들은 죄의식을 상쇄하기 위해서 더욱 주목에 매달린다. 그렇다면 자기보다 못하다고 생각되는 사람들의 콘텐츠를 보면서도 죄의식이 발생할까? 죄의식은 두 경우에 발생한다. 하나는 나보다 못한 사람들을 볼 때이고, 다른 하나는 나보다 잘난 사람들을 볼 때이다. 나보다 못한 처지에 있는 사람들을 볼 때는 그들처럼 실패하지 않았다는 느낌에서 오는 안도감이 죄의식을 부추기고, 나보다 잘난 사람들을 볼 때는 내가 실패했다고 느끼기 때문에 죄의식을 갖는 것이다. 결국 언어와 상징을 사용하는 행위, 즉 미디어 커뮤니케이션 행위는 죄의식을 자극할 수밖에 없다. 나아가 디지털 미디어 환경에서 더욱 문제가 되는 것은 다른 사람들의 생활을 훔쳐볼 수 있는 기회가 기하급수적으로 늘어났고, 언어와 상징 행위를 통해 자신을 표현하는 것이 매우 손쉬워졌다는 점이다. 죄의식이 주목과 연결되는 환경이 조성된 것이다.

따라서 디지털 미디어는 어떤 형태로든 끊임없이 죄의식을 자극하는 콘텐츠를 쏟아내고, 사람들은 그것을 상쇄하기 위해 디지털 미디어 주목에 매달리는 악순환에 빠질 수밖에 없게 된다. 디지털 미디어가 이런 주목 양식을 설정한 것은 이익 창출과 밀접한 관련성을 가진다. 사람들은 기본적으로 자본주의 욕망기계가 배치한 욕망을 자신의 욕망이라고 오해하기 때문에 이런 주목 양식을 무비판적으로 받아들인다. 사람들이 더 많은 네트워크를 형성하려고 노력하고, 스스로를 다른 사람과 끊임없이 비교하며, 소셜미디어에서 형성된 주목 중심의 사회 규범을 자연스럽게 받아들이는 것은 결국 디지털 자본이 이익을 창출하기 위한 장치, 즉 주목 양식에 이미 종속되어 있다는 것을 보여준다.

주목의 속성

주목이 작동 원리이자 문제의 근원이 되는 디지털 사회는 디지털 미디어를 중심으로 재편되는 사회이다. 디지털 미디어는 특정 영역의 미디어 유형을 지칭하는 것이라기보다는, 디지털 기술의 발전을 통합하고 모든 감각의 인간 커뮤니케이션을 포괄하는, 현대사회의 자본주의 생산, 유통, 소비를 주도하는 광범위한 미디어 활동을 의미한다. 디지털 미디어가 지배하는 사회에서 자본은 어떻게든 자본에 대한 실질적인 포섭real subsumption, 즉 새로운 노동에 대한 착취를 자연스러운 현상으로 만들려고 노력하는데, 그것의 중심에 주목이 있다(Fuchs, 2015; 2016). 따라서 주목의 속성을 알아보고, 다음 장에서 주목이 가지는 노동의 성격을 알아보는 것은 디지털 미디어를 둘러싼 자본주의의 속성을 이해하는 데에 가장 기본이 된다.

주목의 속성은 이미 우리가 생활 속에서 경험한 것들이다. 사람들은 다른 사람을 언제나 주목하고 있지만, 이는 분명한 가시적 지표로 나타나는 것이라기보다는 내면에서 일어나는 뇌신경의 거울반응mirroring 작용에 가깝다(Goldhaber, 2006). 주목이 거울반응의 결과이기 때문에, 사람들은 일단 한 곳에 주목하면 다른 곳에 주목하기 어려워질 뿐만 아니라 한번 주목한 것을 신체 반응 차원에서 기억함으로써 그 대상에 계속 주목하게 되는 경향이 있다. 따라서 주목하게 될수록 그 대상에 익숙해지게 되고, 자신의 정동을 주목하는 대상의 성향과 맞추려는 경향 또한 나타나게 된다. 예를 들어 사람들이 습관적으로 인터넷 포털 뉴스에 접속하는 이유는 이미 그 주목 작용에 익숙해져 있기 때문이고, 자신이 주목한 것에 다시 주목할 것이라는 기대를 습관으로 가지고 있기 때문이다. 보수적인 정치 성향을 가진 사람이 보수 성향의 언론 기사에 자주 노출되는 것은 순수하게 내부적인 작용으로만 본다면 평소의 주목이 신체 반응 차원에서 익숙한 것으로 기억되고, 자신의 성향이 언론의 성향과 비슷하다고 생각하여 스스로 편안함을 느끼기 때문이다.

주목은 인간의 고유한 행위이고, 이런 점에서 동물과 공유하는 경계

vigilance 개념과는 분명히 구별된다(Stiegler, 2012a). 주목은 크게 개인적인psychic 측면과 사회적인collective 측면으로 나누어볼 수 있다. 즉 주목은 지극히 개인적인 행위이지만, 또한 전체적으로 보면 사회적으로 구성된다. 주목은 개인에서 시작하지만 다른 사람들과 결부될 수밖에 없고, 사회적인 맥락 속에서 존재한다. 대부분 우리가 주목하는 것은 사회적인 거름망을 거쳐서 대상화된다. 따라서 개인의 주목은 개인을 초월하는 과정을 거쳐 사회적인 주목이 된다. 사실 우리가 사회적으로 문화를 향유하는 방식은 많은 주목 양식의 총합이다(Stiegler, 2012a). 예를 들어 우리가 드라마를 본다고 한다면 이 행위 자체는 개인적인 주목이지만, 현재의 해당 드라마는 그 드라마를 만들고 즐기기 위해 투여된 수많은 주목 양식의 집합이라고 할 수 있다. 즉 개인적인 주목으로 보이는 행위들일지라도 실상은 개인의 주목 단계를 이미 초월하여 사회적인 주목으로 상호작용하게 된다는 것이다. 지금 내가 드라마를 보는 행위는 지금까지 축적되어온 사회적인 주목 양식과 함께 시청하는 행위이다. 개인의 주목은 언제나 사회적이다.

결국 인간은 사회적 동물이기 때문에 주목 없이는 살아갈 수 없다. 끊임없이 주목을 갈구하기 때문에 주목은 항상 경쟁의 대상이 된다. 주목의 속성상 하나에 주목하게 되면 다른 곳에는 주목할 수 없다. 따라서 주목은 언제나 빈곤의 대상이다. 디지털 인터넷 사회가 도래하면서 주목할 정보는 폭발적으로 넘쳐나지만 주목은 제한적일 수밖에 없고, 최적의 주목을 하기 위해서는 경쟁하지 않을 수 없게 된다. 이 지점에서 주목은 이 시대의 대표적인 상품이 된다. 상품을 사려는 사람이 있고, 이를 팔아서 이윤을 남길 수 있는 한 경쟁은 치열해질 수밖에 없다. 예를 들어 사람들의 주목을 사려는 광고주들이 있고, 광고주들에게 구독자의 주목을 팔아서 누군가 이윤을 가져갈 수 있다면, 이러한 구조 속에서 주목을 향한 무한 경쟁이 일어나는 것은 당연하다. 주목을 상품으로 취급하게 되면 기존의 육체적인 노동 시간을 기반으로 논의되었던 착취의 개념은 훨씬 유동화되고 확대될 수밖에 없다. 우리가 주목하는 것은 꼭 일터에서 주어지는 행위만이 아니라 삶 그 자체이기 때문이다. 디지털 기술의 도래와 함께 사회가 주목을 중심으로 이미 재편되었기 때문에, 주목의 상품화와 이를 기반으로 하는 주목 자본주의의 작동 원리를 논하는 것은 당연한 일이 된다.

일상적으로 효과적인 미디어를 판단하는 기준은 얼마나 주목을 보유하고 있고, 그 주목을 유지할 수 있느냐 하는 점이다. 특히 디지털 미디어가 대세가 되면서 중요 사안을 이해하고, 깊게 생각하고, 비판적인 의식을 갖도록 만드는 것보다 주목을 확보할 수 있는 능력을 갖는 것이 더 중요해졌다. 주목을 창조attention creation하지 못하고, 그것을 유지attention maintenance하지 못하는 미디어는 생존 능력을 상실한 것으로 판명되고, 다양한 디지털 미디어 경쟁 환경에서 도태될 가능성이 높다. 주목은 또한 기존의 이데올로기 논쟁을 넘어서는 경우가 많다. 그러므로 과거의 렌즈로 오늘의 디지털 문화를 비판하는 것은 해석 능력에서 문제가 발생한다. 문화 연구자들의 디지털 문화 해석에서 이런 사례를 꽤 발견할 수 있다. 예를 들어 세계적으로 인기를 얻고 있는 아이돌 그룹 방탄소년단BTS을 분석하면서 민족주의와 세계시민주의 간 갈등과 같은 해석(이택광, 2019)을 가져오는 것은 기존의 이데올로기를 오늘의 현상에 무리하게 대입하는 것이다. 실제로 BTS는 주목을 받을 수 있는 가장 디지털 미디어 친화적인 전략을 통해 세계적으로 주목을 창출하고 유지함으로써 인기를 구가하고 있기 때문에, 이들의 인기 배경으로 민족주의와 세계시민주의 간 갈등과 같은 이데올로기적 문제가 끼어들 여지는 많지 않다.

주목은 대부분 기존 이데올로기를 극복한다. 이데올로기 갈등은 기존 언론이 만들어내거나 평론가들이 만들어내는 것이지, BTS 팬에게 그런 가치판단은 존재하지 않는다. BTS는 전 세계적인 주목 권력일 뿐이다. 이데올로기 갈등에 대한 초조함은 기성세대의 트라우마에서 나온다. BTS가 민족주의에 대한 의도가 있었다 해도 그것은 오직 주목받을 수 있다는 이유를 통해서만 가치를 획득한다. 주목을 획득하는 한 세계시민주의와의 갈등은 일어나지 않는다. 이런 측면에서 이제 주목은 우리 사회를 지배하는 기본 원리가 되고 있다. 주목은 시간과 공간의 확장이라는 측면에서 자본의 이익을 확대하고 있을 뿐만 아니라, 세대를 초월해 모든 계층을 자본 이익의 영역으로 끌어들이고, 그러한 이익 창출이 일어나고 있다는 것을 느끼지 못하도록 그들을 완벽하게 소외시킨다.

또한 주목은 새로운 계급사회를 탄생시킨다. 주목 권력을 쥘 수 있는 사람은 대체로 다른 사람의 주목을 계속해서 만들어낼 수 있는 사람이다. 처음에는 기존에 보유하고 있던 자본에서 시작하는 경우가 많지만, 그것을 이어가는 힘은 여러 요소의 영향을 받는다. BTS에게로 향해진 주목 또한 처음에는 자본에서 시작했겠지만, 다양한 온라인 활동을 통해 사람들의 주목을 이어가는 전략으로 성공했다. 그러므로 BTS의 성공 배경에는 자본의 힘에 더해, 바뀐 온라인 환경을 활용한 여러 가지 주목 획득 전략이 있었다고 할 수 있다. 최근 들어 주목에 좌우되지 않는 신비화 전략은 더 이상 힘을 발휘하기 힘들다. 대신 주목 총량을 얼마나 끌어낼 수 있느냐가 성패를 판가름하는 중요한 관건으로 부상하고 있다. 어느 정도 주목 총량이 확보되면, 주목 권력을 쥔 주체는 주목을 받지 못하는 사람에 비해 이익을 창출하기 유리한 입지를 다질 수 있게 된다.

주목에 기반한 경제와 주목 맞춤형 개인

주목은 경제적 자산이 된다. 그 이유는 무한정으로 제공되지 않기 때문이다. 주목은 제한되어 있기 때문에 주목을 끌기 위해서는 경쟁을 해야 하고, 이러한 주목 중심 경쟁이 주목 경제를 만들어낸다. 더불어 디지털 환경의 급격한 발전이 주목을 한정된 상품으로 각광받게 만든다. 예를 들어 회사가 제품을 판매하기 위해서는 다양한 분야에서 주목 상품을 구매할 수밖에 없다. 유튜브에 광고를 게재하는 것은 결국, 유튜브 구독자 수와 함께 다른 형태의 주목 가능성을 모두 포함하는 주목 상품을 구매하는 것이다. 하지만 주목은 한정되어 있기 때문에 디지털 주목 경제 아래에서는 주목을 확보하기 위한 무한 경쟁이 일어나게 되고, 점점 사회적인 규범이나 윤리적인 기준보다는 주목 자체에 목적을 두는 콘텐츠들이 늘어나게 된다. 이러한 환경은 주목을 끌기 위해 자극적인 콘텐츠를 생산하게 만들고, 콘텐츠 수용자들의 비판적인 사고를 약화시키게 된다.

주목이 우리 사회의 중심적인 획득 경쟁 대상으로 떠오르면서, 대표적인 가치 교환의 수단으로 더는 돈이 아니라 주목을 사용하게 될 가능성이 높아지고 있다. 그만큼 현대 디지털 사회에서 주목은 중요한 속성으로 등장했다. 예를 들어 특정 소셜미디어에서 사용자가 콘텐츠를 기여하고, 그 콘텐츠에 쏟아진 다른 사람의 주목만큼 포인트를 받을 수 있어서 이를 다른 재화와의 교환 수단이나 다른 플랫폼 서비스 이용 수단으로 사용할 수 있다면, 주목은 사회의 중심적인 교환 수단이 될 수 있다. 특정 통화를 사용하게 되면 국가 간 장벽이나 이해관계의 충돌이 생길 수도 있지만, 주목은 디지털 기술을 이용하는 모든 사람에게 범용적 가치를 지닐 수 있다. 이렇게 주목을 중심으로 가치가 생성되고, 이러한 가치를 중심으로 주목 기반의 경제활동에 참여하는 사람이 늘어나게 되는 것을 일반적으로 주목 중심의 경제, 즉 주목 경제라고 한다. 유튜브 구독자의 수를 통해서 콘텐츠 제작자의 위계를 정하는 것처럼, 디지털 사회는 실제로 주목이 가치의 중심이 되는 사회로 급격하게 변화하고 있다.

주목 경제에서 주목하는 개인은 주목 상품을 만들어내는 단위에 불과하다. 따라서 개인은 주목을 만들어낼 수 있도록 조작될 수 있는 대상이고, 개인이 만들어내는 주목은 광고나 구독 혹은 영향력을 통해서 이윤을 창출한다. 따라서 디지털 환경에서는 자본이 착취하기 쉽도록 주목 상품에 맞추어진 개인과 개인의 생각, 개성, 의지보다는 비즈니스 시각에서 조작하기 쉽고, 정의하기 쉬우며, 맞춤형으로 개량된 개인이 탄생한다(Odell, 2020). 주목하는 나는 나 자신을 위해서 주목하는 것이 아니라 비즈니스를 위해서, 상품화를 위해서 주목하는 것이다. 디지털 미디어 환경의 상품화에 최적화된, 따라서 물화reified된 개인은 스스로 만족하고 있다고 느끼기도 하지만, 실제로는 아무런 비판의식 없이 공허한 자의식만 소유하고 있을 가능성이 높다.

문제는 이러한 상품화 과정으로부터의 소외인데, 사람들은 디지털 미디어를 이용하지만 그러한 이용 행위가 자신을 상품으로 만드는 행위라는 것을 전혀 눈치채지 못한다. 2016년 페이스북-케임브리지 애널리티카 정보 유출 사건Facebook-Cambridge Analytica Data Breach이 터졌을 때, 페이스북 이용자들의 플랫폼 활동 내용이 그들 자신의 동의 없이 정치적 선전에 이용되고 있었다는 사실은 사회에 큰 충격을 안겼다. 소셜미디어 이용자들의 이용 행태가 선거캠페인의 효과를 높이기 위해서 사용되어왔던 것이다. 디지털 미디어 시대의 주목 행위들은 이처럼 모두 상품화와 연관된다. 다만 우리가 그것을 깨닫지 못하고 있을 뿐이다.

개인의 주목이 상품이 되다 보니 개인별 맞춤형 설득 커뮤니케이션이 중요해진다. 기술의 발전은 개인별 데이터에 대한 감시와 축적을 가능하게 하기 때문에, 개인의 행태와 기호에 맞추어진 설득 메시지를 전달하는 것 역시 가능해진다. 또한 중요한 것은 개인의 주목이 계속해서 이루어지도록 유도하는 것, 그리고 가능하다면 중독적인 측면을 가지도록 조작하는 것이다. 결국 개인 맞춤형 메시지와 중독 기능을 통해서 개인은 디지털 자본에 자연스럽게 포획된다. 사람들이 많은 시간을 특정 콘텐츠 사용에 할애하면 할수록 가치와 영향력은 늘어난다. 따라서 디지털 미디어 입장에서는 최대한 수동적인 개인, 조작 가능한 개인, 콘텐츠 프로모션 경쟁을 통해 주목 수 증가에 기여할 수 있는 개인을 추구하게 된다.

이러한 상황을 벗어나기 위해서는 수동적이고 데이터화된 개인이 아니라 능동적으로 디지털 미디어 환경을 통제할 수 있는 개인이 필요하게 된다. 이는 개인적인 차원에서도 가능하지만, 근본적으로는 사회적인 차원에서 개인들이 함께 힘을 모으는 방법이 더 효율적이다. 개인적인 차원에서 미디어 시청을 자제하거나 아예 기계적인 장치를 이용해 미디어 사용을 막을 수도 있다. 하지만 사회 전반적으로 디지털 미디어가 일상화되어 가는 상황에서 개인적인 절제만으로 디지털 미디어의 주목 지배에 대항할 수 있을지는 의문이다. 개인의 주목 자율성과 시청 복지가 심대하게 침해받고, 개인정보가 디지털 미디어 거대 기업에 의해 관리되는 상황을 극복하려면 좀 더 개인들이 힘을 합쳐서 주목 통제권을 찾아올 수 있는 사회적인 차원의 사회운동이 필요하다. 이러한 논의는 뒤에서 더 자세하게 다룰 예정이다.

주목 경제 아래에서 개인의 개성은 사라지고 오직 주목하는 주체, 주목하는 상품으로서의 개인만 존재하게 된다. 더 심각한 문제는 이렇게 맥락이 모두 사라져버리다 보니 진실과 가짜의 구분이 애매해지고, 조작에 취약한 사회가 되고 만다는 것이다(Stiegler, 2010). 예를 들어 전체 맥락에서 자극적인 한 부분에만 초점을 맞춘 사진을 보여준다면 사람들의 주목은 늘겠지만 사실성에 대한 논란은 커질 수밖에 없다. 또한 이러한 탈맥락화decontextualization는 반향실echo-chamber 현상으로 이어지는데, 맥락에 대한 이해가 제거된 정보들이 비슷한 선호 속으로 손쉽게 모이게 되는 것이다. 이 경우 사안에 대한 복잡한 이해와 이견에 대해서 고민하는 시간은 줄어들 수밖에 없다. 이러한 탈맥락화는 아무리 참여와 관계의 양이 늘어나더라도 시간을 가지고 고민하며 성찰해 실천에 옮길 수 있는 개인의 수를 줄이며, 관계의 밀도를 현격히 낮춘다. 과거와 공간의 맥락은 사라져버리고, 지금 상황에 집중하고 현재의 경쟁에 충실하게 만든다(Odell, 2020; Stiegler, 2011). 여기서 탈맥락화라는 말은 개인이 처한 상황을 무시하고, 개인을 상황으로부터 분리해서 개인이 가진 특수성과 복잡한 당면 맥락을 무시하게 만든다는 의미이다.

디지털 미디어에 생산자로서 참여하는 콘텐츠 크리에이터나 소셜미디어 이용자들도 주목을 많이 끄는 것을 주요 목적으로 하기 때문에 자극적인 콘텐츠나 맥락이 생략된 보여주기식 콘텐츠에 매달리게 된다. 이렇게 되면 모두가 정보의 맥락이나 깊이에는 관심이 없어지고, 표피적인 흥미와 자극에만 매달리는 상황으로 내몰리게 된다. 결국 주목 경제의 미디어 시공간은 착취를 위한 주목 공간의 무한정 확대와 맥락적 이해의 축소라는 아이러니 속에서 개인의 존재감을 낮추고 착취에 손쉬운 개인을 양성하게 된다.

주목과 생산 조건의 변화

주목이 자본주의 생산경제의 중심이 되었다는 말은 단순히 주목의 양이 기하급수적으로 늘어났다는 것만을 의미하는 것은 아니다. 인터넷과 소셜미디어의 발달로 주목에 기반을 둔 주목 대기업 자본들이 꾸준히 생겨나고 있지만, 이러한 현상이 그저 주목의 양이 늘어났기 때문에 일어나는 것이라고 보기에는 무리가 있다. 주목이 우리 사회의 중심에 자리 잡게 된 것은 생산 양식 혹은 생산 조건이 변화했음을 보여준다. 우리 사회가 물질적이고 손에 잡히는 결과물에 기본적인 가치를 두기보다 눈에 보이지 않더라도 주목할 수 있는 대상, 현실을 뛰어넘어 심상에 표현되는 구성된 현실에 더 가치를 두게 되었다는 의미이다(Bueno, 2017; Franck, 1999). 현대 인지자본주의 아래에서 일반지성에 바탕을 둔 고정자본의 역할이 변화함에 따라 주목 자체가 가치를 생성하는 생산 조건을 만들어내고 있다. 즉 많은 사람의 노력으로 만들어진 작동 소프트웨어와 콘텐츠가 기계와 결합함으로써 고정자본인 기계 스스로 가치를 창출하는 단계로 돌입하고 있다. 또한 육체 노동을 통해 만들어진 손에 잡히는 상품만 가치를 창출해내는 것이 아니라, 눈에 보이지 않는 노동을 통해서 만들어진 비물질적인 상품들도 가치 창출에 기여하고 있다. 구독자의 시청에 의해서 만들어지는 주목 상품이 대표적인 예가 될 수 있다. 이제는 현실의 물질적 토대만이 생산 가치를 유일하게 만들어낸다고 말할 수 없게 된 것이다.

주목을 끌어낼 수 있는 능력을 기준으로 생산관계가 형성되고, 그러한 생산관계는 새로운 생산력을 중심으로 이루어지는 물적 토대의 변화와 밀접하게 연결된다. 가장 눈에 띄는 변화는 현실에 물질적으로 존재하지 않는 것, 손에 만져지지 않는 것, 우리의 심상에서 형성되어 주목하는 것이 가치를 창출하게 된 것이다. 대부분의 디지털 미디어를 통한 활동이 여기에 속한다. 가장 극적인 예를 든다면 우리가 일상생활에서 새롭게 접하게 된 교환불가토큰NFT과 암호 화폐 등이 있다. 이러한 상품들은 모두 사람들의 주목을 중심으로 형성되기 때문에 실제로 눈에 보이지 않고, 대신 사람들의 주목 그 자체가 상품의 역할을 수행하게 된다. 즉 특정 암호 화폐에 사람들이 주목하지 않는다면 암호 화폐의 존재 자체만으로는 가치를 가지기 힘들기 때문에 화폐 가치는 떨어질 수밖에 없다.

공장에서 생산물을 만드는 것처럼 주목을 만들어내는 것이 가치 창조의 기본 조건이 됨에 따라 모든 생산 환경은 주목 생산에 집중된다. 주목이 이루어지는 현실은 꼭 사실에 기반할 필요가 없기 때문에, 주목할 수 있는 현실을 어떻게 구성해나갈 것인가 하는 점이 더 중요한 문제가 된다. 결국 한때 소비 행위에 불과했던 주목이 실제 현실과 만들어진 가상현실의 경계를 허물면서 가치 창출의 전면에 등장하게 된다. 이는 실제 경제활동에서 물질적인 생산과정이 줄어들었다는 의미가 아니다. 오히려 물질적인 생산과정은 주목 경제의 발전과 무관하게 늘어나고 있다. 하지만 여기서 중요한 것은 그러한 물질적인 생산과정을 지탱해주던 사람들의 실제 노동력은 기술의 발전과 함께 확연하게 줄어들고 있다는 점이며, 생산물의 가치 실현 또한 주목 경제의 큰 테두리 속에서 이루어지게 되었다는 점이다. 주목 경제의 기반이 되는 시스템으로서 주목 자본주의는, 기존에 이루어지던 물질적인 생산과정을 확대하기는 하지만 그것의 가치 실현은 주목을 통한 가치 창출에 의존하는 시스템으로 변모되는 사회를 의미한다. 예를 들어 온라인 배달 서비스가 늘어나게 되면 배달원의 물질적인 노동은 당연히 늘어나지만, 이러한 배달 시스템의 가치 창출은 결국 온라인 배달 서비스가 얼마나 많은 구독자를 확보하는가에 달려 있다고 보아야 한다. 소비자의 주목이 없다면 해당 서비스의 가치 창출은 지속가능하지 않다.

주목 경제와 시공간의 왜곡

주목이 가치의 중심이 되는 사회로의 변화가 빨라지면서, 돈이 아니라 주목의 양이 가치를 가름하는 척도가 되어가고 있다(Goldhaber, 2006). 예를 들어 유튜브를 보면서 우리는 각 콘텐츠의 가치를 구독자 수와 조회 수를 통해서 짐작한다. 산업자본주의를 탈피하여, 주목을 중심으로 재편되는 디지털 주목 자본주의의 도래는 이제 우리 사회를 근본적으로 바꾸고 있다. 주목에 대한 욕구는 우리 사회를 주목을 통한 경쟁 사회로 변모시키고 있고, 주목 경쟁은 사회 차원에서 주도적인 양상으로 발전하고 있다. 또한 주목이 가진 경쟁 유도의 속성과 함께 경쟁 자체가 주목을 끌기 위해서 사용되기도 한다.

인터넷의 등장으로 주목 경제가 심화하면서 미디어 콘텐츠는 모든 것이 주목의 대상이 될 수 있는가의 기준에 따라 그 가치가 결정된다. 많은 경우 경쟁 구도가 사용되는데, 이는 실제 가지고 있는 주목 자산을 경쟁 구도가 손쉽게 배가해줄 수 있기 때문이다. 예를 들어 많은 미디어 콘텐츠가 경연 프로그램을 다루는데, 여기에 등장하는 A라는 무명의 신인과 B라는 무명의 신인은 아주 적은 주목 자산을 가지고 있다. 하지만 A와 B가 경쟁 구도에 들어서고 극적인 편집이 가미되면 A와 B라는 개별 주목 자산만으로는 생길 수 없는 조작된manipulated 주목 자산이 형성된다. 경쟁 자체가 주목을 끌 수 있기 때문이다. 그래서 가장 손쉽게 주목 자산을 뻥튀기할 수 있는 방법이 경쟁 구도를 이용하는 것이다. 이러한 콘텐츠에서 사용하는 경쟁 심화와 같은 장치는 주목 경제 아래에서 궁극적으로 경제활동 참가자들의 프로모션 경쟁을 부추김으로써 실제로는 디지털 자본이 최대의 이윤을 확보할 수 있는 기제가 된다. 프로모션 경쟁이 일어난다는 것은 곧 주목 총량이 제한되어 있는 상황에서 디지털 경제활동 참가자들이 자신의 이익을 확보하기 위해 주목을 얻으려는 경쟁에 치열하게 참여하게 된다는 의미이다. 디지털 자본 입장에서는 어마어마한 초기 고정자본에 대한 투자라는 지출 없이는 플랫폼을 유지하기가 어렵기 때문에, 인터넷 참가자들의 프로모션 경쟁을 유도해서 안정적인 이윤 창출을 가져가려고 노력하게 된다.

주목 경제attention economy는 사람들의 주목을 상품으로 해서 이루어지는 경제 시스템을 의미한다. 따라서 주목 경제에서는 사람들의 주목을 끌고, 유통하고, 가치로 만들어내는 주목 중심의 경제활동이 이루어진다. 사람들의 주목은 제한적이기 때문에 주목을 통해서 가치를 획득하려는 사람들은 경쟁할 수밖에 없고, 주목을 중심에 두고 생산, 유통, 가치 실현을 위한 경제활동이 작동하게 된다. 예를 들어 사람들의 주목을 끌기 위해서 디지털 미디어 콘텐츠를 제작하면, 플랫폼을 통해 그 콘텐츠를 소비하는 사람이 많아질수록 주목의 양은 늘어나며, 이를 위해 광고주들은 좀 더 비싼 광고비를 지불해서라도 해당 콘텐츠에 광고를 게재하려 한다. 이런 환경 아래에서는 디지털 미디어를 중심으로 하는 경제활동 대부분이 주목에 의존하는 의사결정을 할 수밖에 없게 된다.

주목 경제에서는 주목을 얼마나 끌어낼 수 있느냐가 최대의 관건이 된다. 얼마나 주목을 끌어낼 수 있느냐 하는 정도가 내가 얼마나 이윤을 올릴 수 있느냐를 결정하기 때문에 주목은 모든 생산활동의 중심에 선다. 주목은 광고비와 같이 직접적으로 현금화될 수도 있지만, 사회적인 영향력이나 평판을 형성하는 데에 이용되거나 네트워크 형성을 통해 미래의 이윤을 담보하는 데에 사용되기도 한다. 주목을 받는다는 것은 사람들의 관심을 받는다는 것이고, 이는 사람들의 참여를 끌어내거나 설득하는 데에 유리한 조건을 형성해 궁극적으로 이윤 창출에 도움을 준다. 특히 사람들의 주목은 데이터 상품이 되어 개인화된 맞춤형 커뮤니케이션을 가능하게 하므로 디지털 미디어 시대의 가장 중요한 자산으로 자리매김한다.

한편 주목의 측면에서는 지금 당장 사람들의 주목을 끄는 것이 중요하기 때문에 주목 경제의 시공간 역시 현재와 지금 이 순간에 맞추어져 있다. 과거와 공간의 맥락은 사라져버리고, 사람들이 지금 상황에 집중하고 현재의 경쟁에 충실하게 만든다(Odell, 2020; Preester, 2021; Stiegler, 2011). 이러한 탈맥락화de-contextualization는 아무리 참여와 관계의 양이 늘어나더라도 시간을 가지고 고민하고 성찰하며 실천에 옮길 수 있는 개인의 수를 줄이는 데에 더해 관계의 밀도를 현격히 낮춘다. 이처럼 주목 경제의 시공간은 착취를 위한 확대와 맥락 이해의 축소라는 아이러니 속에 존재한다.

현재만을 강조하는 디지털 미디어 시대 주목의 특성은 여러 가지 문제를 낳는데, 무엇보다도 장기적인 차원의 관계 유지나 사회 전체적인 복리의 증진보다는 현재의 만족과 지금 이 순간의 문제 해결에 집중하게 만든다(Stiegler, 2011). 이러한 주목 경제의 특성은 디지털 미디어 시대에 극단적으로 강화되는데, 이는 공급되는 정보의 양이 늘어나고 누구나 손쉽게 정보를 탐색할 수 있게 됨에 따라 정보를 둘러싼 주목 경쟁이 훨씬 더 심화하기 때문이다. 사람들의 주목은 제한되어 있고 정보는 넘쳐나는 상황에서 경쟁은 늘어나고, 현재 집중해서 경쟁하기도 벅찬 상황에서 과거와 미래를 아울러 장기적인 비전을 가지기는 힘들다. 그러다 보니 알고리즘을 조작하거나 마케팅 설득 기술을 최대한 활용하는 방향으로 지금 현재 주목을 끌기 위한 노력과 상품화에 집중할 수밖에 없다.

디지털 미디어를 통해 현재의 주목에 집중하는 것은 사람들의 의식과 생활 자체도 변화시킨다. 무엇보다 수많은 디지털 미디어의 현재 집중 기제들, 예를 들어 메시지 알림 기능, 공지 기능, 열람 강요 기능, '좋아요' 인정 기능 등에 시달리다 보면 사람들은 점점 더 비판적이고 성찰적인 사고 방법을 잊은 채 현재의 문제를 즉각적으로 해결하고, 주어진 정보를 처리하는 데에 급급한 인간형으로 변모한다. 과거를 반추하고 미래를 장기적으로 설계하는 시간은 처리해야 할 정보가 끊임없이 주어지는 한 주목할 만한 대상이 되기 힘들다. 이런 사회에서는 관계도 피상적으로 변모할 수밖에 없다. 현재의 만족을 전제로 하는 관계는 장기적으로 유지될 수 있는 생산적인 관계에 대한 열망을 식게 만든다. 지금 현재에 주목하고 당장의 만족을 담보하는 관계는 주목을 상품화하는 세력에 주체의 자율성을 빼앗기기 쉽다.

4장

주목 노동

노동의 변화와 디지털 노동

노동은 제조 노동, 공장 노동, 자동화 노동, 디지털 노동을 거치면서 그 의미가 변화해왔고, 전체 생산과정에서 노동이 차지하는 비중 역시 계속해서 변화해왔다. 처음 단순하게 사람의 손으로 상품을 제조하던 제조 노동manufacture labor 단계에서는 어느 정도 노동자의 자율권이 보장되었다. 노동자들은 제조 공정에 맞는 기술을 보유했고, 그러한 기술 보유에 대한 어느 정도의 특권이 보장되었다. 하지만 이는 자본가들에게는 위협 요인이었다. 자신들이 완전하게 통제할 수 없는 상황이 불편해졌을 뿐만 아니라 이윤을 최대한으로 착취하기도 어려웠기 때문에 이를 내버려두기 힘들었다. 그래서 나온 것이 기술의 발전을 통한 공장 기계의 개발이다. 이는 어떻게 보면 노동에서 기술을 떼어내려는 자본의 기획이라고 할 수 있다(Harvey, 2021). 그것이 대단위로 부품화된 공장 노동의 시작이다.

공장 노동이 주를 이루는 산업화 시대로 오면 노동의 자율성은 현저히 침해를 받는다. 많은 노동을 기계가 대신하기 때문에 노동자는 단순한 반복 작업이나 대체 가능한 노동에 배치되는 경우가 대부분이 된다. 자본가 입장에서는 특별한 기술을 갖춘 노동자가 필요한 것이 아니기 때문에 풍부한 노동예비군을 바탕으로 최대한의 노동 착취가 가능한 작업 공정을 도입하게 된다. 제조 노동과 비교하면 전체 생산과정에서 노동자의 노동이 차지하는 비중이 줄고, 기계가 노동의 상당 부분을 대체하게 된다. 이 단계에서는 노동자의 노동 비중이 기계 노동에 비해 줄기는 하지만, 자본의 이윤을 극대화하기 위한 노동 자체의 비중은 더욱 활성화된다.

하지만 산업화가 가속화되면서 자동화 시대가 도래하게 되는데, 이러한 생산 환경에서 자동화 노동은 기계 노동에 비해 노동의 비중을 현저하게 감소시킨다. 전체 생산과정에서 노동이 차지하는 비중이 현저하게 줄기 때문에 자본의 입장에서는 착취할 수 있는 노동의 양도 덩달아 줄어들게 되고, 이는 자본가들에게 위기 상황이 될 수밖에 없다. 간단하게 말하면, 경쟁에서 살아남기 위해서는 새로운 자동화 기계를 계속해서 도입해야 하며, 이렇게 기계의 비중이 늘어나면 이윤율은 낮아질 수밖에 없고, 이는 자본에 상당한 압력으로 작용한다. 또한 대부분의 노동이 기계로 대체되기 때문에 직장을 잃은 노동자들의 구매 수요는 줄어들 수밖에 없고, 이것도 자본가의 생존을 위협하게 된다. 낮아지는 이윤율과 착취할 수 있는 노동력의 감소는 자본주의의 위기를 불러오는 뇌관이 될 수밖에 없다.

이러한 상황에서 자본은 새로운 묘수를 찾아낸다. 디지털 기술의 발전과 함께 디지털 노동을 통한 착취가 가능하게 되고, 정보나 커뮤니케이션 활동과 관련된 디지털 노동의 특성상 언제 어디서든 노동이 가능해지기 때문에 사회 전체는 공장화되며, 따라서 착취의 폭은 늘어난다. 예전에는 상품을 만들어내기 위해 생산공장에서 노동이 이루어졌지만, 이제는 디지털 플랫폼과 디지털 기기를 통해 어디서든 노동을 수행할 수 있는 체제로 바뀌었다. 이러한 디지털 노동의 급속한 증가는 자동화 기계의 발달이 초래한 노동의 축소를 보완함으로써 자본이 위기를 극복할 수 있게 하는 계기로 작용한다. 디지털 노동은 디지털 하드웨어 및 소프트웨어의 제작과 관련된 물질 노동, 그리고 주로 생산소비자prosumer의 활동과 관련된 비물질 노동을 모두 포함한다. 디지털 자본주의 체제에서는 물질 노동을 통해서도 당연히 가치가 생성되지만, 디지털 플랫폼에 참여하는 모든 사람의 활동을 통해서도 가치가 생성된다. 자본으로서는 새로운 기회가 형성된 것이다.

노동을 통한 가치의 창출 외에 고정자본을 통해서도 가치가 창출된다는 점 역시 이 시기의 특징을 이룬다. 디지털 환경에서 고정자본은 일반지성general intelligence을 통한 가치 창출을 실제로 구현해내는 결정체가 되기 때문에 이전에 이루어진 노동의 결실을 현재 보유한 고정자본을 통해 획득하는 효과를 얻을 수 있다. 예를 들어 AI와 관련된 산업의 경우 AI에 대한 고정자본 투자는 결국 가치의 창출로 이어지게 되는데, 이러한 AI 기술에는 오래전부터 쌓아온 일반지성의 축적된 지식과 지혜가 결정적으로 작용한다. 따라서 디지털 환경에서는 고정자본도 가치를 창출함으로써 노동에만 의존해온 가치 창출의 양상을 변화시킨다.

노동의 성격이 역사적으로 변화해온 과정을 살펴보면, 결국 제조 노동 시대에는 숙련 노동자들이 오랫동안 보유해온 지식이 자본에 귀속되는 과정을 거치다가, 산업노동 시대로 오면서 공장 노동과 자동화 노동 단계를 거치며 노동자들의 지식이 필요 없게 되는, 혹은 박탈당하는 상황으로 내몰리게 된다. 이러한 노동의 성격이 디지털 시대로 오면서 다양한 사람, 즉 다중multitude의 지식이 일반지성에 반영되는 상황이 구현됨에 따라 새롭게 노동자들의 지식이 복원 혹은 재영토화reterritorialization되는 상황으로 진행되고 있다. 여기서 디지털 미디어 주목 경제가 마르크스 경제학의 주류 논의와 차이가 나는 부분은 고정자본fixed capital과 가변자본variable capital, 그리고 죽은 노동dead labor과 산 노동living labor의 차이를 구분하는 것이 의미가 없어진다는 점이다(Negri, 2024). 즉 디지털 시대에는 기계와 같이 고정된 자본, 그리고 사람의 실제 노동이 아닌 기계에 포함된 노동 또한 가치를 창출할 수 있는 길이 열린다는 것이다.

이러한 논의는 안토니오 네그리Antonio Negri의 자율주의autonomia 개념과 자연스럽게 연결되는데, 즉 사람들은 디지털 미디어를 통한 비물질 노동과 다중을 기반으로 하는 사회협력적인 노동을 통해 노동의 자율성을 어느 정도 획득할 수 있게 된다는 것이다(Ruivenkamp & Hilton, 2017). 예를 들어 디지털 사회를 지배하는 디지털 기기, 소프트웨어와 알고리즘은 그 자체로는 고정자본이지만 한편으로 수많은 사람의 협력으로 만들어진 일반지성의 결과물이라는 것을 생각해보면, 고정자본에는 수많은 산 노동이 투입되어 있음을, 그리고 다양한 사회 구성원의 자율적인 사회 통제를 통해 어느 정도 자본에 대한 견제가 가능하게 됨을 알 수 있다.

하지만 일과 삶의 경계를 넘어서는 사람들의 사회적 협력이 다중의 자율성을 확보하는 측면으로 실제 작동했는가에 대해서는 회의하게 만드는 현상이 많다. 일의 경계가 불분명해지면서 사회공장을 통한 착취가 강화되는 현상이 나타나고 있으며, 고정자본과 가변자본의 결합이 자본이 착취할 수 있는 영역을 확장하는 방향으로 오히려 발전하고 있다. 따라서 결국 문제는 확보된 자율성을 어떻게 사회 변혁을 위한 투쟁 동력으로 사용할 수 있을 것인가의 문제로 귀결된다. 디지털 시대 주체성의 개념도 결국 기계와 인간의 통합적 접근 방법을 통해 서로 네트워크로 연결된 광범위한 사회 협력에 기반하고 있기 때문에(Deleuze & Guattari, 1987), 인간과 기계의 통합이 사적인 이익이 아니라 공적인 공통재commons를 형성할 수 있도록 다중의 협력과 저항 정신을 통해 통합을 최대치로 끌어올리는 것이 중요하다(Negri, 2024). 결국 미래는 우리가 어떤 선택을 할 것인가에 달려 있다.

궁극적으로 디지털 환경은 자동화 기계를 기반으로 하는 자본주의의 위기를 극복할 수 있는 단초를 제공한다. 인류의 역사를 통틀어 자본은 항상 위기 속에서 새로운 착취의 범주를 찾아냈으며 디지털 시대도 예외는 아니다. 줄어드는 이윤율로 인해서 힘들어하던 자본주의는 디지털 환경이 제공하는 새로운 가치 소스, 즉 주목의 노동화를 통해 새롭게 부활한다. 디지털 자본주의의 등장은 디지털 노동이 가져다준 활력에 기반하며, 디지털 노동은 주로 주목 노동을 통해 착취의 기반을 다양화하고 확장한다. 따라서 디지털 환경이 자본의 새로운 먹잇감이 될 것인가, 혹은 사회 변혁과 저항을 위한 사회 협력의 진원지가 될 것인가는 우리가 어떻게 새로운 환

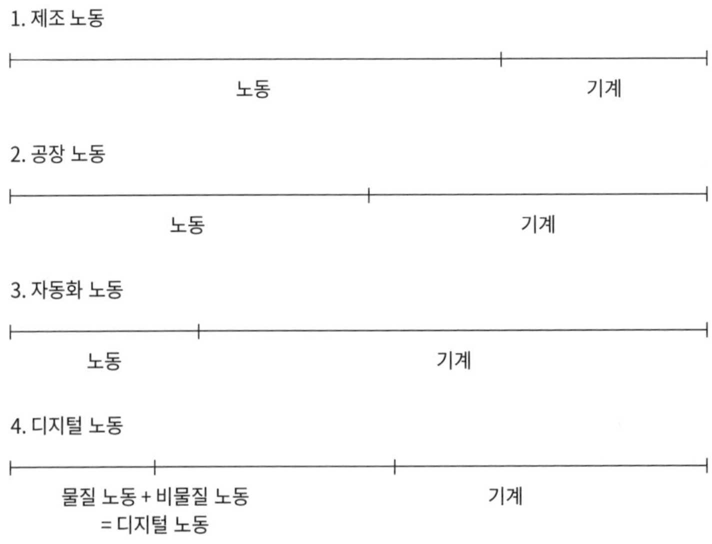

〈그림 4-1〉 노동의 발전에 따라 전체 생산과정에서 노동이 차지하는 비중의 변화

경에 대응하여 새로운 사회관계와 생산양식을 형성할 것인가에 달려 있다. 하지만 주목 노동을 중심으로 한 현재의 노동 환경은 착취의 파이를 넓히면서 자본에 절대적으로 유리한 방향으로 흘러가고 있다.

주목을 중심으로 해석한 노동의 광범위한 형태

현대 디지털 사회가 주목을 중심으로 작동하기 때문에, 모든 노동의 형태는 주목 노동의 형태로 재편될 수 있다. 앞서 살펴보았듯 비물질 노동이 이루어지는 환경에서는 많은 물질 노동이 개입된다. 또한 비물질적인 노동인 주목 자체에도 물질적인 노동의 요소가 있고, 물질적인 노동 또한 실제로는 노동 대상을 향한 주목을 통해 실행된다. 따라서 노동의 형태를 주목을 중심으로 재편하면 디지털 사회에서 이루어지는 대부분의 노동을 포괄할 수 있다. 크게 보아서 주목 노동에는 다음 세 가지 유형이 있다.

첫째, 물질적인 생산과정에서 이루어지는 주목 노동이다. 마르크스는 『자본론』에서 일반적인 노동 시간을 '사회적으로 평균적인 노동자가 일반적으로 노동하는 시간'으로 지칭했는데, 이는 또한 평균적인 생산성에 의해서 변동될 수 있다고 보았다(Marx, 1867/1976). 여기서 일반적인 노동 시간이라는 개념은 사회가 가지는 생산수단과 생산기술에 의해서 이루어질 수 있는 일정한 가치 생산성과 관련이 있다. 따라서 일반적인 노동시간은 평균적인 노동자가 특정한 기술과 기계를 이용해 가치를 생산하기 위해서 노동에 주목하는 시간이라고도 말할 수 있다. 노동하는 시간은 노동에 주목하는 시간이다. 『자본론』에서 노동을 시간 단위로 분석한 이유는 주목하는 시간이 중요하기 때문이다. 노동자는 주목하는 시간에 다른 것을 할 수 없기 때문에 주목하는 노동 시간의 가치는 고스란히 상품에 투입된다. 디지털 환경에서도 기술과 기계에 의해 가치 생산성이 획기적으로 높아지는 것은 사실이지만, 그렇다고 해서 노동자가 노동에 주목하는 시간이 사라진다고 할 수는 없다.

둘째, 물질적인 생산을 돕기 위한 비물질적인 주목 노동이다. 물질적인 생산에 직접적으로 기여하지는 않지만 간접적으로 생산성 향상에 기여함으로써 물질적인 생산에 도움을 주는 노동을 말한다. 예를 들어 컨설팅이나 마케팅 활동 같은 경우는 상품의 사회적 가치를 높여줌으로써 생산수단을 소유한 자본가들이 좀 더 많은 이윤을 창출하도록 기여할 수 있다. 따라서 상품의 사용가치를 직접 높여주는 것은 아니지만, 사회적으로 상품의 경쟁력과 수용성을 높임으로써 궁극적으로 더 많은 가치가 창출되게 한다. 이러한 활동은 물질적인 상품 생산과 직접적으로 관련되어 있는 것은 아니지만, 일정한 주목 시간을 투여하여 가치를 창출하는 과정을 도와주는 주목 노동이라고 할 수 있다. 그러므로 이와 같은 노동은 보통 사회적으로 필요한 노동 시간에 포함되어 가치 형성에 기여하는 것으로 이해할 수 있다.

셋째, 마지막으로 우리가 가장 주목하고, 이 책에서 중심으로 삼는 것은 비물질 노동 중심의 가치 생산이 이루어지는 비물질 주목 노동이다. 디지털 사회에서 비물질 노동 중심의 가치 생산이 이루어진다고 해서 물질적인 노동이 투여되지 않는 것은 아니다. 하지만 대부분의 디지털 미디어 플랫폼 중심의 가치 창출은 비물질 노동을 중심으로 이루어진다. 예를 들어 유튜브를 중심으로 하는 가치 생산은 유튜브 플랫폼을 만드는 기획자와 프로그래머들의 물질 노동, 그리고 콘텐츠 제작자의 물질 노동을 필요로 하지만, 대부분의 가치는 유튜브를 구독하고 시청하며 '좋아요' 버튼을 클릭하는 사람들의 비물질 노동에 의해 창출된다. 비물질적인 노동은 물질적인 상품의 생산에 기여하는 노동이 아니라 정보, 지식, 문화적인 대상을 생산 혹은 가공하는 노동을 의미한다는 것이다. 비물질적인 노동은 눈에 보이지 않는 상품이나 이미지, 평판, 상징, 아이디어 등의 생산과 유통에 관련되어 있기 때문에 인지적인 노동이라고도 한다. 여기서 인지적인 노동은 광범위한 의미로서 인지적·감정적 측면을 모두 포함한 개념이라고 할 수 있다. 비물질 노동은 쉽게 수치화할 수 없는 창의적이고 지적인 활동을 의미하기도 하지만, 광범위한 의미에서 유형의 물질적인 대상을 생산하지 않는 가치 생산 활동을 모두 포함한다고 할 수 있다.

비물질 노동은 디지털 미디어 플랫폼의 발달과 깊은 관련성을 가지는데, 왜냐하면 디지털 사회는 디지털 프로그램과 콘텐츠의 생산·이용·유통·공유 등의 활동을 획기적으로 늘리고, 이를 중심으로 하는 가치 생성에 기반하고 있기 때문이다. 비물질 노동이 가치 생산의 중심이 되는 사회가 문제가 되는 것은 비물질 노동이 가지는 유동성liquidity 때문이다. 비물질 노동은 정확한 시간을 획정한 후 노동 시간이 투자되는 것이 아니라, 일과 놀이의 구분이 뚜렷하지 않은 상태에서 수행된다. 예를 들어 게임 앱을 다운로드 받아서 즐기는 행위는 대부분 놀이라고 할 수 있지만, 게임을 계속 구독하고, 많은 시간을 게임에 집중하면서 소비하고, 게임이 제공하는 제3자 프로모션에 주목한다면 이는 비물질적인 노동, 즉 주목 노동을 또한 수행하고 있는 것이다. 이러한 주목 노동은 언제든지 정보 상품으로 만들어져서 제3자에게 팔려나갈 수 있다. 비물질 주목 노동은 대부분의 사회 활동에 걸쳐 있기 때문에 일터가 따로 정해져 있지 않아서 사회 전체를 공장social factory화하는 경향이 있다.

지금까지 논의를 정리하면, 물질적인 대상을 생산하는 과정에 들어가는 노동 시간은 실제로 노동자들이 그 대상을 생산하는 과정에 주목하는 시간이라고 할 수 있다. 디지털 기술 환경의 발달은 필연적으로 이런 물질 노동의 시간을 축소할 수밖에 없다. 대신에 디지털 사회에서는 지식, 정보, 창의성 등의 인지 자산을 중요시하는 비물질 노동이 늘어날 수밖에 없다.

따라서 첫 번째와 두 번째로 설명한 물질적인 대상의 생산과 관련된 주목 노동은 디지털 정보 기술 환경에서 빠르게 기계로 대체되어간다. 하지만 마지막으로 설명한 비물질 주목 노동은 사람들의 신체적인 온전한 주목을 필요로 한다. 예를 들어 소셜미디어에 대한 주목을 기계로 대체할 수는 없다. 실제로 기계를 통해 주목의 수를 늘리려는 시도들이 사회문제가 되기도 하고, 이를 막기 위한 온라인 프로토콜도 개발되고 있다. 결과적으로 디지털 환경에서는 비물질 주목 노동을 중심으로 대부분의 가치 창출이 재편되어가게 된다.

실제로 마르크스가 노동을 물질적인material 것과 정신적인spiritual 것으로 나눈 후, 물질적인 노동만이 가치를 생산한다고 말했다는 주장에는 동의하기 어렵다(Fuchs, 2014). 모든 물질적인 노동은 정신적인 노동을 포함하며, 정신적인 노동 또한 물질적인 요소를 포함한다(Marx, 1867/1976). 디지털 시대에 이루어지는 노동은 비물질적인 요소를 더 많이 포함할 수밖에 없고, 디지털 기술을 사용하지 않고 생산되는 가치는 없다. 따라서 우리가 여기서 주목 노동을 개념화할 때는 순수하게 물질적인 노동이 배제된 비물질적인 노동을 의미하는 것이 아니고, 디지털 기술을 사용하여 다양한 상품을 생산하는 과정에서 투입되는 정보, 인지, 정동 등 좀 더 비물질적인 요소가 강조되는 노동을 의미한다고 할 수 있다. 흔히 디지털 사회에서 주목 노동이라고 하면 비물질 주목 노동을 의미하지만, 주목 노동에서 물질적인 노동이 완전히 배제되었다고 하기는 힘들다. 다만 편의상, 이 책에서는 주목 노동과 비물질 주목 노동을 유사한 의미로 교차해서 사용한다.

주목 노동의 취약성

비물질 주목 노동 혹은 주목 노동은 디지털 기술의 발달과 결합하여 스스로 가치를 창출한다. 여기서 비물질적인 노동이라는 말은 실제로 손에 잡히는 제품을 만드는 노동이 아닌, 스스로 가치를 창출하는 가시적으로 분명하지 않은 노동을 의미한다. 대표적인 비물질 노동으로서 주목은 물질 노동과 비교해보았을 때도 노동의 자격을 충분히 갖추고 있다. 실제로 물질 노동과 비물질 노동을 나누는 기준은 노동의 질보다는 결과물의 질 차이라고 보는 것이 더 설득력이 있다(Fuchs, 2020). 물질 노동은 손에 잡히는 상품을 만들어낸다면, 비물질 노동은 정보와 관련된 상품을 만들어낸다. 예를 들어 대리운전 앱을 운영하는 회사는 대리운전 기사들의 구독과 주목을 통해서 가치를 창출한다. 그러므로 이 회사가 가치를 만들어내는 최종 결과물은 손에 잡히는 제품이 아니고, 눈으로 볼 수 없는 대리운전 기사와 이용자의 주목이라는 비물질적인 정보 상품이다.

하지만 대리운전 앱을 운영하는 회사는 앱을 만들기 위해서 수많은 프로그래머의 물질적인 노동을 투입했고, 그것을 유지하기 위해서 수많은 물질적인 관리 노동을 수행해야만 한다. 이처럼 대부분의 경우에 비물질 노동을 통한 가치 창출이 이루어지기 위해서는 사람들의 물질적인 노동이 함께 투여될 수밖에 없다. 비물질 노동은 결과물의 질에서만 차이를 가질 뿐, 가치 창출 과정을 보면 물질 노동과 뚜렷이 구분하기 힘든 점이 있다. 또한 비물질 노동의 하나인 주목 자체도 물질적인 측면을 함께 가진다. 주목은 뇌와 다른 신체를 사용해서 특정한 대상에 주목하는 것이기 때문에 광범위하게 이야기하면 무언가에 집중해 신체를 움직이는 물질적인 노동의 측면을 함께 가진다. 또한 주목 노동은 그것을 유인하거나 시키는 사람이 있고, 막무가내로 이루어지는 것이 아니라 지정된 경로를 따라서 주목하는 것이기 때문에 체계적인 프로토콜이 있다는 측면에서도 노동의 자격을 충분히 갖추고 있다. 따라서 주목 노동은 세 가지 측면, 즉 노동의 결과물을 형성하기 위해 물질 노동이 함께 투여되는 측면과 주목 노동 자체로도 물질 노동의 성격을 함께 가지는 측면, 마지막으로 노동을 위한 기획자와 프로토콜이 존재한다는 측면에서 물질적인 노동과 비교해 완전히 이질적인 노동이라고 하기는 어렵다.

주목 노동은 물질 노동과 유사하게 노동 착취가 이루어진다. 물질 노동과 유사하다는 것은 노동 시간을 통한 착취가 이루어진다는 것을 의미하는데, 특히 비물질 주목 노동은 노동 시간을 특정하기가 매우 어렵다는 점에서 착취에 더욱 취약하다. 이러한 비물질 주목 노동에 대한 착취를 쉽게 하는 요인에는 일과 휴식의 경계 설정이 어렵다는 점, 심리적인 감정 노동에 대한 시간 측정이 어렵다는 점, 일터와 생활 공간에 대한 구획 설정이 어렵다는 점 등을 들 수 있다. 예를 들어 대리운전 앱을 이용하는 대리운전 기사의 경우에 대리운전 콜을 받기 위해서 대기하고 주목해야 하는 시간은 고스란히 자신의 감정과 집중력을 투자해야 하는 일이지만 노동 시간으로 책정하기 힘들다는 이유로 아무런 보상도 받지 못한다. 대부분의 비물질 노동은 손과 발을 사용하지 않고, 단지 본다는 이유만으로 노동으로 간주되지 않기 때문에 훨씬 더 착취에 취약하다는 것이다. 사람들이 뉴스 콘텐츠를 보기 위해 아무리 많은 광고를 보아야 하더라도 그것은 자신의 시간과 감정적인 노력을 투자한 것이라고 인정받기 어렵기 때문에 노동으로 간주되지 않는다. 다만 그것은 대기 시간이고, 놀이이고, 생활이고, 유흥에 불과한 경우가 많다.

함께 살펴보아야 할 지점은 비물질 주목 노동이 일어나게 하는 과정에 투여되는 물질 노동 또한 매우 취약한 노동 조건을 감수해야 하는 경우가 많다는 점이다. 이는 디지털 환경 자체가 노동 착취에 취약한 것과도 긴밀히 연관되어 있다. 실제로 디지털 환경에서 일어나는 비물질 주목 노동에 대한 착취는 그전에 그러한 조건을 만들기 위해 투여되는 많은 물질 노동에 대한 착취를 기반으로 하고 있다. 예를 들어 수많은 기계학습machine learning 서비스가 이루어지기 위해서는 훈련training 데이터를 입력하는 수많은 대규모 집단 노동자crowd workers가 필요하다. 이런 단기 저급 노동자들은 착취에 쉽게 노출될 수밖에 없다. 실제로 배달 서비스를 제공하는 플랫폼 노동자들을 보더라도 노동의 안정성이 심각하게 낮고, 알고리즘의 지배를 받는 취약한 노동 조건에 고스란히 노출되어 있다. 주목 노동과 관련해서 콘텐츠를 창조하는 사람들도 취약한 노동 환경에서 착취의 대상이 되기 쉽다.

디지털 미디어와 관련된 디지털 문화 산업에서 이루어지는 대부분의 노동은 전형적으로 착취에 취약한 노동이 될 수밖에 없다(Gill, 2011). 디지털 문화 산업에서 이루어지는 노동은 흔히 이야기하는 '열정 페이'에 기반해서 '네가 그 일을 좋아하기 때문에 소득과 상관없이 열심히 일해야 한다'는 논리로 치부되는 경우가 많다. 또한 그러한 일을 하는 사람들 역시 낮은 보수에도 불구하고, 언젠가 자신의 꿈을 실현할 수 있다는 희망을 품고서 열악한 노동 조건을 받아들이는 경우가 많다. 대부분의 일은 단기적이고, 취약한 노동 환경과 불안정한 노동 조건을 가지기 때문에 그야말로 열정이 아니면 견디기 어렵다.

또한 디지털 문화 산업의 일이라는 것이 정해진 노동 규범이 따로 있지 않기 때문에 매우 긴 시간을 일해야 하는 경우가 많고, 그럼에도 경쟁은 치열하기 때문에 새로운 기술이나 변화를 받아들이기 위한 개개인의 노력이 끊임없이 이루어져야 한다. 프리랜서는 일상적으로 더 큰 능력의 압박을 받는다. 누가 정식으로 가르쳐주고 끌어주는 시스템이 아니기 때문에 스스로를 채찍질하면서 뒤처지지 않기 위해 노력해야 한다. 한 가지 더 특징적인 면은 디지털 문화 산업이 외관상 화려하고 자유로운 창작열을 도모하는 것 같지만, 내부 구조를 들여다보면 매우 가부장적이고, 권위적이며, 젠더 차별적인 측면이 강하다는 점이다. 개인적인 네트워크에 의해서 직업 선택이 이루어지고, 도제 방식의 교육이 이루어지며, 내부 그룹으로 들어가지 않으면 정보를 얻기 어려운 점 등으로 인해 디지털 문화 산업은 다른 어떤 산업보다도 권위적이고 개인의 입장에서는 착취에 취약해질 수 밖에 없다. 이러한 디지털 문화 산업의 예에서 드러나듯 주목 노동은 사전에 그러한 노동 조건을 만들어내는 물질 노동과 함께 매우 취약한 노동 환경에 노출되어 있다고 할 수 있다.

생산적인 노동으로서 주목 노동

디지털 미디어 자본도 스스로 가치를 창출하는 현실에서 생산적인 노동을 새롭게 정의해본다면, 그것은 '주목을 노동으로 보는 자본주의' 체제를 중심으로 논의가 전개될 수 있다. 전통적인 생산 현장에서 일어나는 노동도 일단은 노동 조건과 노동 과정에 노동자들이 주목하기 때문에 발생한다. 노동 시간은 노동 과정에서 이루어지는 주목의 시간이다. 이러한 주목 노동은 디지털 미디어 환경에서 기하급수적으로 늘어나게 된다. 디지털 사회에서는 노동 현장을 벗어나 가치가 창출되는 주목이 상시적으로 이루어지기 때문이다. 주목 노동을 생산적인 노동이라고 하는 이유는 기존의 노동 현장에서 이루어지는 생산적인 노동을 주목이라는 관점에서 재해석할 수 있기 때문이기도 하지만, 더 중요한 논점은 주목 노동이 스스로 가치를 창출하는 노동이기 때문이다. 예를 들어 소셜미디어 콘텐츠에 주목하는 구독자 수는 그 자체로 상품이 되어 잉여가치를 만들어낼 수 있다. 주목 노동은 기존의 생산적인 노동으로 형성된 가치를 현실화하는 데에 도움을 주고, 가치를 배분하는 부차적인 역할을 하는 것만이 아니라 스스로 가치를 창출하는 생산적인 노동이 된다.

앞서 설명했듯이 모든 형태의 노동은 주목에서 시작하기 때문에 주목 자체로도 노동이라고 할 수 있지만, 디지털 미디어 시대의 주목 노동은 기존의 노동과 비교하는 차원에서 보통 비물질적인 성격의 노동을 의미한다. 비물질 노동으로서의 주목 노동을 생산성 측면에서 분류해보면 크게 세 가지 유형으로 나누어볼 수 있다. 첫 번째는 수용자를 통해서 가치를 생산하는 주목 노동이다. 주목 노동은 주목 데이터 상품을 만들어내는 지점에서 생산적인 노동이 된다. 사람들이 디지털 미디어에 주목하는 과정에서 수용자 데이터가 형성되는데, 디지털 미디어는 이 수용자 데이터를 제3자에게 판매함으로써 이윤을 획득할 수 있다. 이러한 수용자 데이터는 단순한 주목의 양이 될 수도 있고, 주목의 성격에 따라 질적으로 분류될 수도 있다. 여기서 생각해볼 점은 주목은 어디서든 이루어질 수 있다는 점이다. 이러한 주목의 편재성은 생산 현장을 전방위로 확대하기 때문에 자본의 입장에서 매우 유리한 이윤 창출 구조를 제공한다. 주목 노동은 사회생활 전체에서 이루어짐으로써 디지털 주목 노동의 사회공장화를 불러온다. 예를 들어 '구글Google'에 광고를 게재하는 사람들은 구글이 제시하는 주목 데이터 상품의 가치를 수용하는 것이다(Lee, 2011). 내가 만든 상품을 구매해줄 가장 적절한 사람들을 구글이 찾아준다고 믿는 것이다. 이러한 주목 데이터 상품을 만드는 것은 사람들의 무수한 인터넷 활동이다. 따라서 이런 구조 속에서 구글을 이용하는 사람들의 모든 행위는 상품으로 팔려나가게 된다.

두 번째는 디지털 미디어와 연관된 활동을 통해 비물질적인 영향력을 지닌 상품을 만들고, 그것을 통해 이윤을 형성하는 주목 노동이다. 디지털 미디어 시대에는 기존의 상품이 유통되고 그 가치가 순환하는 과정에 관여되었던 주목이 보다 능동적인 가치 창출 과정 속으로 통합되는 경향을 보인다. 예를 들어 매스미디어 시대에는 대부분의 주목이 광고나 마케팅 활동에 집중함으로써 상품의 구매를 도와주는 과정에 머물러 있었다면, 디지털 시대에는 주목 자체를 상품화한 인플루언서influencer가 등장하고, 이들은 자신의 영향력을 이용해 스스로 가치를 창출해낸다. 이러한 과정에서 디지털 미디어를 통해 이루어지는 주목 활동들은 단순히 물질적인 상품에 대한 가치를 실현시키거나 유통 과정에서 이윤을 나누어 가지는 활동이 아니라 스스로 가치를 획득하는 고유의 비물질 상품 생산 활동으로 나아가게 된다. 예를 들어 인스타그램에서 많은 팔로워를 가진 사람은 그 영향력을 이용해 스스로 산업자본이 만든 상품을 판매하거나 후원을 유치할 수도 있고 영리 목적의 여러 비즈니스를 운영할 수 있다. 이러한 과정에서 만들어지는 영향력 상품들은 대부분 얼마나 많은 사람이 자신의 콘텐츠에 주목하는가에 집중한다. 결국 주목 노동을 통해 만들어지는 영향력 상품은 기존의 산업자본 가치 유통 과정을 흡수하여 복합적인 가치 창출 과정을 만들어낸다. 주목 노동을 끌어모아서 사회적인 인플루언서로 등극한 사람들 대부분이 그 영향력을 이용해서 사업 영역을 확장해나가는 것이 용이할 수밖에 없다.

세 번째는 고정자본과 통합된 주목 노동이다. 본래 고정자본은 기계와 같이 그 자체로는 가치를 생산하지 못하는 자본을 의미한다. 하지만 디지털 환경에서 주목 노동은 노동과 고정자본이 통합되어 가치가 창출되는 형태를 보여준다. 마르크스가 말한 대로 이제는 노동만이 유일한 가치 창출의 수단이라고 할 수 없다. 디지털 시대에는 고정자본도 가치 창출에 통합되는데, 이는 앞서 논의한 기술의 발달에 따른 일반지성 논의와 연결된다. 일반지성은 인류가 쌓아 올린 일반적인 과학, 지식, 기술 등을 의미하고, 생산과정에서 고정자본으로서 투입된다(Marx, 1939/1973).

일반지성이 고정자본으로 분류된다고 해서, 디지털 시대의 고정자본이 인간의 실제적인 신체 및 정신 노동을 의미하는 산 노동과 차별화되어 직접적으로 가치를 생산하지는 못한다고 주장하는 것은 어불성설이다. 예를 들어 '유튜브YouTube'를 처음 시장에 출시한 개발자들의 노동 못지않게, 유튜브의 작동과 유통이 가능하게 한 인터넷 발달과 관련된 범용적인 작동 알고리즘을 개발해온 일반지성의 역할은 절대적이다. 인터넷을 통해서 이용자를 모으고, 알고리즘을 통해서 광고 효과를 높이는 방식은 대부분의 디지털 미디어 기업이 만들어내는 가치의 창출에 직접적으로 기여한다. 주목을 끌어내고 주목의 효과를 높이는 과정에는 산 노동의 기여도 당연히 있지만, 그것을 기본적으로 가능하게 만들어주는 데에는 인류의 일반지성이 포함된 고정자본이 상당한 역할을 한다. 디지털 시대 고정자본은 예전처럼 단순히 재화나 서비스의 생산에만 관여하는 것이 아니라 정보의 저장 및 유통, 네트워크 커뮤니케이션, 세계적인 범위의 협력, AI를 통한 생산 등을 통해서 직접적으로 가치를 생산한다.

디지털 시대에 가치를 창출하는 것은 산 노동에 들어가는 시간이나 노력에만 달려 있지 않으며, 기존의 과학 지식이나 기술 역시 많은 주목을 유도하면서 자연스럽게 이윤 창출에 결정적인 역할을 담당한다. 따라서 통합적인 시각에서 주목 노동은 새로운 과학기술을 총체적으로 결집한 인터넷 사회의 가치 창출 과정을 설명하는 키워드가 될 수 있다. 이러한 인류 공동의 과학 지식이나 기술, 즉 일반지성에 대한 논의는 '인류가 집적해온 지혜와 노하우에 기반을 둔 디지털 미디어를 몇몇의 자본이 사유화하는 것이 정당한 것인지'에 대한 의문과 연결된다. 이윤의 독점을 통한 주목 노동의 착취는 인류가 공동으로 함께 일구어온 일반지성에 대한 사유화라고 볼 수 있기 때문이다. 우리 모두가 함께 이루어온 것을 구글과 페이스북 같은 빅테크 기업이 독점하는 상황이 자연스러울 수는 없다.

다음 인용문의 설명처럼 마르크스가 『정치경제학 비판 요강*Grundrisse*』(1939/1973)에서 논한 일반지성 개념은 고정자본의 역할 변화에 대한 현재의 논의와 연결된다. 즉 더 이상 사회적인 생산은 고정자본의 역할을 제외하고 논의될 수 없으며, 이제는 그러한 고정자본을 통해 생활 곳곳에서 이루어지는 모든 사회적 실행이 가치의 생산과 연결될 수밖에 없다는 것을 보여준다. 마르크스가 디지털 사회의 도래를 예견했을까? 인용문은 정말 신비로운 진술을 담고 있다.

> 고정자본의 발전이 의미하는 것은 일반적인 사회 지식이 어느 정도까지 생산의 직접적인 동력으로 작용하고 있는가 하는 부분이다. 이런 상황과 맞물려 사회생활의 과정을 이루는 조건들도 어느 정도는 일반지성의 통제 아래 들어오게 되었고, 일반지성을 따라서 변모해왔다. 사회적인 생산의 동력이 어느 정도까지 지식의 형태로 생산되는가 하는 부분과 함께, 어느 정도까지 실제 생활의 과정을 구성하는 사회 실행과 관련된, 직접적인 기관organs을 통해 이루어지는가 하는 부분이 관건이다. (Marx, 1939/1973, p. 626).

수용자상품론, 생산소비자상품론과 공짜 노동

현대사회 디지털 기기의 발달은 모든 활동을 보는 것에 초점을 맞추도록 구성되고 있다. 스마이드(Smythe, 1977; 1981)와 잘리(Jhally, 1987)의 수용자상품audience commodity이나 시청노동watching labor 개념에서 드러났듯이, 사람들이 뭔가를 본다는 것은 새로운 개념의 노동이 된다. 미디어들은 수용자들의 주목이 만들어낸 상품을 광고주에게 판매하여 수익을 창출한다. 예를 들어 어떤 소셜미디어가 구독자들을 불러 모아 광고주에게 상품으로 판다면, 구독자들 입장에서는 소셜미디어를 시청하는 노동과 광고를 봐주어야 하는 노동을 함께 수행하는 것이다.

주목을 통한 가치의 창출은 기본적으로 수용자상품론에 기초하고 있다

(Smythe, 1977; 1981). 대부분의 비판적인 정치경제학자는 미디어의 역할을 축소하면서, 미디어의 역할이라고 말해보았자 산업자본의 상품 유통을 도와주는 역할 정도에 불과하고, 미디어는 그것에 의존해서 약간의 이윤만을 챙길 뿐이라고 생각했다. 대신 상부구조의 일부로서 미디어는 자본주의를 지탱하는 이데올로기 허위의식을 주입하는 역할을 담당한다고 보았다. 이는 상품 생산 활동과 관련해서는, 미디어가 산업자본에 상품 유통을 촉진할 수 있는 수단을 빌려주고 그것에 상응하는 지대rent를 챙기는 역할을 하고 있을 뿐이라는 주장과 일맥상통한다(Arriaga, 1984; Caraway, 2011).

하지만 스마이드(Smythe, 1977; 1981)는 미디어 스스로 경제적인 가치를 창출할 수 있다고 보았고, 또한 콘텐츠에 주목하는 수용자를 상품으로 만들어 판매함으로써 실질적인 가치를 만들어낼 수도 있다고 보았다. 이를 좀 더 분석적으로 살펴보면, 미디어가 상품으로 만들어서 파는 것은 수용자들의 주목이며, 이러한 주목은 콘텐츠의 대가로 봐주어야 하는 광고 양보다 훨씬 많은 양으로서 강제성을 띤 노동에 해당하고, 이를 '시청하는 노동watching labor'으로 개념화할 수 있다는 것이다(Jhally, 1987). 따라서 미디어 자본의 입장에서는 주목에 근거한 시청하는 노동의 양을 늘리면 늘릴수록 '잉여로 시청하는 노동surplus watching labor'은 늘어나고, 더 많은 이윤을 획득할 수 있게 된다.

하지만 주목을 통한 가치 창조는 수용자상품론 논의의 수준을 넘어설 필요가 있다. 스마이드(Smythe, 1977; 1981)의 수용자상품론은 주목을 통해 수용자가 하나의 상품으로 만들어지고, 이것이 광고라는 매개를 통해 가치로 창출되는 과정에 주목했지만, 주목의 가치 창출은 광고비의 차원을 넘어 인류의 가치 판단을 지배하는 수준으로 발전했다. 즉 기본적으로 수용자상품론에서 시작하긴 하지만, 주목 중심의 사회 재편은 사회적인 지위, 문화적인 가치, 관계, 정체성 등 기본 사회문화 맥락을 송두리째 바꾸고 있다. 또한 주목은 그 자체로 화폐로서 교환 기능을 수행할 뿐만 아니라, 사회적인 평판, 신뢰, 인정을 통해 광범위한 가치를 창출한다. 주목 상품은 수용자의 주목을 상품화하는 것에 기반하고 있으며, 광고비를 통해 가치를 창출하고, 더 나아가 대부분의 자본주의 유통 시스템을 떠받치는 기본 동력으로 작용한다. 따라서 수용자상품론 논의를 뛰어넘어 주목이 어떻게 자본주의 시스템을 변화시키고 있는지 광범위하게 관찰하는 것이 중요하다.

스마이드의 수용자상품론은 디지털 시대를 맞이하면서 더욱 설명력을 제고하게 된다. 실제로 사람들이 클릭을 많이 하거나, 구독자가 늘어나거나, '좋아요'를 많이 누를수록 디지털 미디어는 더 많은 이윤을 챙길 수 있다. 디지털 미디어가 주목을 모아서 광고주에 판매하고, 온라인 이용 데이터를 마케팅에 활용하거나 제3자에게 판매하고, 주목을 중개해 수수료를 챙기는 등의 방식으로 이윤을 내는 것이다. 디지털 미디어가 가치를 창출하기 위해서는 주목하는 수용자를 확보하고, 분류해서 상품으로 만드는 능력이 기본적으로 필요하다. 하지만 디지털 미디어 시대에는 수용자들도 콘텐츠를 만들거나 유용한 데이터를 생산해내는 데에 적극적으로 참여한다. 이런 차원에서 수용자 상품은 생산소비자 상품으로 변모한다. 이제 수용자들은 미디어 콘텐츠를 소비하기만 하는 것이 아니라, 자신이 직접 콘텐츠를 제작하거나 온라인 이용 행위를 통해서 주목과 관련된 상품의 생산에 기여한다(Fuchs, 2014). 이런 차원에서 수용자상품론은 디지털 미디어의 가치 생산을 설명하는 생산소비자상품론으로 이론적인 진화를 이루게 된다.

여기서 가장 논란이 되는 지점은 디지털 주목 노동이 대부분 공짜 노동free labor인 경우가 많다는 점이다. 디지털 미디어 자본은 사람들의 생산과정에 참여해서 가치를 창출하는 데에 많은 기여를 하지만, 정작 주목 노동에 대해 실질적인 임금을 지불할 필요가 없기 때문에 초기 인프라 투자만 가능하다면 무한정의 노동을 공짜로 이용할 수 있고, 일정한 네트워크 독점만 형성되면 마음대로 이윤을 착취할 수도 있다. 따라서 일과 여가의 구분이 없는 사회공장이 완성된 상황에서는 측정할 수 없는 수많은 여가 시간과 주목 시간이 착취의 범주로 들어가게 된다(Hardt & Negri, 2004; Terranova, 2000). 디지털 미디어 자본의 이윤 창출에 수많은 생산소비자가 만들어내는 선의의 공짜 노동이 투입되는 것이다.

공짜 노동 논의에 대한 비판은 주로 사람들의 온라인 이용 행위를 강제성을 띤 노동의 범주에 넣을 수 있는가 하는 논의로 모아지는데(Caraway, 2011), 온라인 이용 행위들이 육체적인 강제는 없지만 심리적·사회문화적·이념적 압력은 상당하기 때문에 필요의 강제성은 존재한다고 할 수 있다(Fuchs, 2012; 2015). 예를 들어 인터넷과 스마트폰을 사용하지 않고 살아갈 수도 있지만, 디지털 사회가 그런 사람을 얼마나 용인하고 있는가에 대해서는 부정적일 수밖에 없다. 즉 온라인 상태의 저변에는 이용자 자신의 자율적인 선택에 반하는 강요가 분명히 존재한다고 할 수 있다. 한편 이런 차원에서 공짜 노동의 존재를 인정한다면, 역으로 같은 차원에서 디지털 주목 사회가 직면한 문제에 대한 해결의 실마리도 생각해볼 수 있다. 주목을 중심으로 작동하는 사회에서 사람들이 다시 스스로의 노동에 대한 통제권을 찾을 수 있다면, 주목 노동에 대한 무한정의 착취를 막고 디지털 미디어 활동을 자본의 이익 창출이 아닌 참여자들의 복리 향상에 초점을 맞춰 바꾸어볼 수도 있다. 이는 주목이 착취의 근원이 되기도 하지만 문제 해결의 실마리가 될 수도 있다는 것을 말해준다.

주목이 자본주의 생산경제의 중심이 되었다는 말은 단순히 주목의 양이 기하급수적으로 늘어났다는 것만을 의미하는 것은 아니다. 인터넷과 소셜미디어의 발달로 주목의 양이 늘어나고, 주목에 기반을 둔 주목 대기업 자본들이 꾸준히 생겨나고 있다. 하지만 이러한 현상이 단순히 주목의 양이 늘어났기 때문에 일어난 것이라고 보기는 어렵다. 주목이 우리 사회의 중심으로 자리 잡게 된 것은 생산 조건의 변화와 관련되어 있다. 우리 사회가 손에 잡히는 생산 결과물, 즉 물질적인 상품에 가치를 두기보다 눈에 보이지 않더라도 주목할 수 있는 대상, 실제의 현실이 아니라 심상에 표현되는 구성된 현실에 더 가치를 두게 되었다는 의미이다(Bueno, 2017; Franck, 1999).

물적 토대가 상부구조를 규정한다는 『자본론』의 주장은 디지털 시대에 맞게 변화되어야 한다. 디지털 미디어를 중심으로 하는 인지자본주의 아래에서는 일반지성에 바탕을 둔 고정자본의 역할이 변화함에 따라 주목 자체가 가치를 생성하는 생산 조건이 만들어지고 있다. 즉 컴퓨터와 알고리즘에 기반한 디지털 고정자본은 전통적으로 간주하는 물질적인 노동이 없어도 주목하는 행위 자체만으로 가치를 생성할 수 있게 되었다. 이제는 현실의 물질적 토대만으로 생산 가치가 창출되지 않는 시대가 된 것이다. 따라서 주목을 얼마나 끌어내는가에 따라 생산관계가 형성되고, 그러한 영향력이 물적 토대의 변화를 만들어내기도 한다. 가장 눈에 띄는 변화는 현실에 존재하지 않는 것, 손에 만져지지 않는 것, 우리의 심성에서 형성되어 주목함으로써 가치를 창출하는 것에서 일어난다. 많은 미디어를 통한 활동이 여기에 속하지만, 가장 극적인 예로는 우리가 일상생활에서 새로 접하게 된 가상현실, 메타버스metaverse, 교환불가토큰, 암호 화폐 등이 있다. 이런 것들은 실체가 불분명하지만 주목을 끌어낼 수 있다는 것만으로 가치를 획득한다.

디지털 미디어 시대에는 공장에서 생산물을 만드는 것처럼 주목을 만들어내는 것이 가치 창조의 기본 조건이 되기 때문에 모든 생산 환경은 주목의 생산에 집중된다. 결국 한때는 소비 행위에 불과했던 주목이, 실제 현실과 만들어진 가상현실의 경계를 허물면서 가치 창출의 전면에 등장하게 된 것이다. 이는 실제 경제활동에서 물질적인 생산과정이 줄어들었다는 의미가 아니다. 오히려 물질적인 생산과정은 주목 경제의 발전과 무관하게 늘어나고 있다. 하지만 여기서 중요한 것은 그러한 물질적인 생산과정을 지탱해주던 사람들의 실제 노동력은 확연하게 줄어들고 있다는 것이며, 이러한 물질적인 생산물의 가치 실현 또한 주목 경제의 큰 테두리 속에서 이루어진다는 점이다. 여기서의 주목 경제란 물질적인 생산과정을 확대하지만 그것의 가치 실현은 대부분 주목을 통한 가치 창출에 의존하는 시스템을 의미한다. 이때 대부분의 주목 노동은 공짜 노동이기 때문에 주목 경제의 착취는 유동적으로 전방위 차원에서 이루어진다.

주목 노동과 가치 창출 과정

마르크스는 『자본론』(1867/1976)에서 자본의 축적 과정을 설명하며 가치 창출valorization, 가치 실현, 가치 유통의 순환적인 과정을 보여주었다. 하지만 그가 가장 중점을 둔 부분은 가치 창출 과정으로, 그중에서도 생산적인 노동을 대상으로 하는 자본의 끊임없는 잉여가치 착취 과정에 초점을 맞추었다. 여기서 어떤 것이 생산적인 노동이고, 이를 통해 생산적인 가치 창출을 이룰 수 있는지 여부는 잉여가치를 얼마나 원활하게 만들어낼 수 있느냐에 달려 있다. 이러한 과정은 주로 산 노동을 통한 물질적인 상품의 생산과 관련된다. 『자본론』의 일반적인 분석을 미디어 활동에 적용하면, 미디어 활동은 노동이 재생되는 과정, 혹은 프로그램이나 광고를 통해 소비를 진작하는 활동 등 노동 재생 및 가치의 유통과 관련되어 있지만 직접적으로 가치를 창출하는 과정에는 포함되지 못한다.

이런 생산 노동 논리에 따르면, 미디어가 주체가 되어 특정한 가치를 창출하더라도 그것은 산업자본의 가치 실현을 위한 자리나 기회를 임대해주고 지대를 받는 역할을 통해 산업자본이 창출한 가치의 부스러기를 나누어 가지는 데에서 그치는 것일 뿐 스스로 가치를 창출하는 것은 아니라는 결론에 도달한다. 이러한 진술은 비록 전반적인 자본 축적 과정을 너무 과도하게 요약한 측면이 있지만, 『자본론』에서 생산적이거나 비생산적인 노동의 가치 창출 여부를 구분함으로써 노동 착취의 본질과 소외, 자본주의의 위기를 설명하려고 한 것만은 분명해 보인다. 여기서 비생산적인 노동을 통해 가치가 생산되지 않는 활동은 '가치 창출에 반하는 활동'이라고 해서 반가치anti-value 활동이라고도 한다(Harvey, 2017).

하지만 이러한 생산/비생산 노동 구분이 현재 디지털 미디어 사회의 생산과정을 설명할 수 있느냐에 대해서는 자연스럽게 의문이 제기될 수밖에 없다. 예를 들어 페이스북과 'X'(과거의 '트위터Twitter')는 수많은 사람의 관계를 무해하게 연결해주고 있는 것처럼 보이지만, 실상은 가입한 사람들을 광고에 노출시킴으로써, 혹은 그들의 활동 데이터를 팔아서 이윤을 획득한다. 대부분의 디지털 미디어가 실제로 가치를 생산하고 있는 현실을 고려한다면 기존 노동가치이론의 생산 노동에 대한 정의는 큰 의미가 없다. 실제 미디어 프로그램 상품을 직접적으로 팔고 있는 '넷플릭스Netflix'의 경우에도 해당 프로그램 상품을 만드는 과정에는 노동자들의 산 노동이 필요하지만, 무한대의 시청자들에게 끊임없이 반복적인 판매와 소비가 이루어지도록 만들어 엄청난 이윤을 확보하는 것은 노동자의 산 노동을 통한 가치 창출 때문이라고 보기 어렵다. 따라서 제조 현장에 참여한 노동자만이 노동을 했다고 하기는 어려운 것이며, 결국 가치 실현과 유통의 과정에 있다고 생각해온 많은 사람의 활동이 오히려 반복 판매와 소비를 가능케 하는 역할을 한다고 추정할 수 있다. 시청자들은 콘텐츠를 소비하고 있지만, 동시에 이용 데이터를 생산해내고 프로그램 상품의 평판을 만들어내는 주목 노동을 수행한다. 사람들의 소비가 이와 같이 실제적인 가치를 창출하고 배가시키는 역할을 하고 있음에 주목할 때, 디지털 사회에서 일어나는 생산적인 노동의 정의는 더욱 새로워질 필요가 있다.

디지털 문화경제에서 디지털 상품과 이를 통한 자본의 축적 방법은 다양하다. 대표적인 예를 들어본다면, 디지털 노동 모델(예: 온라인 게임), 상품으로서의 디지털 콘텐츠 모델(예: 마이크로소프트), 디지털 금융 모델(예: 페이팔), 하드웨어 모델(예: 애플), 네트워크 모델(예: AT&T), 온라인 광고 모델(예: 구글), 온라인 소매 모델(예: 아마존), 공유경제형 서비스 지급 모델(예: 우버), 공유경제형 임대 모델(예: 에어비앤비), 디지털 구독 모델(예: 넷플릭스), 혼합형 모델(예: 스포티파이) 등이 있다(Fuchs, 2020). 디지털 미디어와 관련해서 이렇게 다양한 상품이 개발되고 자본을 축적하는 다양한 활동이 이루어지는 상황에서, 생산 현장의 산 노동을 통한 물질적인 상품만이 가치를 생산한다고 주장하기는 현실적으로 어렵다.

새로운 형태의 디지털 노동이 이루어지고 있으며, 과거에는 경험하지 못한 노동 형태를 통해 새로운 형태의 상품이 쏟아지고 있다. 이런 현상은 기본적으로는 수용자상품론에 뿌리를 두고 있지만(Smythe, 1977; 1981), 이를 넘어서서 다양한 형태의 노동과 상품 형태를 아우를 수 있는 프레임워크의 필요성을 우리에게 제시한다. 예를 들어 네이버가 수용자들을 끌어모아서 광고주에게 광고를 판매함으로써 수익을 올리는 것은 사실이지만, 다양한 수용자 활동 데이터를 수집해 판매하기도 하고, 또 플랫폼을 통해 상품을 거간하는 역할을 하기도 한다. 모두가 수용자, 즉 끌어모을 수 있는 사람들을 필요로 하는 것은 기본이지만 상품의 유형은 더 다양해져가고 있고, 이를 설명할 노동에 대한 전통적인 정의도 불명확해져가고 있다.

디지털 플랫폼을 비롯해서 대부분의 디지털 미디어는 유사한 형태로 가치를 창출한다. 우선 익숙한 형태는 기존 산업자본의 가치 창출 과정과 마찬가지로 미디어 노동자들이 콘텐츠 상품을 제작하고 이를 판매하는 과정이다. 하지만 새로운 형태의 디지털 노동이 등장하는데, 그것은 주목하는 사람들이 노동자의 역할을 담당하고, 주목 상품을 생산한 다음, 그것을 의뢰한 사람에게 판매하는 과정이다. 예를 들어 크라우드소싱 웹사이트인 '아마존 매커니컬 터크Amazon Mechanical Turk' 같은 경우에는 이산집합형 노동자들이 일정한 주목 과정을 통해 주목 상품을 만들어내고, 이후 그것을 의뢰인이 구입하는 형태로 운영된다. 이러한 주목 상품은 광고주에게 팔기 위한 수용자 상품이 될 수도 있고, 마케팅 회사에 팔기 위한 데이터 상품이 될 수도 있다.

이러한 과정에서 디지털 미디어는 단순히 산업자본이 생성하는 가치를 나눠 가지기 위한 지대 추구rent-seeking의 역할 혹은 상업자본의 역할을 하는 것만이 아니라 스스로 가치를 생산해내는 역할을 한다. 따라서 복합적인 형태의 가치가 창출되고 있다는 것을 인식해야 한다. 예를 들어 네이버나 카카오톡의 경우에는 사람들을 끌어모아 주목 상품을 만든 다음 광고주에게 팔거나 사람들의 인터넷 주목 활동을 데이터로 만들어서 필요한 의뢰인에게 팔기도 하지만, 또한 산업자본이 만들어낸 상품을 소비자와 연결해주는 상업 이익merchant profit을 도모하기도 하고, 스스로 이용자 데이터에 기반하여 다양한 산업자본과 협력해 이윤을 축적하기도 한다. 매우 다양한 형태의 이윤 창출과 자본의 가치 축적 및 순환이 이루어지는 것이다. 이러한 과정에서 가장 핵심적인 역할을 하는 것은 사람들의 주목 활동과 상품화이다. 이런 맥락에서 보면 주목이 노동의 범위를 확장하고 있는 것은 분명해 보인다.

전통적으로 가치는 생산과정에서 이루어지는 노동을 통해 발생한다. 이때 노동은 쉽게 눈에 띄고 구체적으로 드러나는 물질적인 노동과 눈에 잘 띄지는 않지만 분명히 가치를 창출하고 있는 비물질적인 노동으로 나누어볼 수 있다. 마르크스가 노동을 이야기할 때 물질적인 노동만을 이야기했는가 아닌가 하는 부분에 대해서는 여러 의견이 있을 수 있지만, 가치가 비물질 노동을 통해서도 창출된다는 것을 생각하면 노동을 물질적인 노동으로만 한정하는 것은 현실에서 큰 의미가 없다. 예를 들어 유튜브 콘텐츠를 보기 위해 광고를 시청하는 행위는 물질적인 구체성이 부족하지만, 분명히 광고비, 즉 가치가 돈으로 현실화되는 과정으로 구현된다. 이러한 예는 디지털 시대에 비물질 노동이 분명한 가치 창출 수단으로 자리 잡았음을 보여준다.

따라서 주목을 중심으로 이루어지는 가치의 창출 및 순환 과정은 좀 더 비물질적인 노동을 전면에 내세우며 구성되어야 한다. 무엇보다도 생산과정에서 분명하게 지불되지 않은 노동, 즉 비물질 노동의 경우 공짜 노동으로 결합된다(Fuchs, 2014). 그리고 이러한 과정을 통해 생산된 상품으로 가치를 창출한 자본은 이를 현금화하려고 노력한다. 이 과정에서 주목을 통해 만들어지는 소비자들의 유효한 수요는 중요한 역할을 한다. 일부의 생산수단화하는 상품을 제외하고, 대부분의 상품은 소비자의 수요를 통해 가치를 화폐로 현실화한다(Harvey, 2018). 이렇게 현실화된 가치는 임금, 세금, 이윤, 지대 등 다양한 형태로 분배되고, 이러한 분배 유통 과정을 거쳐 다시 생산과정으로 돌아오게 된다. 여기서 주목이 중심을 이루는 분배 유통 과정은 당연히 화폐의 형태를 통한 가치의 현실화와 직접적으로 연결된다. 결국 이 모든 과정에서 비물질 노동인 주목 노동이 매우 중요한 위치를 차지하게 된다.

일반적인 가치의 순환 과정에서 가장 중요한 부분은 가치의 창출 과정이다. 가치가 창출되지 않는다면 가치를 현실화하고 분배하는 것은 불가능하기 때문이다. 한편 비물질 노동이 중요해지는 디지털 시대에는 주목 노동이 가치 창출의 전면에 나서게 된다. 앞서의 논의와 연결하면, 디지털 미디어의 가치 창출 과정에서 가장 주목할 부분은 미디어 수용자가 생산소비자로 바뀌는 부분이다. 수용자들은 단순히 미디어 콘텐츠 소비자의 역할에만 머무는 것이 아니라 콘텐츠를 직접 만들거나 미디어 이용 데이터를 생성하는 생산자의 역할도 동시에 가진다. 이러한 생산소비자 역할은 주목을 통해서 이루어지는 디지털 미디어의 가치 생산과정을 설명한다. 따라서 생산소비자 역할을 통해 이루어지는 주목 활동들이 가치의 실현과 분배 과정을 포함한 가치 창출 및 순환의 전 과정에서 핵심적인 역할을 차지하고 있음을 통합적으로 이해하는 것이 필요하다.

주목이 만드는 가치의 유형

주목경제 개념을 처음 본격적으로 다룬 골드하버(Goldhaber, 1997)의 예상은 대부분 적중했지만, 인터넷이 주목을 중요하게 만들기는 하더라도 그것을 통해 돈을 벌거나 자본을 축적하는 일은 중요하지 않게 될 것이라는 그의 예상만큼은 빗나갔다. 인터넷을 통해서 돈보다 더 중요한 주목이라는 가치가 우리 사회를 온전히 지배할 것이라고 보았다. 하지만 지금에 와서 인터넷과 소셜미디어의 발전 과정을 보면 주목과 돈은 떨어질래야 떨어질 수 없는 관계를 형성해왔으며, 주목이 곧 돈이고, 주목이 자본 증식의 근거가 되는 시대로 변화해왔다. 주목은 돈과 긴밀한 관계를 형성하고 있으며, 또한 여러 형태로 가치를 창출한다.

첫째, 주목을 받음으로써 이미지를 획득하고, 그러한 이미지가 쌓여 평판을 만들어내며, 이는 다시 상품화로 이어진다. 즉 주목을 받기 위한 행위들은 노동으로 작용하고 가치를 창출한다. 주목이 가치를 창출하는 과정에서는 주목을 받기 위해 노력하는 사람들도 노동을 하지만, 주목하는 사람 역시 함께 노동에 참여하게 된다. 디지털 미디어 사회에서는 많이 주목받는 대상이 좀 더 가치 있는 대상이 되기 때문에 모두가 주목에 목매게 된다. 물질적인 생산 현장에서 이루어지는 노동 시간을 통해 창출된 전통적인 가치는, 주목을 통해 가치가 증식되는 과정을 설명하지 못한다. 예를 들어 손흥민 선수가 주급으로 수십 억을 받는 것은 그가 투여한 노동 시간 때문이 아니라, 그가 끌 수 있는 주목의 양 때문이다. 손흥민 선수가 없다면 경기 티켓도 팔리지 않을 것이고, 텔레비전을 통한 수용자 상품도 만들어지지 않을 것이다. 주목받을 수 있는 것이 가치 있는 것이고, 비로소 상품화될 수 있는 것이다.

둘째, 주목은 데이터의 형태로 가치를 창출한다. 디지털 미디어는 콘텐츠에 주목하는 사람들을 모아 수용자 상품이라는 데이터를 만들어서 광고주에게 판매하거나, 주목하는 사람들의 온라인 행위를 모두 데이터로 만들어서 상품으로 판매한다. 데이터를 사용하기 때문에 물론 주목하는 양이 중요하다. 한편 데이터를 사용하는 것은 주목하는 사람들의 성향을 질적으로 분석해 목표 표적으로 만드는 것이 가능해진다는 이점이 있다. 주목하는 모든 행위가 상품으로 만들어지기 때문에, 디지털 자본의 입장에서는 온라인 행위가 이루어지는 일 혹은 여가와 관련된 모든 흔적을 데이터 상품으로 만들 수 있다.

셋째, 주목이 만들어내는 가치는 데이터, 정보, 평판과 같은 비물질적인 속성을 통한 가치 창출의 형태로만 기여하는 것이 아니며, 실제 연계된 물질적인 상품에 주목하게 만듦으로써 현금화와 빠른 유통을 가능하게 한다. 이는 주목이 가지는 통합적인 가치 창출 능력을 의미한다. 예를 들어 소셜미디어 인플루언서가 제작한 콘텐츠 속에 상품을 배치한다면, 인플루언서의 주목 능력은 상품의 판매를 통한 가치 창출에 기여하게 된다. 왜 많은 아이돌 그룹이 굿즈 제작과 판매에 열을 올리고 있는지 짚어보면 그 이유를 쉽게 짐작할 수 있다.

넷째, 주목은 자신이 가진 가치를 다른 대상에게로 전환할 수 있는 능력을 보유하고 있다. 이를 주목의 전환가치transferring value라고 한다. 즉 전환

가치는 자신이 주목을 받게 되었을 때 그 주목을 다른 대상에게로 전환시켜서 가치를 창출하는 것이다(Goldhaber, 1997). 그러므로 주목을 받는 것은 전환가치를 전유할 수 있는 권리를 얻는 것을 의미한다. 예를 들어 BTS가 특정 광고에 출현하게 되면 BTS에게 주어진 주목은 광고로 전이된다. 따라서 주목을 끌 수 있는 사람은 사회적으로 상품과 관련된 계급적인 이점을 가질 수 있게 된다.

다섯째, 마지막으로 물질적인 상품을 생산하는 현장도 주목을 통해 생산과정 전반에 걸쳐 가치의 증식을 이루어낼 수 있다. 주목의 범주를 넓게 잡아 '물질적인 상품 생산'에 있어 주목이 주된 노동 요소로 작용한다는 기본적인 주장과 함께, 실제로 디지털 미디어를 통한 주목 노동은 물질적인 상품 생산과정에서 시공간의 효율성을 높여 가치 증식에 결정적인 작용을 하기도 한다. 디지털 기술의 발달이 물질적인 생산 현장과 비물질적인 노동 현장을 통합해 가치를 창출할 수 있게 만들었으며, 주목하는 시간과 공간을 연장 또는 확장함으로써 착취의 기반을 넓혔다고 할 수 있다. 이런 예는 쉽게 찾아볼 수 있는데, 배달 앱을 통해 가치를 창출하는 경우, 해당 앱을 통해 유통이 이루어지는 상품의 제조 노동, 배달 노동, 앱에의 주목 노동이 복합적으로 작용한다. 그리고 여기에 관여된 노동은 대부분 디지털 기술을 통해 노동 시간이 연장되어 있다. 대다수 플랫폼 노동이 이런 유형에 해당한다. 다시 말해 주목을 통해 창출되는 가치는 물질적인 생산 현장과 디지털 생산 현장을 통합적으로 연결한다.

주목 상품 생산과정과 소외

마르크스와 기술의 관련성을 이야기해온 연구들을 살펴보면 마르크스가 기술결정론적인 시각을 가지고 있었다고 보기는 어렵다(Dyer-

Witheford, 1999; Fuchs, 2019; MacKenzie, 1984). 기계의 발달로 새로운 생산력이 형성되고 그것이 사람들의 생활양식을 변화시키는 것처럼 보이는 것은 표층에서 일어나는 현상일 뿐, 실제로 생산력의 사용과 전개를 결정하는 것은 사회관계이다. 여기서 사회관계는 구체적으로 자본주의적인 사회관계를 의미한다. 앞서 설명한 대로 처음 공장 기계가 개발된 것은 숙련 노동자들의 늘어나는 힘을 규제하기 위한 자본가들의 기획이다. 디지털 기술의 발전 역시 이윤율 저하 경향에 대비하고자 노동의 범위를 확장하려 한 자본가들의 의도와 밀접하게 관련되어 있다. 이처럼 새로운 기술과 기계의 개발은 자본주의적인 사회관계의 유지라는 의도에서 시작된다.

과학기술의 발달은 산업자본가의 요구에 부응하는 생산 환경의 변화로 설명할 수 있다(Rosenberg, 1974). 과학기술은 스스로 발달하는 것이 아니라 산업자본가의 필요에 의해서, 특정한 문제를 해결하기 위해서 발달한다. 따라서 과학기술의 발달은 철저하게 자본주의 논리를 보호하고 자본에 유리한 방향으로 나아간다. 적절한 예로서 산업경제 시대에 공장 기계가 만들어진 것처럼 과학기술은 그것을 이용하는 사람들이나 노동자들의 복리를 위해서가 아니라 자본의 논리를 좀 더 효율적으로 구현하기 위해서 이용된다. 현대사회 디지털 과학기술의 비약적인 발전도 마찬가지이다. 디지털 기술의 발달에도 기본적으로 디지털 자본의 의도가 반영되어 있고, 그것은 기존의 생산관계를 유지하고 착취 구도를 보존하기 위한 자본의 기획을 좇아 진행된다.

이러한 디지털 자본주의 가치 생산의 중심에는 주목이 있다. 예전에는 물질적인 노동을 통해 가치가 생성되었다면, 디지털 미디어를 이용해 생성되는 가치의 저변에서는 물질적인 노동과 비물질적인 노동이 통합적으로 작용한다. 특히 비물질 노동의 중심에는 주목하는 노동이 자리 잡고 있다. 인터넷을 이용하거나 광고를 시청하거나 콘텐츠를 생산하는 모든 주목 행위가 디지털 자본의 가치 생성과 관련되어 있다. 산업경제 시대에는 자본이 고정자본과 노동을 구매한 다음 생산과정에서 발생하는 잉여노동을 통해 잉여가치를 만들어내고 그것을 착취하는 시스템이었다면(M–C–P–C'–M'), 디지털 시대에는 가치를 생산하는 과정에 디지털 미디어를 이용하는 사람들의 기여가 추가된다(M–C–P1–P2–C'–M', Fuchs, 2014). 자본이 자신의 자본(M)을 이용해 기계와 노동을 구매하고(C), 그것을 생산과정에 투입해 새로운 상품을 만들어내고(C'), 다시 그것을 팔아 자본을 증식하는 과정(M')은 동일하지만, 산업경제의 경우 기계와 노동만으로 생산이 이루어지는 데에 반해(P1) 디지털 경제에서는 디지털 미디어를 이용하는 사람들의 온라인 주목 행위가 또 다른 노동 행위(P2)로서 생산과정에 투입된다.

디지털 미디어를 이용한 가치의 생산과정에서는 인터넷을 이용하는 생산소비자들이 스스로를 상품으로 만드는 생산과정에 참여한다. 예를 들어 디지털 미디어 자본이 플랫폼을 만들더라도 그것을 이용하는 사람들이 콘텐츠를 만들어내고, 이용 데이터를 양산하며, 플랫폼의 평판 형성에 기여하지 않는다면 가치 생산은 진행되지 않는다. 즉 사람들이 미디어 플랫폼에 주목하지 않고, 능동적으로 참여하지 않는다면 그 어떤 가치도 생성되지 않는다. 따라서 주목에 의존하는 디지털 미디어의 가치 생산 방식은 공동 생산 방식이다. 하지만 문제는 이러한 생산과정에서 무수한 주목 노동

M - C	주목 생산과정(P1, P2)	C'-M'
생산수단 디지털 노동	P1: 노동과 기계의 작용 P2: 주목 노동의 기여	주목 상품 자본 증식

* 주. M-C: 자본(M)으로 생산수단과 노동(C)을 사는 과정.
C'-M': 만들어진 주목 상품(C')을 현금화(M')하는 과정.

〈그림 4-2〉 주목 생산과정과 주목 상품

을 투입하여 가치 생산에 기여하는 사람들이, 정작 이윤의 창출 과정으로부터는 철저히 소외된다는 것이다. 사람들은 노동의 실행, 생산수단의 사용, 최종 결과로서의 생산품 모두로부터 소외된다. 여기서 소외란 자신도 모르게 자본주의 착취 시스템에 빠져드는 것을 의미하는데, 앞서 설명한 대로 주목 노동은 스스로 인터넷 활동에 능동적으로 참여한다는 착각 속에서 이루어지기 때문에 이 과정에 동원되는 사람들은 정확한 현실 인식으로부터 소외될 수밖에 없다.

디지털 미디어 주목 노동의 구체적인 유형

디지털 미디어를 둘러싼 디지털 노동은 물질적인 노동과 비물질적인 노동을 모두 포함한다. 디지털 노동의 의미는 너무 광범위해서 디지털 환경 조성과 관련된 모든 관련 노동을 포함한다고 보는 것이 적절하다(Gaindini, 2021; Srnicek, 2017). 이러한 디지털 노동을 통해 직접 커뮤니케이션 상품이 생산되기도 하지만, 디지털 노동은 다른 물질적인 상품의 유통과 이윤 증식을 가속화하는 역할을 동시에 담당하기도 한다. 예를 들어 디지털 노동을 통해 유튜브 콘텐츠를 만드는 제작자의 노동은 또한 유튜브 콘텐츠에 붙는 광고나 PPL을 통해 기존 상품의 활발한 유통에 기여하기도 한다. 디지털 노동은 복합적인 성격을 가지지만, 크게 보면 기존 산업경제 시대의 노동과 유사하게 임금을 지급받고 물질적인 혹은 비물질적인 생산물을 만들어내는 노동, 그리고 디지털 환경에서 독특한 형태를 띠고 있어 어떠한 공식적인 조직으로부터도 일정한 임금을 지급받지 않으면서 가치 생산에는 기여하는 광범위한 형태의 이용 행위와 관련된 디지털 노동이 있다. 여기서 말하는 광범위한 형태의 디지털 미디어 이용은 자신이 스스로 이익을 창출하기 위해 콘텐츠를 생산하는 행위, 디지털 미디어를 즐기기 위해 광고를 봐주어야 하는 행위, 인터넷 검색 행위를 포함한 다양한 일상적인 인터넷 이용 행위 등을 모두 포함한다.

디지털 미디어와 관련된 디지털 노동은 〈표 4-1〉에서 볼 수 있듯 물질 노동과 비물질 노동으로 크게 나누어볼 수 있는데, 이 노동들은 모두 디지털 자본이 노동으로부터 가치를 독차지하는 착취의 구조 속에 자리매김하고 있다(Fisher, 2012; Gandini, 2021). 디지털 미디어와 관련된 물질 노동은 산업경제 시대의 노동 착취와 동일하다. 특이한 점은 착취의 강도가 보다 강해지고 있다는 점이다(Hesmondlalgh & Baker, 2013). 표에서 보는 것처럼 디지털 플랫폼 개발 및 유지를 담당하거나 콘텐츠 제작과 관련된 창의 노동을 담당하는 사람들은 기존의 생산 제조 공장에서 일하는 사람들보다 오히려 더 장시간의 불안정한 노동에 시달린다. 또한 플랫폼과 독립된 사업자들의 경우에도 노동 시간이 일정하지 않고, 대기 시간을 포함해서 노동해야 하기 때문에 역시 장시간의 노동에 시달리게 된다. 그러므로 노동 환경의 성격 변화에도 불구하고 디지털 미디어와 관련된 물질 노동은 산업경제 시대에 요구되던 착취적인 노동과 큰 차이를 찾기 어렵다.

디지털 노동을 실질적으로 대표하는 것은 비물질 노동이다. 디지털 시대에도 물질 노동을 통한 착취는 여전히 기승을 부리지만, 비물질 노동을 통한 착취는 시공을 뛰어넘어 정보와 데이터를 중심으로 착취의 범위를

〈표 4-1〉 디지털 노동의 대표적인 유형(김영욱, 2022에서 수정)

1. 물질 노동	2. 비물질 노동
1) 개발 및 유지 노동 2) 창의 노동 3) 플랫폼 독립사업자 노동 4) 저임금 크라우드 노동 5) 광범위한 기계 대체 노동	1) 정체성 노동 2) 시청 노동 3) 감시 노동

넓혀가는 디지털 자본의 착취를 가장 잘 설명한다. 정보와 데이터에 기반하여 이윤을 창출하는 인지자본주의cognitive capitalism의 발달은 모두 비물질 노동의 사회적 확산과 관련이 있다. 여기서 한 가지 분명하게 짚어두고 갈 점은, 비물질 노동 논의에 있어서 플랫폼 노동platform labor과 같은 디지털 관련 노동에 물질적인 요소가 있다는 것을 애써 무시해서는 안 된다는 것이다(Gaindini, 2021). 다만 이 책에서는 주목 노동을 설명하기 위해 디지털 노동의 비물질적인 요소를 더 강조하고 있으며, 그러한 비물질적인 요소가 디지털 노동의 작동 원리를 중심적으로 설명한다고 보고 있다.

디지털 노동을 대표하는 비물질 노동은 대부분 주목 노동과 연관되어 있다. 디지털 시대의 비물질 노동은 디지털 미디어를 매개로 이루어지며, 디지털 미디어 이용은 주목하는 행위를 의미하기 때문이다. 따라서 주목 노동을 비물질 노동의 유형과 관련지어 설명하는 것은 유효한 접근 방법이다. 가장 대표적인 주목 노동은 시청 주목 노동watching attention labor이다. 가령 사람들이 특정 미디어를 공짜로 보고 있다면, 그 순간에 보고 있는 자신이 상품으로 팔려 가고 있을 가능성이 높다(Smythe, 1977; 1981). 이는 스마이드가 주장한 수용자상품론의 중심 논리이다. 미디어는 콘텐츠를 통해 사람들을 끌어모은 다음 광고를 시청하게 하는데, 이때 미디어가 상품으로 판매하는 것은 콘텐츠와 광고가 아니라 사람들의 주목이다. 사람들의 주목 상품, 즉 수용자 상품이 만들어져서 광고주에게 판매되고, 이로부터 미디어는 이윤을 창출한다. 실제로 이러한 광고 주목은 시청 노동에 해당하는데, 왜냐하면 이는 시청자 자신이 쉬어야 할 시간, 즉 미래의 노동력을 확보해야 하는 시간에 광고와 마케팅 활동에 주목하게 함으로써 스스로의 휴식 시간을 희생하도록 하기 때문이다.

디지털 미디어 시대에 시청 주목 노동은 더욱 활성화된다. 가장 큰 이유는 사회적인 구성원들인 분체dividual들이 사회문화적 맥락 속에서 시청 노동을 당연한 현상으로 받아들임에 따라 자연스럽게 디지털 자본의 착취 구도를 수용하기 때문이다. 예를 들어 누구나 소셜미디어를 이용하는 사회, 누구나 인스타그램을 통해 소통하는 사회에서 소셜미디어 활동 중 어느 정도의 광고와 PPL에 노출되는 것에 대해 거부감을 느끼는 사람은 많지 않다. 또한 디지털 미디어는 수용자들이 스스로 미디어에 접근할 때까지 기다리지 않는다. 수많은 일상생활 침해 장치를 통해 수용자들에게 광고를 시청할 것을 강요할 뿐만 아니라, 디지털 서비스 이용을 위해서는 강제로 광고를 시청하게 하는 장치를 곳곳에 만들어둔다. 이제 광고에 주목하지 않거나 광고를 회피한다면 이용할 수 있는 디지털 서비스는 거의 없다. 이러한 강제성을 통해 광고 주목은 노동이 된다.

시청 주목 노동이 특정한 광고나 PPL, 프로모션 등에 주목하는 노동을 의미한다면, 그러한 광고 시청과 상관없이 수용자들의 일상적인 인터넷 행위들 역시 비록 공짜로 주어지는 노동일지라도 가치를 생산하는 노동이 되고, 노동 착취의 근원이 된다. 이러한 노동은 감시 주목 노동surveillance attention labor으로, 이때 사람들의 일상적인 디지털 미디어 주목 행위는 광범위한 인터넷 감시를 통해 가치를 창출하고 증폭시키는 활동으로 변모된다. 필요 노동과 잉여 노동의 범주 구분과 무관하게 사람들이 행하는 대부분의 온라인 활동은 가치 창출과 연관되어 있다. 이러한 감시 주목 노동은 일상적으로 이루어지는 모든 인터넷 이용 행위를 포함하기 때문에 노동의 범위를 전체 사회와 사람들의 모든 활동으로 확대한다.

디지털 미디어를 통한 감시는 전방위적인 감시를 의미하는 파놉티콘panopticon의 차원을 넘어서서 감시를 받는 사람조차 자신이 감시받고 있다는 것을 눈치채지 못하게 이루어진다(Marx, 2002). 그것은 사람들의 인터넷 활동 전반에 대해서 이루어지며, 감시받는 대상을 감시 행위로부터 철저히 소외시킨다. 이러한 철저한 소외는 인터넷 참여자가 거부감을 갖지 않게 하면서도 자본의 입장에서 이윤을 가장 효율적으로 창출할 수 있게 하는 디지털 감시의 특성을 보여준다. 이와 같은 감시 주목 노동은 데이터 감시와 밀접하게 연결된다. 디지털 미디어는 사람들의 이용 행태를 데이터화하고, 이를 상품으로 가공하여 이윤을 창출하기 때문이다.

일상적인 온라인 주목이 상품이 될 수 있는 것은 디지털 감시가 가능하기 때문인데, 이제 디지털 감시는 우리 일상을 지배하고 있을 뿐만 아니라 생활 그 자체가 되어가고 있다. 스마트폰을 사용하면서 빈번하게 마주치게 되는 '동의' 요청 창은 이제 어떤 서비스를 이용하든지 감시의 굴레에서 벗어날 수 없다는 것을 보여준다. 디지털 감시는 알고리즘을 통해 개인정보를 광범위하게 수집하고, 자동으로 패턴을 분석함으로써 사람들의 모든 온라인 주목 활동을 모니터링하고, 보관하고, 활용할 수 있게 한다(Andrejevic, 2008). 디지털 감시는 개인의 생활을 침범하는 동시에 민감한 정보를 사용한다는 표면적인 문제도 있지만, 사람들이 생각하는 방식을 바꾸어놓는다는 근본적인 문제를 가진다. 사람들이 점점 더 감시를 통해 저장된 정보에 의존하게 되고, 결정을 기계에 맡기게 됨으로써 몰인간적인 inhumane 속성에 익숙해지게 됨에 따라 데이터가 사람들의 정체성을 지배하는 사회로 변모하게 된다(Lyotard, 1991).

마지막으로 정체성 주목 노동identity attention labor은 전통적인 미디어에서 수용자였던 사람들이 생산소비자로 변모하는 과정과 직접적으로 연결되어 있다. 인터넷 수용자들은 수동적으로 주목하는 주체이기도 하지만, 능동적으로 콘텐츠를 제작하여 주목을 끌어냄으로써 때로는 디지털 미디어 자본의 이윤을 일부 나눠 가지는 생산자로서의 역할도 담당한다(Fuchs, 2014). 이렇게 사람들이 생산소비자로서의 역할을 수행하는 것은 디지털 사회 맥락에서 자신의 정체성을 정립하고 유지하는 것과 깊은 관련성을 가진다. 우리가 인스타그램에 왜 그렇게 열심히 사진을 올리려 하는지, 유튜버들이 구독자 수를 늘리고 '좋아요'를 얻기 위해 어떤 경쟁을 하고 있는지 생각해보면 이런 현상의 의미는 자명해진다.

자신의 정체성을 만들어나가는 노동은 보통 다른 사람들의 주목을 끌고, 그렇게 다른 사람이 자신에게 가지는 평판으로부터 사람들은 스스로의 정체성을 형성해나간다. 이렇게 자신의 정체성을 형성하려는 노력은 자신이 만든 콘텐츠가 다른 사람들의 주목을 끌 때에만 보상받을 수 있으며, 주목이 충분히 확보되었을 때 자기효능감이 높아지면서 자신의 존재 이유를 발견하게 된다. 일차적으로 사람들은 생산소비자로서 자신의 정체성을 형성하기 위해 인터넷 활동을 하는 것처럼 보이지만, 결국 이러한 행위는 다른 사람의 주목을 모아옴으로써 디지털 자본의 이윤 창출에 기여하는 행위로 귀결되고 만다. 디지털 자본은 사회관계를 디지털 미디어를 통해서 얽히게 만든 다음, 그 속에서만 사람들이 정체성을 발견하게 만듦으로써 자본의 입맛에 맞는 착취 시스템을 유지한다.

정체성 주목 노동에서는 사람들의 능동적인 온라인 참여 행위에 주목할 필요가 있다. 이러한 자발성·능동성은 사람들의 욕구가 디지털 미디어가 원하는 방향으로 이미 맞추어져 있음을 보여준다(김영욱, 2018). 이미 인터넷을 통해서만 사회관계 형성과 유지가 가능하게 된 상황에서 스스로 이러한 환경에 적응함으로써 한 개체로서 디지털 사회에서 생존하려는 의도가 더 강하게 작동한다고 할 수 있다. 사람들이 온라인 환경 속에서 자신의 정체성을 점검하려는 노력을 하면 할수록 그런 콘텐츠를 보려는 다른 사람들의 주목도 늘어나지만, 동시에 자신의 정체성이 적절한 방향으로 향하고 있는지 점검하기 위해 다른 사람의 콘텐츠를 보려는 시도 역시 계속해서 늘어나게 된다.

모든 사회 구성원이 스스로의 정체성을 점검하고, 모두로부터 집단적인 평가를 받는 상황에 놓여 있다고 믿는 사회는 디지털 자본이 가장 선호하는 사회가 된다. 사람들은 노동력을 재생해야 하는 여가 시간에도 쉬지 않고 주목 노동을 하게 되고, 스스로 알아서 긴장의 끈을 놓지 못하고 주목하게 된다. 이런 사회는 주목 노동 착취에 가장 이상적인 사회가 될 수밖에 없다. 이렇게 형성된 주체성은 인지적 요소와 정동적 요소를 모두 포함하여 디지털 자본의 착취에 유리한 환경을 조성한다(Hardt & Negri, 2017). 기본적인 신체 반응이 통제됨으로써 온라인 환경의 흐름에 따라가고자 하는 사람들은 점점 더 다른 사람들과 경쟁할 수밖에 없게 된다. 그런 환경은 사람들이 즉각적으로 욕구를 해소하게 만들어 자본주의 상품화의 논리를 더욱 강화한다. 즉 경쟁은 자본주의 사회에서 더 나은 정체성을 프로모션하기 위한 프로모션 경쟁으로 이어지고, 다방면의 프로모션 경쟁은 더욱 강화된 주목 노동으로 이어질 수밖에 없게 된다. 소셜미디어에서 보이는 명품 경쟁, 부의 과시, 스펙 보여주기 등은 모두 이런 환경에서 활성화될 수밖에 없다.

따라서 주목 노동은 온라인에서 일어나는 모든 프로모션 활동에 주목하는 시청 주목 노동, 인터넷을 일상적으로 이용하며 발생하는 주목 데이터들이 상품으로 팔려나가는 감시 주목 노동, 사람들이 직접 생산소비자로서 인터넷 활동에 능동적으로 참여하고 자신의 정체성을 확립해나가는 과정에서 다른 사람들의 주목을 얻어 궁극적으로 디지털 자본의 가치 생산에 기여하게 되는 정체성 주목 노동으로 크게 구분해볼 수 있다. 대부분의 디지털 주목 노동은 이처럼 다른 유형의 주목 노동들이 복합적으로 함께 작용하는 것인 셈이다. 예를 들어 최근 앱에서 지시하는 과업을 달성하고 현금이나 포인트를 받는 소위 '앱테크' 활동이 유행하고 있다. 실제로 이러한 활동을 들여다보면, '1만 보 걷기'와 같이 제시되는 과제는 사람들의 주목을 끌기 위한 수단에 불과할 뿐, 여기에 참여하는 사람들은 앱이 제공하는 광고를 시청하거나 앱에 가입하기 위해 개인정보를 내놓아야 한다. 나아가 이들이 과업을 달성하기 위해 들이는 상당한 노력 과정은 앱에 대한 주목을 높이는 데에 사용된다. 결국 이 모든 디지털 노동이 주목을 통한 자본의 가치 창출에 통합적으로 사용되는 것이다. 따라서 디지털 미디어를 이용한 모든 온라인 활동은 주목 노동과 관련되어 있으며, 디지털 자본은 이렇게 늘어난 노동을 착취하여 자본의 증식을 가속화시키는 것이 자연스럽게 되었다.

5장

주목 자본주의

주목 자본주의의 속성

2023년 6월 대입 수학능력시험의 킬러 문항과 관련한 논란이 불거지자, 여권에서는 학원 일타강사들이 사교육을 조장해 수십, 수백 억의 연봉을 버는 것은 초과 이익을 취하는 범죄이자 사회악이라고 비난했다. 이런 비난에 대해 오히려 일타강사들은 자신들이 누구나 인터넷 수강을 통해 강의를 들을 수 있게 하기 때문에 사교육비를 낮출 수 있다는 반론을 제기했다. 이러한 논란에서 우리가 궁금한 것은 일타강사들이 벌어들이는 수입이 그들의 노동에 대한 정당한 대가일까, 아니면 다른 이유가 있을까 하는 점이다. 상식적으로 생각해도 노동의 대가로 수백 억을 받는다는 것은 말이 안 되고, 결국 연봉이 형성되는 과정을 살펴보면 일타강사들은 주목을 끌어모을 수 있는 능력에 대해 상응하는 대가를 지불받고 있는 것이라고 할 수 있다. 디지털 미디어에 둘러싸인 우리 사회에서 가치를 창출할 수 있는 능력은 노동의 양이나 질에 달려 있는 것이 아니라 누가 얼마나 많은 사람의 주목을 가져올 수 있느냐에 달려 있다. 일타강사들은 많은 인터넷 수강생의 주목을 끌어모을 수 있기 때문에 고액 연봉자가 된 것이다.

우리 사회는 이미 생산 현장의 물질적인 노동이 아니라 주목 노동이 가치 창출을 지배하는 사회로 변모했다. 주목 노동이 더 지배적인 노동 형태가 되어간다고 해서 생산 현장의 물질적인 노동이 없어진다는 말은 아니다. 일타강사들도 많은 인터넷 수강생을 끌어모으기 위해 많은 시간을 들여 교재를 개발하고, 강의 내용을 업데이트해야 한다. 실질적인 물질 노동이 없다면 디지털 미디어를 이용하는 가치 창출에 필요한 하드웨어와 소프트웨어는 만들어질 수 없다. 하지만 대부분의 가치는 주목의 양에서 나온다. 그러다 보니 부작용들도 속출한다. 예를 들어 저널리즘 가치를 지키는 기사 쓰기가 아니라 주목을 끌어모을 수 있는 기사 쓰기에 몰두하게 된 언론은 건강한 공론장public sphere을 만드는 데에 아무런 기여를 하지 못하고 있다. 우리 사회가 주목을 중심으로 하는 자본주의로 재편됨에 따라 주목 자본주의attention capitalism의 속성을 이해해야 하는 것은 시급한 일이 되어가고 있다.

주목 자본주의는 디지털 미디어를 기반으로 한 주목 노동이 가치 창출의 중심이 되고, 주목을 중심으로 경제가 운용되는 사회를 말한다. 주목은 그 자체로 제한적인 자원이기 때문에 경쟁을 유발할 수밖에 없고, 주목을 끌 수 있는 주체는 가치를 독점할 수 있는 권리를 얻게 된다. 대부분의 디지털 미디어 플랫폼 기업은 주목을 상품화해 이윤을 창출하고 있으며, 이러한 디지털 미디어 플랫폼들의 이윤 창출 공식이 보통의 물질적인 상품을 다루는 경제의 성패에도 결정적으로 작용하고 있다. 주목을 끌 수 있는 주체만이 생존할 수 있는 주목 자본주의 생리로 인해 주목을 끌 수 있는 자극적인 정보와 커뮤니케이션이 양질의 정보나 커뮤니케이션을 밀어내는 부작용도 광범위하게 나타나고 있다. 또한 주목 끌기에 유리한 알고리즘의 영향으로 극단적인 의견이나 비슷한 의견만이 난무하는 반향실 효과가 발생하고 있으며, 사회 전반에 다양성이 줄어들면서 의견의 양극화가 발생함에 따라 민주주의가 위협당하는 상황이 전개되고 있다.

주목 자본주의의 가장 큰 특징 중 하나는 살아 있는 노동과 고정자본이 통합되어 가치를 생산한다는 것이다. 인류가 이룩해온 일반지성의 산물인 디지털 고정자본은 그 자체로서 가치를 생성하는 데에 크게 기여한다. 우리가 쉬고 있는 동안에도 디지털 고정자본은 쉴 새 없이 데이터를 정리하고 분류하고 정제해서 디지털 자본이 가치를 생성할 수 있도록 만들어준다. 이러한 예로서 '드롭박스Dropbox'와 같은 외장 클라우드 서비스를 제공하는 업체들을 들 수 있다. 주목 자본주의에서 한번 고정자본에 투자한 후 일정한 이용자가 확보되고 나면, 노동의 투입보다는 고정자본 자체의 운용과 이용자들의 네트워크를 통한 이윤 창출이 가능하게 된다. 디지털 미디어와 관련된 대부분의 신사업은 사람들의 주목으로 끌어모은 데이터를 활용해 가치를 창출한다.

주목 자본주의의 두 번째 특징은 규율discipline이 아니라 통제가 지배하는 사회라는 것이다. 개인individuals이 고정된 정체성을 가진 매우 안정적인 존재를 의미한다면, 분체dividuals는 서로 연결된 사회관계와 사회문화적 맥락 속에서 역동적으로 변화하는 개체를 의미한다(Deleuze & Guattari, 1987). 분체는 다변적이고, 관계를 통해 형성되며, 따라서 매우 유동적이다. 한마디로 분체는 미리 고정된 정체성을 가진 고정된 개인이 아니어서 언제든지 변할 수 있고, 사회적인 관계와 맥락 속에서 서로 영향을 주고받는 복잡한 존재이다. 주목 자본주의 사회에서는 이러한 분체와 시장의 관계가 중요해진다. 주목 자본주의는 특정한 사회 원칙을 준수하도록 강제함으로써 개인을 움직이는 것이 아니라, 자연스럽게 분체를 시장의 요구에 부합하게 조절함으로써 자본이 최대의 이윤을 창출할 수 있도록 환경을 조성한다. 예를 들어 페이스북을 이용하는 것은 어떤 중앙집권적인 세력이 따라야 할 규범이나 규율이 제시된 후 그것이 강요된 결과가 아니라, 디지털 미디어를 통한 사회관계 형성 욕구와 시장의 데이터 창출 욕구가 서로 맞아떨어져 자연스럽게 분체의 행위가 자본의 가치 창출에 맞게 발현된 결과이다. 디지털 미디어가 기획하는 것은 사회문화적으로 이런 분위기를 만들어내고, 사회 네트워크 차원의 압력을 형성하는 것이다. 이런 사회에서 사람들은 자신도 모르게 통제되고, 그러한 맥락 속에서 자신을 끊임없이 맞추어 나간다.

주목 자본주의의 세 번째 특징은 자연스러운 통제가 사람들을 지배하면서 모든 인간 생활 전반에 걸쳐 착취가 일어난다는 것이다. 노동에 대한 착취는 생산공장에 한정되어 일어나는 것이 아니라 인간 생활 전반에서 사람들의 사회관계를 지배하며 일어난다. 또한 노동 착취는 사람들이 디지털 사회가 만들어준 사회적인 맥락에 맞춰 살아가야 한다는 심리적 압력을 강하게 받으며 일상생활에서 스스로 시장이 원하는 행위를 찾아 하게 되는 과정을 통해 발생한다. 사람들이 행하는 모든 디지털 행위, 예를 들어 소셜미디어를 관리하고 디지털 플랫폼을 이용하고 콘텐츠를 만들어내는 행위들은 디지털 자본의 착취 구도에 귀속된다.

주목 자본주의의 네 번째 특징은 노동에 대한 변증법적 논리를 넘어선다는 점이다. 마르크스의 변증법 논리에 따르면 일은 노동이 되어 비로소 자본주의 착취의 대상이 되지만, 주목 자본주의로 들어서면 일과 노동의 구분이 애매해지고, 착취의 대상은 분명한 물질 노동의 범위를 넘어서게 된다. 이러한 논리는 사물-물건-상품의 관계를 다루는 신유물주의적인 접근과 맞닿아 있다(김은성, 2022). 신유물주의적인 접근은 사물 그 자체에 담겨 있는 속성이 착취의 속성과 관련되어 있으며, 변증법적인 관계가 아니라 사물 그 자체가 정동, 신체, 의식에 영향을 미친다고 본다. 디지털 미디어라는 사물 환경은 이미 착취를 위한 속성을 내포하고 있으며, 사람들이 디지털 미디어를 이용하는 과정에서 착취의 범위는 증폭되고 사회적인 맥락이 형성된다. 결국 주목 자본주의에서 일어나는 행위는 굳이 노동이라는 기호를 얻지 않아도 착취의 대상이 될 수 있다.

디지털 미디어도 하나의 행위자로서 독립적인 역할을 담당한다. 새롭게 정의되는 사람-사물 관계와 사회적 영향력이라는 측면에서 주목 노동의 일상화는, 디지털 미디어 자체가 일정한 역할을 한다는 의미에서 사물을 행위자의 범주에 포함시키는 행위자 연결망 이론Agent-Network Theory: ANT과도 통하는 측면이 있다(Latour, 2005). 또한 중요한 현상은 비물질 노동과 물질 노동의 구분이 애매하다는 점이다. 신체와 정신을 나눌 수 없고, 사람과 구조를 나눌 수 없는 것처럼, 이제 디지털 미디어 시대에는 사람과 대상, 물질 노동과 비물질 노동이 분명하게 구분되기 어렵다. 이러한 상황에서 일과 노동의 경계를 넘어, 노동과 여가의 구분조차 애매해짐에 따라 생활 전반에서 착취의 범위가 무한정으로 늘어나는 것은 자연스러운 현상이 되었다. 주목 자본주의는 비물질 노동과 인지적인 활동에 기반한다. 이런 조건에서 주목 자본주의는 언어로 구성된 공론장을 주목 끌기로 왜곡하고, 비물질적인 노동과 인간의 감각을 상품 수준에서 규정해버리며, 미디어와 모든 종류의 스크린을 통해 최대한의 가치를 착취하려고 시도하게 된다(Beller, 2012).

주목 자본주의의 등장과 변화

마르크스의 노동가치이론은 오늘날 사회에서 진부한 이론으로 받아들여지고 있다. 하지만 주목을 중심으로 현대사회의 착취 시스템을 재해석하게 되면 노동가치이론이 아직까지도 사회를 해석하는 놀라운 설명력을 보유하고 있음을 깨닫게 된다. 물론 노동가치이론이 현대사회의 여러 변화에 맞지 않는 부분들, 예컨대 노동이 아니라 기계를 통한 가치의 창출, 사회 전체의 공장화와 같은 시대의 변화를 설명하지 못하는 부분도 있지만, 전체적인 이론 구조가 보여주고자 하는 사회관계의 모순 및 착취 구도는 큰 줄기 측면에서 변화했다고 보기 어렵다. 이런 상황에서 주목에 집중하는 주목 자본주의의 대두는 마르크스 이론과 현대사회의 변화 간 격차를 줄여주는 데에 탁월한 진화 방향을 제시한다.

현대 디지털 주목 자본주의 사회는 마르크스 노동가치이론에 대한 재해석을 강력하게 요구하는데, 가장 눈에 띄는 것은 고정자본과 산 노동에 대한 재해석이다(Beller, 2012; Bueno, 2017). 산 노동은 재화와 서비스의 생산에 참여하는 노동자들의 가치 창출 노동을 의미한다. 잉여가치surplus value는 산 노동을 통해 생산된 가치에서 임금을 뺀 부분으로, 생산과정에 사용되는 노동 수단, 즉 죽은 노동을 소유한 자본가들은 산 노동에 대한 착취를 통해 잉여가치를 최대한 확보하려고 노력한다. 죽은 노동은 이전에 투여된 산 노동이 만든 가치일 뿐, 그 자체로 독립적으로 가치를 창출하지는 못한다. 따라서 자본가가 생산수단을 소유하고 있다는 것은 그대로 고정자본을 소유하고 운용한다는 것을 의미한다.

자본주의 위기 담론에서는 고정자본, 즉 죽은 노동의 확보가 미래 가치 창출의 사활을 쥐고 있기 때문에 더 생산성 높은 기계를 확보하려는 자본의 극심한 경쟁으로 인해 자본가들은 계속해서 투자를 할 수밖에 없고, 가치를 독립적으로 생산해내지 못하는 고정자본에 대한 투자는 자본의 이윤율을 낮출 수밖에 없게 된다. 그리고 이는 죽은 노동에 대한 투자가 잉여가치를 역전하게 되는 자본 축적의 위기를 가져올 수밖에 없다. 하지만 디지털 주목 자본주의 아래에서 현실은 이런 예상과 다르게 작동한다. 죽은 노동의 대상, 즉 고정자본에서도 가치가 생성되기 때문이다. 이러한 현상은 마르크스 노동가치이론에 대한 새로운 해석을 필연적으로 요구한다.

따라서 사람의 노동력만이 가치의 원천이라는 생각을 버리면 주목 자본주의를 해석할 새로운 방법을 얻게 된다. 우선 일반지성의 산물로 이루어진 고정자본은 그 자체로 가치를 창출하기도 하고, 산 노동과 결합하여 함께 가치를 창출하기도 한다. 실제로 디지털 시대의 플랫폼 주목 경제는 한번 만들어둔 고정자본이 가치의 창출에 절대적으로 기여한다는 것을 분명히 보여준다. 예를 들어 '우버Uber', '에어비앤비Airbnb' 등의 디지털 플랫폼과 '아마존웹서비스Amazon Web Services: AWS', '마이크로소프트 애저Microsoft Azure' 등의 클라우드 서비스는 한번 만들어지면 고정자본 중심으로 가치를 창출해낸다. 고정자본과 관련된 가치는 사람들이 행하는 노동의 시간뿐 아니라 휴식 시간에도 창출된다. 이 경우 고정자본과 산 노동이 결합된 상황에서 노동과 휴식 시간의 구분 없이 가치가 창출되기 때문에 노동 시간을 특정하기는 매우 어렵다(Negri, 1991). 마침내 인간의 모든 활동이 착취의 대상이 되는 시대가 온 것이다. 이런 상황에서는 더 이상 사람들의 산 노동만이 가치 창출의 원천이라고 주장하기는 어려워진다.

자본주의 독점은 생산 및 소비 수단의 소유 여부에 의해서 결정되는 것이 아니라 일반지성을 통해 축적된 기술력을 얼마나 먼저 전유하여 얼마나 많은 사회 네트워크를 형성할 수 있느냐에 의해서 결정된다. 사회관계와 데이터의 축적을 두고 경쟁이 벌어진다는 것이다. 네트워크는 산 노동과 고정자본이 뒤엉켜서 형성된다. 어떤 것이 산 노동이고 어떤 것이 고정자본인가를 구분하는 것은 큰 의미가 없어진다. 네트워크를 선점하는 쪽이 가치를 독점하게 되고, 독점은 자연스럽게 착취의 파이를 넓히는 권력을 만들어낸다. 네트워크의 크기는 곧 권력이 되고, 이윤 독점의 당위성을 보장해주는 '황금알을 낳는 거위'가 된다.

영화적인 시간이라는 개념도 산 노동과 고정자본의 결합을 통한 새로운 형태의 착취를 설명하는 데에 도움을 준다(Stiegler, 2011b). 보편적인 의미의 시간은 디지털 시대에 큰 의미가 없다. 대신 사람들의 시간은 기술적인 장치들과 결합해 새롭게 작동한다. 즉 디지털 시대의 노동 시간은 기술과 결합하여 통합적으로 가치를 창출한다. 그것은 영화적인 시간이 대상을 보여주는 기술적 장치와 결합해 시간의 가치를 결정하는 것과 유사하다. 영화 속의 장면들은 모든 대상을 찍은 다음에 그것을 적절히 배치하고 편집·구성함으로써 영화적인 시간을 만들어내는데, 이는 현재의 시점에서 바라본 '전체 시간의 통합적인 배치' 결과이다. 이와 매우 유사하게 디지털 시대 사람들의 산 노동은 점점 더 기술과 통합하여 새로운 시간 개념을 만들어나간다. 현재의 노동과 과거부터 이어져온 고정자본이 결합하고, 현재의 시간과 과거의 시간, 미래의 목표가 뒤섞이면서 디지털 미디어는 주목을 자기 마음대로 조정·연장·결합하며 가장 착취에 유리한 환경을 완성해나간다. 예를 들어 구글 검색 데이터는 마케팅 요구에 의해 과거의 온라인 행위를 현재 시점에서 재정리한 것이고, 미래에 가장 최선의 가치가 창출될 수 있는 데이터로 결합되어 광고주에게 팔려나간다. 따라서 사람들의 모든 온라인 행위는 현재 시점에서 편집될 수 있다. 이처럼 주목 자본주의 아래에서는 시간이 기술에 종속되며, 언제든 착취할 수 있도록 조정된다.

착취의 확대와 주목 자본주의 문제의 심화

지금까지 비즈니스 세계를 중심으로 논의되어온 주목과 주목 경제에 맞춰진 일반적인 초점은 그것이 비즈니스 세계에 어떤 영향을 미치는가를 밝히는 것, 그리고 주목이 화폐의 기능을 담당하게 된 현대사회에서 성공한 비즈니스를 이루기 위한 사고의 전환과 대응 방법에 관한 부분이었다

(Davenport & Beck, 2001). 하지만 주목과 주목 경제의 함의는 성공적인 비즈니스를 위한 새로운 환경의 도래라는 차원을 넘어선다. 주목과 주목 경제는 자본주의가 어떤 식으로 변신해왔으며, 사람들을 착취로부터 철저히 소외시키면서 어떻게 계급적인 사회관계를 성공적으로 유지해왔는지를 보여준다.

주목을 중심으로 재편된 사회경제 체제는 자본주의가 이윤율 저하에 대응하기 위해 고안해낸 새로운 착취 시스템이다. 모든 사회 체제가 아날로그에서 디지털로 변화함에 따라 상품 생산은 사업장에 머물지 않고 시공간을 연장하여 어디에서든 이루어지는 형태로 변모했다. 또한 이때 이루어지는 '주목을 통한 가치 증식'은 본원적으로 기술혁신과 개인 표적 콘텐츠를 통한 강도 높은 상대적 잉여 노동 착취에 기반을 둠으로써 대부분의 사회 체제가 효율적으로 운영되도록 만들었다. 주목을 끌어내기 위한 경쟁은 치밀하게 이루어지고, 따라서 누구도 착취의 범주에서 벗어날 수 없다. 또한 사람들은 스스로 참여자가 되어 상품 생산의 톱니바퀴가 되는 것을 주저하지 않는다. 보이는 모든 것은 착취의 대상이 되며, 이는 가상의 현실에서도 마찬가지이다.

마르크스는 『경제철학소고*Economic and Philosophic Manuscripts*』(1932/1988)에서 자본주의 체제하의 사람들은 생산품, 생산 현장, 사람들 간의 관계, 전체 인류로부터 소외alienation된다고 주장했다. 이런 마르크스의 주장은 주목을 기반으로 상품의 유통이 이루어지는 현대 디지털 사회에서 더욱 힘을 얻고 있다. 대부분의 사람은 주목을 통한 평판과 성취에 빠져들거나 온라인을 생활의 일부분으로 받아들이는 한편으로, 상품이 어떤 식으로 생산되고, 자신들의 노동이 어떤 식으로 사용되며, 어떻게 모든 사람이 착취의 구덩이에서 헤매고 있는가에 대해서는 관심을 갖지 않는다. 디지털 사회가 만들어내는 숨 막히는 이미지와 즉각적인 자기만족은, 이미 교환가치가 사용가치를 압도하면서 물신주의를 우리 사회의 이상으로 만들어놓았다.

이제 사람들은 인스타그램에 업로드된 이미지와 실제 현실 간의 괴리에 큰 관심이 없다. 디지털 이미지가 가지는 욕구 충족 차원의 만족에 빠져 실제 현실의 물질적인 불평등에도 관심을 가지지 않는다. 사람들은 택배 상품에서만 삶의 희망을 찾을 뿐, 상품이 생산된 과정과 배달된 과정에는 관심을 두지 않는다. 보이는 것, 주목하는 것, 이미지가 본질적인 현실을 압도한다. 이러한 과정에서 이미지를 끌어내는 것은 주목이고, 주목받지 않는 것은 도태된다. 생산 현장에 노동이 투입되어 상품이 생산되는 것처럼, 현대 디지털 사회에서는 주목이 투입되어 이미지를 강화하고 상품을 만들어낸다. 이제 주목이 노동의 중심으로 등장한다.

노동도 주목의 한 형태라는 것을 인정하게 되면 디지털 시대에 마르크스의 노동가치이론이 그 의미를 확장하게 됨을 쉽게 이해할 수 있다. 생산 현장에서 이루어지던 가치의 생산은 모든 주목을 대상으로 가능해지며, 가치 생산을 위한 시간과 공간은 무한대로 확장될 수 있다. 가치는 사람들이 주목하는 양과 질에 의해서 결정된다. 이와 같은 노동의 확장은 자본이 이윤율 저하에 대응하기 위해 찾아낸 슬기로운 방법이라고 할 수 있다. 이제 가치를 생산하는 노동은 임금 노동의 범위를 넘어서게 되며, 주목 행위에 내포된 사람들의 신체적인 반응과 심리적인 인식을 반영하는 광범위한 정동 노동과 인지 노동을 포함하게 된다. 결국 문화와 혁신도 착취의 논리에 귀속된다. 기계와 인간이 한 몸이 되어 떠받들게 된 주목이 만들어낸 가치 창출 도구가 이 시대의 새로운 물질성을 이루게 되는 것이다.

따라서 주목을 통해 창조된 가치는 노동 시간의 개념을 뛰어넘는다. 디지털 자본주의의 유동적인 시간은 기존의 고정적인 구조를 벗어나 탈영토화deterritorialization의 길을 걷는 것처럼 보이지만, 실제는 모든 생산력을 기민하게 자본주의 구조 속으로 재영토화reterritorialization한다(Deleuze & Guattari, 1983/2000). 예를 들어 사람들이 세탁기와 청소기를 통해 자유시간을 얻는 것처럼 보이더라도, 실상은 이 자유시간에조차 디지털 미디어의 영향력에서 자유로워질 수 없고, 따라서 더 많은 시간을 자본의 착취 구도에 귀속시키게 된다. 이러한 시각은 주목 경제를 이해하는 데에 있어 매우 중요한데, 기존의 주목을 보는 시각은 소비에 집중되어 있었다면, 주목 경제에서 주목은 생산의 영역으로 들어오게 되고, 이는 주목을 하는 모든 과정에서 가치가 생산됨을 보여준다. 이제는 모든 개인의 욕망이 주목을 통해서 착취의 영역으로 들어가고, 자본의 입장에서는 축소되는 이윤율에 대응하는 새로운 착취 영토를 개척하게 된 것이다.

또한 주목 경제는 감시를 통해 개인individuals을 분할된 개인, 즉 분체dividuals로 만든다(Bueno, 2017). 앞서 설명했듯이 주목 경제 이전의 감시가 개인의 규율에 목적을 두었다면, 주목 경제 시대에는 데이터를 통한 통제에 기반하고 있다. 따라서 주목을 통제하는 것은 개인의 일거수일투족을 지배하는 것과 다름없고, 이는 엄청난 사회적 권력을 만들어낸다. 결국 주목 자본주의는 주목 감시를 통해 개인의 정동과 욕망을 조종하고, 디지털 기계가 만들어낸 산 노동과 고정자본의 융합된 시스템 속에서 착취의 범위를 무한정 넓혀나간다.

주목이 자본이 되는 것은 무한한 정보에 비해 그것을 보는 사람, 더 정확하게 말하면 정보에 주목하는 사람들의 뇌의 작용은 제한되어 있기 때문이다(Terranova, 2012). 주목은 단순한 상품으로서 기능하기보다는 이윤 창출과 축적을 이어가는 자본의 역할을 수행한다. 대부분의 디지털 자본은 주목을 확보하고 있다는 자체로 평판과 강력한 시장경쟁력을 획득하고 이윤 창출을 이어갈 수 있다(Franck, 1999). 예를 들어 페이스북과 네이버는 네트워크 형성을 통한 주목 자본을 이미 확보하고 있기 때문에 다양한 이윤 창출 전략을 만들어낼 수 있고, 신생 디지털 자본과 비교해 더 큰 시장 경쟁력을 유지할 수 있다.

사람들의 주목 능력은 제한되어 있지만, 디지털 시대로 오면 주목해야 할 것이 많아져 정보와 주목의 불균형이 일어나고, 그로 인해서 사람들의 삶은 점점 더 힘들어지게 된다. 이를 내면 세계의 프롤레타리아화proletarianization라 부르기도 한다(Stiegler, 2010a). 사람들은 아무리 주목하려고 하더라도 기하급수적으로 늘어나는 정보를 이겨낼 수 없다. 디지털 미디어는 이러한 내면적인 세계의 프롤레타리아화를 유도하는 장치이면서 동시에 맥락으로 작용한다. 그리고 이런 일이 반복되면 무엇이 중요한 정보인지를 분별하는 것이 스트레스가 된다. 이와 같은 스트레스가 과도하게 발생하면 점점 더 사회적인 평판이나 권위가 골라주는 정보에 의존하게 되거나, 자신이 보고 싶은 정보, 일상적인 정보에 자신을 묶어두게 된다. 이런 정보의 구획화enclosure는 정보에 대한 이해 능력을 오히려 떨어뜨린다. 정보는 많지만 정보에 대한 이해는 떨어지는 것이다.

제한된 주목 능력은 결국 정보를 걸러서 보는 기능에 의존하게 만들고(Davenport & Beck, 2001), 정보를 개인화해서 맞춤형으로 보고자 하는 욕구를 극대화시킨다. 이러한 경향은 두 가지 측면에서 문제점을 노정한다. 첫 번째는 기계적인 알고리즘에 의존해 정보를 보게 됨으로써 제한된 세계관을 가지게 될 가능성을 높인다는 것이며, 두 번째는 정보의 중요도에 대한 판단을 권위자에게 맡기는 독재 체제의 등장 가능성을 높인다는 것이다. 이런 상황은 또한 종합적이고 이성적인 판단 과정을 마비시키기 때문에 개인들의 의견을 극단적으로 만들고, 권력에 의존하는 수동적인 여론을 형성하게 만든다.

미래 혁신과 관련된 많은 논의가 있지만, 메타버스나 가상현실도 결국은 주목을 끌기 위한 장치이다. 점점 더 사람들의 주목의 양은 제한되고,

사람들의 주목을 끌기 위한 경쟁은 더욱 치열해질 수밖에 없다. 이제 웬만큼 가진 사람들은 콘텐츠와 상품에 잘 주목하지 않는다. 따라서 자본주의는 이윤율 하락에 대비하기 위해 주목 노동의 총량을 늘림으로써 가치 창출이 더 원활히 이루어질 수 있도록 만들어야 하며, 이를 위해 다시 메타버스나 가상현실과 같은 새로운 주목거리를 찾아 나서게 된다. 새로운 주목의 대상은 마치 현실에서 가지지 못한 필요를 충족할 수 있는 것처럼 포장하며 사람들의 욕망을 자극한다. 현실에서 일어난 필요의 단절이 가상세계에서 새로운 수요로 재창출되기 시작한다. 우리는 더욱 주목하게 되고, 현실에서 할 수 없었던 일들이 가능해짐에 따라 더욱 열심히 온라인 데이터를 생산하며 주목 자본주의 질서에 순응한다. 결국 가상현실은 새로운 주목의 수요를 창출하기 위한 자본의 전략에 불과한 것이다.

주목 프로모션 경쟁과 자산화 노력

주목은 제한된 자원이기 때문에 경쟁은 주목에 필수적으로 따르는 요소가 된다. 경쟁은 일단 긴장을 유발한 후 제한된 주목 자산을 두고 최대의 노력을 투입하게 만든다. 경쟁의 강도가 높아지면 전 사회적인 주목의 양도 자연스럽게 늘어난다. 경쟁이 주목 자본주의가 발전할 수 있게 하는 구조적인 요소임에는 분명하다. 우리가 여기서 보다 주목해야 할 부분은 경쟁이 자본의 입장에서 잉여가치의 착취를 최대화할 수 있는 무기로 작용한다는 점이다. 주목 자본주의 아래에서 주목이 자연스러운 경제원리로 대두됨에 따라 사람들은 제각기 주목을 통해 생산되는 가치의 일부를 나누어 가지기 위해 경쟁하게 된다. 이러한 경쟁 심리가 내재화되면, 자연히 자본의 입장에서는 생산소비자들의 경쟁을 통해 주목을 위한 콘텐츠 생산을 확대하고 전체적인 주목의 양을 늘릴 수 있게 된다. 주목을 위한 유인 인프라가 일단 한번 갖추어지면 경쟁이 자연스럽게 유도되고, 자본은 가만히 앉아서 가치를 증대시킬 수 있게 된다.

대부분의 디지털 미디어는 플랫폼 형태를 띠게 된다. 플랫폼은 네트워크를 통해 상호작용이 이루어지는 곳으로, 그 성패는 얼마나 많은 사람이 네트워크를 형성해 온라인 활동 데이터를 축적할 수 있느냐 하는 점에 달려 있다(Srnicek, 2017). 만약 플랫폼을 통한 네트워크의 크기가 작다면 참여하는 사람들의 입장에서는 매력적인 동인이 부족하다. 하지만 일단 어느 정도의 네트워크 크기가 확보되고 사람들의 참여가 늘어나면, 가치 생산과정에 참여함으로써 스스로 이익을 창출하거나 온라인 평판을 만들어내려는 사람들이 많아진다. 이런 순환 구조가 만들어지면 디지털 미디어 플랫폼은 안정적인 이윤 창출 시스템을 구축하게 된다. 이처럼 디지털 미디어를 통한 사람들의 자기 프로모션 경쟁은 주목 자본주의를 떠받치는 중요한 속성이다. 사람들은 자발적으로 콘텐츠 제작 과정에 참여하고, 이를 기반으로 온라인 활동 데이터가 늘어나게 만드는 주목 노동 시간을 기꺼이 투자한다. 생산소비자로서 사람들의 주목 노동은 프로모션 경쟁으로 인해 자연스럽게 그 강도가 높아진다(김영욱, 2022).

프로모션 경쟁이 심화되면 사람들은 자기 자신의 이윤을 확보하려는 경쟁을 펼치게 되고, 이러한 경쟁은 결국 공짜 노동으로 이어질 수밖에 없다(Jakobsson & Stiernstedt, 2010). 공짜 노동이 많아진다는 것은 디지털 미디어 자본의 입장에서는 대가를 지불하지 않아도 되는 노동이 늘어난다는 것이고, 이는 잉여가치의 증대로 이어지게 된다. 보통 자본의 압력에 의해 노동 강도가 심화될 수는 있어도 자발적으로 사람들이 노동의 강도를 높이는 경쟁을 벌이지는 않는다. 하지만 디지털 미디어 플랫폼에서는 자기 이윤이나 평판을 확보하기 위한 사람들의 자발적인 경쟁이 활성화된다. 디지털 미디어 자본은 외견상 사람들의 욕구를 반영하는 것처럼 보이지만,

실상은 자발적인 경쟁을 자극함으로써 이윤 창출의 기초를 탄탄히 다지게 되는 것이다.

디지털 노동과 관련된 논의에서 소홀히 다루어진 부분이 사람들의 주체성subjectivity에 대한 논의이다. 디지털 노동 연구는 대부분 수동적인 주체들을 상정하고, 이들이 디지털 미디어에 이끌려서 자신의 의지와 상관없이 착취당하고 있다고 분석한다(Terranova, 2000). 하지만 디지털 미디어를 사용하는 사람들의 주체성을 살펴보면, 많은 사람이 급변하는 디지털 미디어 환경에 적응하려고 노력하고 있으며, 능동적으로 새로운 환경에서 기회 요인을 찾으려 하고 있다. 예를 들어 소셜미디어 이용자들은 스스로 소셜미디어를 통해 정체성을 구현하려 하고 있으며, 다른 사람들보다 더 구독자 및 팔로워를 늘려서 일정한 주목 권력을 획득하거나 이윤을 실현하려 노력하고 있다. 이러한 디지털 노동을 통해 스스로를 프로모션하려는 주체성 경쟁은 결국 디지털 자본의 지속적인 이윤 창출을 보장한다. 주체성도 결국은 착취의 범주를 벗어나지 못하는 것이다. 따라서 이러한 주체성이 문제 해결로 이어지려면 단순히 디지털 환경에 적응하려는 노력뿐만 아니라 변화된 환경에 저항하려는 주체성 개념이 대두될 필요가 있다. 이에 대해서는 책의 뒷부분에서 더 자세히 논의하기로 한다.

주목은 크게 위에서 아래top-down로 향하는 형태와 아래에서 위bottom-up로 향하는 형태가 있다(Nelson-Field, 2020). 위에서 아래로 향하는 형태의 주목은 의도적으로 계획을 가지고 접근하는 주목이고, 아래에서 위로 접근하는 주목은 외부에서 주어지는 비의도적으로 일어나는 주목이다. 의도적으로 접근하는 주목은 오래 지속될 가능성이 높고, 외부에서 우연히 주어지는 주목은 단기적인 주목 상태가 지속될 가능성이 높다. 처음 주목을 끌기 위해서는 외부에서 주어지는 아래에서 위로 접근하는 형태의 주목에 의존할 수밖에 없기 때문에 자극적인 단서들이 사용될 가능성이 높다. 이러한 아래에서 위로 이루어지는 주목이 사람들의 의식 속에 한 형태로 자리 잡아 계속해서 의식적으로 주목하기 위해 찾아 나서는 형태로 진화한다면, 이러한 상황은 결과적으로 디지털 자본의 입장에서 가장 강력한 주목 자산을 소유할 기회를 갖게 만든다. 이는 수동적인 주목passive attention이 적극적인 주목active attention화하는 과정이라고 표현할 수 있다.

일단 수동적인 주목, 즉 아래에서 위로 이루어지는 주목을 끌어야만 적극적인 주목으로 이어질 수 있고, 의도적인 수준에서 위에서 아래로 이루어지는 주목도 가능해진다. 그러므로 주목을 둘러싼 경쟁은 크게, 첫째, 외부적인 자극을 통해서 주목을 끄는 것, 둘째, 그러한 주목이 적극적인 주목으로 이어지고 유지될 수 있도록 만드는 활동을 의미한다. 하지만 사람들의 관심 범위는 제한되어 있기 때문에 주목을 끄는 일이 반드시 의도한 대로 이루어지지는 않는다. 주목을 자신의 자산으로 만들기 위해서는 제한된 사람들의 관심을 끌어야 하고, 분절적인 정보에도 불구하고 사람들이 정보의 전체적인 의도를 알 수 있게 해야 하며, 정보 과부하 및 경쟁 정보와의 싸움을 이겨내야 한다.

주목은 제한되어 있기 때문에 경제상품이 된다. 노벨상을 받은 행동경제학자 허버트 사이먼Herbert Simon은 만족충분성satisficing 개념을 통해, 사람들은 제한된 이성bounded rationality을 이용해 의사결정을 하며, 따라서 불완전한 정보를 가지고 스스로 만족할 정도의 의사결정만 이루어진다면 충분하다고 느끼는 경우가 많다고 주장했다(Nelson-Field, 2020). 이런 제한된 의사결정을 하는 이유는 인간의 뇌가 처리할 수 있는 용량이 한정적이어서 모든 정보를 처리할 수 없을 뿐만 아니라, 정보를 소화할 시간도 언제나 제한되어 있기 때문이다. 결국 인간은 제한된 정보에 주목할 수밖에 없고, 제한된 정보를 가지고 의사결정할 수밖에 없다. 그리고 이러한 제한성이 주목을 경제상품으로 변모시킨다. 자원이 제한되어 있을 때 가치는 상승할 수밖에 없기 때문이다.

경제상품으로서 주목을 자산화하려는 노력은 디지털 미디어 시대의 가장 중요한 영역으로 떠오르고 있다. 디지털 플랫폼은 주목을 이용해서 경제적인 가치를 창출하는 기업들이기 때문에 일정한 수준의 주목을 끌고, 그러한 주목을 네트워크화하는 데에 사활을 건다. 그렇게 일정한 수준의 주목이 축적되면 개인화된 콘텐츠를 제공하고, 목표 공중을 세분화해 선호에 맞춘 광고 전략을 실행하며, 각종 검색 알고리즘을 이용한 데이터 상품을 통해 가치를 생산한다. 주목이 상품이 되는 이유는 우선적으로 사람들이 제한된 주목을 가지고 있기 때문이지만, 디지털 미디어 기술의 발달로 주목을 통한 가치 생성이 원활해졌기 때문이기도 하다. 이제는 주목을 자산화하지 않고는 생존할 수 없기 때문에 주목을 끌기 위한 경쟁이 극심해지는 사회가 성큼 도래한 것이다.

어떻게 주목을 전략적으로 활용할 것인지, 또 어떻게 주목을 자신의 자산으로 만들 것인지는 많은 사람이 고민하는 쟁점이다. 일단 주목을 자신의 자산으로 만들기 위해서는 주목 끌기가 어려운 이유를 파악해야 한다. 그렇다면 경제상품으로서 주목을 자산화하는 과정에서 부딪치게 될 어려움은 무엇일까? 우선 가장 먼저 고려해야 할 어려움은 주목이 지속적으로 이루어지는 과정이 아니라는 점이다. 주목은 순간적으로 발생하고, 언제든지 다른 곳으로 옮겨갈 수 있다. 이러한 주목을 통제할 수 있는 영역으로 가져오는 것은 매우 어려운 일이다. 주목은 또한 금방 다른 효과로 전이된다고 할 수도 없다. 예를 들어 광고에 대한 주목이 이루어졌다고 해서 바로 그 광고를 이해하고, 해당 광고에 나타난 상품을 구매할 것이라고 예상하기는 어렵다. 주목은 모든 커뮤니케이션 과정의 시작점에 불과하다. 설령 아래에서 위로 이루어지는 상향식 형태의 우연한 주목 끌기에 성공하더라도, 그 이후에 이루어질 하향식 형태의 주목, 즉 의도된 주목 끌기로 자연스럽게 연결될 수 있게 하는 전략도 필요하다. 한번 감각적인 수단을 이용해 주목을 끈다고 해서 그것이 자신의 자산으로 완전히 자리 잡기는 힘들다. 결국 주목을 자신의 자산으로 만들기 위해서는 장기적인 안목에서 주목을 끌고 유지할 기획력을 가져야 하고, 다른 사람들의 주목 끌기와 끊임없는 경쟁을 벌여야 한다.

주목 계급의 탄생과 비민주성

현대 디지털 사회에서는 주목의 성격이 변화한다. 산업경제 시대의 생산 현장에는 상품을 생산하는 주목의 시간, 즉 노동시간이 있었다면, 이제는 주목이 디지털 기술의 발달과 함께 이미지 및 폭넓은 관심의 유인에 집중한다. 그리고 주목을 중심으로 형성된 사회 네트워크를 통해 원활한 상품 판매와 유통에 기여하는 것을 뛰어넘는 전방위의 영향력을 행사하고 있다. 이러한 영향력을 통해 주목은 디지털 사회에서 이루어지는 생산과 유통, 가치 창출의 전면에 서게 되었다. 단순히 노동에 수반되던 주목은 스스로 가치를 창출하는 노동 행위로 변모했다. 주목이 노동의 중심에 서게 된 것이다. 이로써 주목은 어디에서나 이루어질 수 있게 되었고, 이로 인해 노동 시간과 공간은 자연스럽게 확장되었다.

주목하는 행위를 노동 시간과 등치시키고 가치의 창출에 따른 임금 및 잉여가치의 생성을 그것에 적용했을 때 발생하는 문제는, 주목 노동이 많은 경우 공짜 노동으로 주어진다는 것이다. 주목을 하고 임금을 받는 행위는 전통적인 산업경제에서 일어나는 습속이지만 디지털 시대의 많은 주목 행위는 임금과 무관하게 주어진다(Terranova, 2000). 또한 주목하는 공짜 노동은 자신의 인식과 무관하게 이루어지며, 데이터 감시 활동을 통해 언제든 자본의 가치 생산과정에 투입된다. 이러한 공짜 노동에 대해 많은 사람이 '강제성을 수반하지 않는 노동을 진정한 노동이라고 할 수는 없다'며 비판하기도 한다.

주목의 강제성은 일반적인 노동의 강제성과 차이가 있다. 강제성 개념을 적용할 경우 산업경제 시대의 노동은 일하지 않으면 생존할 수 없다는 논리의 분명한 강제성을 가진다. 하지만 디지털 미디어 시대의 강제성은 물질적인 강제성이라기보다는 필요의 영역에 더 가깝다. 즉 디지털 미디어 시대에는 소셜미디어 사용과 같이 주목 관련 온라인 활동을 통하지 않으면 사회관계를 유지해나가기 어렵다는 측면에서, 산업경제 시대와 강도는 다르지만 유사한 강제성을 가진다. 디지털 미디어를 사용하지 않을 경우 사회관계가 단절된다면, 이러한 사회는 개인에게 디지털 미디어 사용과 관련한 자율성을 제공한다고 할 수 없다. 우리는 일상적으로 강제성을 경험하는데, 가령 개인정보를 주지 않으면 온라인 활동과 연결될 수 없다든지, 쿠키를 보내지 않으면 사용이 제한되는 일 등은 온라인에서 빈번하게 일어난다. 그게 싫으면 소셜미디어를 사용하지 않으면 되지 않느냐는 항변은 사회현상에 대한 무책임한 진단으로 들린다.

산업경제 생산 현장이 자본가와 노동자의 불균형한 위계 관계 속에서 형성된 것처럼, 디지털 미디어나 인터넷을 통해 주목을 끌어내려는 쪽과 반대편 수용자의 입장은 본질적으로 불균형적이다. 디지털 자본은 수용자들이 주목하는 만큼 편익을 주거나 자신도 비슷한 주목을 주는 것처럼 꾸며대지만, 실상은 그러한 편익이 수용자의 수만큼 복제된 편익이지 실제의 편익이라고 할 수 없다. 여기서 산업경제와 디지털 경제의 차이가 발생한다. 산업경제는 자본가들이 자본을 개인별로 투여해 노동 시간을 계약한 후에야 비로소 잉여가치를 뽑아내는 경제였다면, 디지털 경제는 무한대의 수용자 주목을 창출하기 위해 콘텐츠 제공자가 자신의 콘텐츠를 무한대로 복사해서 사용할 수 있다. 이 과정에서 자신이 응답해주어야 하는 주목은 무한대로 복사된 주목에 불과하다. 이는 디지털 플랫폼에 소속되어 이익을 챙기는 콘텐츠 제작자들도 마찬가지이다. 예를 들어 유명 유튜버는 엄청난 주목을 끌고 있지만, 자신이 개별 수용자에게 돌려주게 되는 자신의 주목은 모든 수용자에게 일괄적으로 복사되어 전달되는 주목에 불과하다. 이러한 불균형적인 주목 교환 관계는 대규모의 디지털 자본으로 확대되어도 마찬가지이다. 따라서 주목 경제 아래에서의 디지털 자본은 한번 주목 끌기 인프라에 투자하면 불균형적인 반대 주목 급부로 수익을 반복해서 착취할 수 있게 된다.

미래의 일이 어떤 식으로 변화할 것인가를 다룬 최근의 연구들에 따르면, 디지털 사회에서 미래의 일은 가시성visibility, 관계relationships, 경계boundaries, 권력power 차원에서 다른 성격을 가지게 될 것이라고 본다(Baym & Ellison, 2023). 미래의 일은 그 일을 하는 모습이 가시적으로 드러나는지 여부는 중요하지 않게 될 것이고, 사람들 간 관계의 성격도 변화시킬 것이며, 일과 여가의 경계도 허물어뜨릴 것이라는 예측이다. 이런 일들은 디지털 플랫폼의 발달과 함께 자연스럽게 진행되고 있다. 여기서 가장 특징적인 면은 권력의 불평등이 강화되고 계급 격차가 강화될 것이라는 점이다. 디지털 자산을 소유한 사람과 디지털 기술을 이용할 수 있는 사람들은 사회가 점점 더 디지털화될수록 자신들의 계급적인 기반을 강화해나갈 수 있다. 하지만 디지털 자산이 없거나 디지털 기술을 익힐 수 있는 능력 혹은 기회가 없는 사람은 취약한 계급으로 전락할 수밖에 없다. 이를 주목과 연결하면, 이와 같은 불평등은 다른 사람들의 주목을 끌어 계급적 기반과 권력을 계속해서 강화해나가는 사람들, 그리고 제공되는 주목에 의존하는 권력 기반이 취약한 사람들 사이에서 발생한다. 이른바 주목자본가와 프롤레타리아 계급이 탄생하게 되는 것이다.

민주주의와 자본주의의 관계에 대해, '자본주의 아래에서 사람들이 경제적으로 가진 것이 다르다면 어떻게 정치적으로 평등한 권리를 행사할 수 있겠는가'로 수렴된 로버트 달Robert Dahl(1989)의 논의처럼, 자본주의 아래에서 '모든 시민의 정치적 평등'을 전제하는 민주주의가 달성되기는 사실상 어렵다. 이러한 논리는 주목 경제를 기반으로 하는 주목 자본주의에도 그대로 적용된다. 사회적으로 주목 자본이 불평등하게 배분되고, 불평등한 주목을 기반으로 이익과 경제적인 지위가 창출되는 디지털 사회에서 모든 사람이 평등한 권리를 향유할 수 있으며 정보의 개방 및 공평한 배분을 통해 인터넷 민주주의가 달성될 수 있다고 주장하는 것은 얼마나 터무니없는 이상주의인가? 디지털 환경이 예전에 가지지 못했던 어둠을 걷어내고 더 많은 사람에게 잠시의 충만감을 줄 수 있을지는 모르지만, 결국 이러한 만족은 자본주의 구조 아래에서 이루어진 것이고, 불평등을 심화시킴으로써 대부분의 사람을 나락으로 빠뜨릴 가능성이 높다.

잉여가치 창출과 주목 계급

주목 자본주의에서는 개인이 디지털 주목 생산수단을 통해 스스로 이윤 창출을 시도할 가능성이 높아진다. 또한 디지털 사회에서는 생산수단의 독점이 심화되기는 하지만 개인이 스스로 독점화된 생산수단을 사용할 수 있는 기회는 오히려 늘어난다. 예를 들어 개인이 유튜브를 만들 수는 없고, 유튜브의 생산수단 독점이 사회적으로 심화되기는 하지만, 이러한 환경 속에서도 유튜브 생산수단을 이용한 개인의 가치 창출은 활성화된다. 물론 이러한 개인의 가치 창출은 유튜브 전체의 주목 독점을 심화시키고, 사회적인 주목 불평등을 가속화시킨다. 여기서 중요한 점은 미시적 분석과 거시적 분석의 결합이 필요하다는 것이다. 미시적으로는 개인의 힘이 늘어나고 개인이 스스로 생산수단을 이용해 이윤을 창출하려는 주목 경쟁이 늘어날수록 실제 사회적인 생산수단을 소유한 독점 자본의 이윤 역시 점점 더 늘어나게 되어 있다. 즉 디지털 사회에서는 개인이 스스로 이윤을 창출할 수 있다는 생각이 경쟁의 강도를 점점 더 심화시키게 되고, 이러한 경쟁에서 발생하는 이윤은 고스란히 독점 자본으로 모이게 된다. 결국 디지털 사회 독점 자본의 원천은 개인의 프로모션 경쟁인 것이다.

일반적인 자본주의 가치 창출과 비교하여 주목 자본주의 가치 창출의 특징을 살펴보면, 전자의 경우 자신이 가진 화폐를 통해 노동과 생산수단을 구입한 다음(M), 그것을 이용해 상품을 생산하고(C-C'), 생산한 상품의 화폐화를 통해 이윤을 창출하는(M') 과정을 밟는다. 하지만 주목 자본주의는 주목 노동과 주목 생산수단을 각각 구입하는 것이 아니라 주목 생산수단을 구축함으로써 주목 노동이 결합될 수 있는 시스템을 만들고(M), 이 시스템 속에서 주목 상품의 생산 및 주목 공짜 노동이 결합하도록 노력하며(C-C'), 공짜 노동이 결합되어 생산된 다양한 주목 상품을 판매해 현금화(M')를 이루는 과정을 거친다.

생산과정에서도 산업경제와는 다른 형태를 보여주는데, 그것은 사람들의 무수한 주목, 즉 공짜 노동이 생산과정에 개입된다는 것이다. 예를 들어 유튜브 콘텐츠를 제작해 업로드하게 되면 이러한 콘텐츠에 주목하는 사람, 콘텐츠에 반응하여 댓글을 쓰는 사람, 내용을 다른 곳으로 전달하거나 변형하는 사람들의 노동이 유튜브 콘텐츠를 통한 가치 창출 과정에 힘을 보탠다. 그런 공짜 노동이 없다면 콘텐츠의 가치가 형성되기는 어렵다.

이러한 콘텐츠의 생산과정과 공짜 노동의 결합은 콘텐츠의 가치를 결정하고, 가치의 현금화를 돕는다. 가령 유튜브 콘텐츠를 통한 광고료 수익을 올릴 수도 있고, 'X'를 통해 수많은 팔로워를 두고 있을 경우 그와 같은 홍보 자산을 이용해 자신이 쓴 책에 대한 인세 수입을 올릴 수도 있다. 즉 주목은 가치와 직결되고, 더 많은 주목을 가진 사람이 더 많은 가치를 창출할 수 있다. 한번 주목받은 사람은 모든 것에서 주목받을 수 있는 것이다.

따라서 우리가 주의해서 살펴야 할 부분은 주목 자본주의 가치 창출에서 주목 자본의 잉여가치와 주목 상품의 잉여가치 형성이 이원화된다는 점이다. 이는 주목 자본주의에서 고정자본이 스스로 가치를 창출하는 측면이 있다는 주장과도 연결된다. 주목 자본의 가치 창출은 일반적인 자본주의 가치 창출과 마찬가지로, 물질적인 노동에서 발생하는 잉여가치와 함께 고정자본에서도 자연스럽게 이루어진다. 하지만 여기서 다시 생각해볼 지점은, 투여된 주목 자본의 잉여가치와 주목 상품을 통한 잉여가치가 결합하는 것이 가치 생성 과정의 두 번째 단계(C-C'), 즉 공짜 노동과의 결합 단계를 통해 계속해서 가치 생성이 선순환하는 구조를 완성하게 된다는 것이다. 주목 자본이 없다면 주목 상품을 통한 가치 창출도 어려워진다. 주목 자본주의에서 가치는 이렇게 주목 자본의 가치 창출, 그리고 공짜 노동과의 결합을 통한 가치 창출을 통해 잉여가치를 확장해나가게 된다.

이 지점에서 주목 계급이 발생한다. 주목 자본을 많이 가진 사람은 주목 자본을 통한 잉여가치를 창출할 수 있을 뿐 아니라, 공짜 노동과 결합한 잉여가치도 순환적으로 창출할 수 있다. 하지만 주목 자본을 가지지 못한 사람은 공짜 노동을 제공하는 역할에만 그칠 뿐 공짜 노동을 가져와서 가치를 창출하기는 점점 더 힘들어진다. 이런 상황이 지속되면 주목 부르주아와 주목 프롤레타리아 계급 간 장벽은 더욱 공고해질 수밖에 없다. 주목 부르주아는 점점 더 많은 주목 자본을 가지게 됨으로써 이윤을 독점하지만, 주목프롤레타리아는 점점 더 프로모션 경쟁 구도에서 밀려나게 된다. 따라서 이러한 프로모션 경쟁, 즉 주목을 매개로 벌어지는 경쟁에서 불평등이 심화되면 심화될수록 디지털 생산수단을 소유한 자본의 독점적인 착취는 더욱 강화되고, 디지털 시대를 살아가는 개인들은 그러한 불평등한 구도를 망각한 채 각자도생의 길로 나서게 된다. 디지털 사회의 착취 구도를 깨뜨리기 위해서는 주목프롤레타리아의 계급 혁명 차원의 접근, 즉 공짜 노동을 통한 프로모션 경쟁 구도에서 과감하게 벗어나 주목 자본 격차를 상쇄하려는 노력을 기울이는 방향으로 나아가지 않으면 안 된다. 이러한 디지털 계급혁명은 결국 주목하는 행위에 대해 통제권을 회복하거나 주목 생산수단을 공유하는 것을 의미한다.

주목 자본주의에서는 엘리트 그룹elitists의 정의도 변한다. 주목 경제를 주도하는 엘리트는 사회 엘리트social elitists로 의미가 변모하는데, 이는 모든 사람이 다른 사람의 주목을 끌 수만 있다면 엘리트 그룹에 속할 수 있다는 것을 의미한다(Franck, 1999). 주목 경제에서 주목은 순수하게 유명세(영어로는 'prominence' 혹은 'salience'를 의미)에 달려 있다. 전통적인 권력 그룹이었던 출신이나 가족의 배경, 자산은 물론 중요하다. 디지털 환경이라고 해서 자본주의 권력 구조의 틀이 근본적으로 변한다고 하기는 어렵다. 하지만 기본적으로 얼마나 다른 사람의 주목을 끌 수 있느냐가 새로운 사회 엘리트 계급을 형성한다. 물론 기득권에 기초해서 주목을 이미 보유한 채 시작하는 사람들이 많지만, 그렇더라도 일반적으로는 하는 일이나 추구하는 활동을 통해 주목이 형성되는 경우가 더 많다. 주목 엘리트의 주목을 통해서 주목의 양이 전이되기도 하고, 서로의 협력을 통해 주목의 파이를 함께 키워가기도 한다. 이런 주목 엘리트 그룹이 주목 자본가를 형성한다.

사실상 주목 자본주의는 산업경제 자본주의와 착취 시스템이 기본적으로 다르지 않지만, 좀 더 주목을 중심으로 개인의 경쟁을 부추기고, 한번 고정자본이 만들어지면 공짜 노동을 통해 자동적으로 착취가 발생하게 되는 시스템이다. 이를 개인의 욕망과 디지털 사회 시스템의 변증법적 발전 과정이라고 표현해볼 수 있다. 디지털 시대를 사는 개인의 욕망은 생산소비자로서 프로모션 경쟁을 통해 가치를 창출하려는 욕망과 부딪친다. 이런 상황은 개인의 욕망과 디지털 자본의 이윤 창출 욕망이 서로 일치하는 상황으로 융합된다. 즉 디지털 사회에서는 개인의 욕망도 디지털 미디어 시스템 속에서 실현될 수 있는 것처럼 조작되고, 그러한 상황을 자연스러운 이데올로기로 만들어내게 된다. 따라서 개인의 욕망은 사회구조적으로 형성되고, 욕망의 실현은 디지털 자본의 이윤 창출과 직접적으로 연결된다.

주목 부르주아와 주목 프롤레타리아

디지털 미디어 사회의 계급은 결국 주목 생산수단을 소유한 주목 부르주아와 주목 노동에 매달려야 하는 주목 프롤레타리아로 구분해볼 수 있다. 주목 프롤레타리아는 일반적인 의미의 산업경제 프롤레타리아 계급과는 구분되는 특성을 갖는데, 그것은 주목 노동에 종사하지만 스스로 디지털 플랫폼의 주목 생산수단을 사용하여 가치를 생산하는 역할을 함께 하는 경우도 있다는 점이다. 따라서 주목 프롤레타리아는 생산자와 소비자의 역할을 동시에 수행하는 경우가 많다. 굳이 주목 프롤레타리아 계급을 세분한다면, 디지털 플랫폼이라는 생산수단을 주목 수단으로 해서 자신의 이익을 어느 정도 챙기는 사람, 그리고 주목 수단을 갖지 못해 주목 노동에만 종사하는 사람들로 구분해볼 수 있다. 예를 들어 유튜브 인플루언서는 비록 전통적인 생산수단을 가지지는 못하지만 플랫폼을 통해 스스로 주목 수단을 확보하게 되고, 이러한 주목 수단을 통해 주목을 생산하며, 다시 이를 통해 이윤을 창출하는 자본가적 성격을 동시에 가진다.

하지만 이러한 주목 프롤레타리아의 생산자와 소비자 역할은 모두 궁극적으로 주목 부르주아 계급의 이윤 창출에 도움을 주는 방향으로 수행될 뿐이다. 예를 들어 유튜브 인플루언서가 많아지는 현상은 주목 프롤레타리아 계급의 불평등을 해소하는 데에 영향을 준다기보다, 주목 프롤레타리아 계급 내의 극심한 경쟁을 부추겨 오히려 주목 노동의 강도를 강화하는 데에 이용되는 경우가 많다.

따라서 주목 프롤레타리아 계급 내의 이익 창출 경쟁, 즉 이익을 확보하기 위한 프로모션 경쟁은 정동 측면을 포함해 착취의 기반을 강화할 뿐, 실제로 주목 프롤레타리아 계급의 이익에 복무한다고 하기 어렵다. 주목 부르주아는 주목을 위한 모든 생산수단을 소유하기 때문에 주목을 독점하고, 주목에서 생산되는 대부분의 가치를 전유한다. 그렇다면 이러한 불균형의 문제를 해결하기 위해서는 생산수단을 소유한 주목 부르주아 계급에 맞서서 주목 프롤레타리아 계급이 정당한 노동에 대한 대가를 요구하는 계급투쟁을 전개해나가야 한다. 이러한 집단화된 계급투쟁을 '주목 파업attention strike'이라고 명명해볼 수 있다. 주목 파업은 수용자들이 권력의 불균형을 깨고, 생산수단을 소유한 디지털 미디어 자본에 대항해서 이익 독점 구조에 대한 수용자의 통제권을 되찾으려 하는 집단적인 노력을 의미한다.

한편 산업경제에서 노동자보다는 경제적으로 안정된 지위를 누리는 프티부르주아 계급, 즉 자영업자, 소상인, 전문직 종사자들의 상황을 가져와, 소셜미디어 인플루언서 등 소규모 주목 자본을 가진 주목 프롤레타리아 계급의 상황과 비교하며 설명해보는 것도 의미가 있다. 프티부르주아는 소규모 자본을 가지지만 자신의 노동에만 의존하므로 타인의 노동을 착취하지 않기 때문에 소셜미디어 인플루언서와는 구별되는 측면이 있다. 소셜미디어 인플루언서는 자신의 노동만을 사용하는 것이 아니라 디지털 미디어 자본이 제공하는 생산수단과 자신의 노동, 그리고 구독자의 공짜 주목 노동을 모두 결합해 이윤을 창출하기 때문이다. 또한 프티부르주아가 자신의 이익을 지키기 위해 부르주아와 투쟁하는 것처럼 보이지만 실상은 진정한 혁명적 계급 투쟁에 나서지 못하고 보수적인 태도로 일관하는 것과 마찬가지로, 주목 수단을 소유한 소셜미디어 인플루언서들은 스스로가 이윤을 창출하고 디지털 자본주의의 혜택을 누리고 있다고 생각하기 때문에 반계급투쟁적 성향을 보이는 경우가 많다. 이러한 성향과 맞물려, 많은 주목 프롤레타리아는 자신들이 혁명 의지를 결집해 디지털 미디어 환경 자체를 바꾸려 하기보다 스스로의 이익 창출을 위해 소셜미디어 인플루언서가 되고 싶어 하는 경향을 보인다. 그러므로 이들에게서 계급투쟁을 위한 혁명적 의지를 모으기는 쉽지 않다.

하지만 혁명의 가능성과 관련하여 반대의 시각에서 바라보는 것도 가능하다. 지금까지 노출과 주목을 사회문제의 관점에서 본 것에 반해, 만약 순수하게 주목 노동의 자율성이라는 관점에서 바라본다면 수용자가 통제할 수 있는 상황, 완벽하게 노동계급, 즉 프롤레타리아가 통제할 수 있는 사회의 가능성은 늘어났다고도 주장해볼 수 있다. 사람들의 주목 노동을 통해 주목 자본주의가 유지되고 있기 때문에, 사람들이 스스로의 주목 노동을 통제하면 주목 자본주의가 보여주는 불평등은 많은 부분 해소될 수 있다. 주목 노동에 대한 통제는 물질 노동에 대한 통제보다 개인의 자율성 측면에서 더 수행이 용이하다. 산업경제 아래에서 노동자 계급의 사회 통제 시도는 혁명과 폭력적인 방법을 동원하거나, 오히려 추상적인 관념 차원에서 논의되어왔다면, 주목을 통한 주목 노동계급의 사회 통제는 생활 속에서 구체적인 방법으로 실현이 가능하고 비폭력적인 방법을 통한 성취 가능성 또한 높다는 것을 보여준다. 따라서 주목을 주목 노동계급의 자기 결정력empowerment이라는 시각에서 새롭게 바라보며 디지털 자본주의를 해석할 필요성이 제기된다. 주목 노동에 대한 노동자 계급의 자각을 통해, 산업경제 시대를 거치면서 희미해져버린 노동자 계급의 정체성을 복원할 수 있고, 일반 시민들이 자신의 정체성이 노동자 계급에 투영되어 있다는 것을 인식하게 하는 계기를 만들 수도 있다. 이러한 자각은 디지털 시대를 관통하는 각종 허위의식에서 벗어나 사회 변화를 위한 통합적인 힘을 발휘할 수 있게 한다.

주목 자본주의의 특징과 그것이 사회에 가져온 변화

지금까지의 논의를 종합해서 주목 자본주의를 기존의 산업경제 자본주의와 비교해보면 다른 점들을 몇 가지로 정리해볼 수 있다(Beller, 2006; Bueno, 2017). 첫째, 주목 자본주의는 사람들의 정동과 더 많이 연계되어 있다. 즉 평균 노동 시간을 이용하여 일률적으로 착취를 설명하는 부분보다도 사람들이 어떤 감정을 가지고 어떤 느낌으로 주목하는지가 중요한 고려 요소가 된다. 대충 보는 척하는 행위보다는 진정으로 주목하는 행위가 자본의 입장에서는 유리하다.

둘째, 주목 자본주의는 노동만이 아니라 기계, 즉 고정자본을 통해서도 잉여가치를 창출한다. 디지털 미디어 시대에는 소프트웨어와 하드웨어의 유기적 연계를 통해 자동적으로 주어지는, 기계와 연계된 잉여가치 machinic surplus value가 늘어난다. 잉여가치는 노동에서만이 아니라 고정자산에서도 생성되는 것이다.

셋째, 주목 행위를 하는 사람들, 즉 수용자들도 고정자본의 역할로 구축될 수 있다. 디지털 미디어 플랫폼은 처음에는 사람들을 유인하기 위해 각종 무료 서비스를 제공하지만, 일정한 수의 수용자가 모이면 그들이 스스로 네트워크를 만들고 제작물을 업로드하거나 개인 맞춤형 정보 데이터를 자동적으로 생산하게 된다. 디지털 자본의 입장에서는 한번 형성된 수용자 혹은 미디어 이용자가 자본에 이윤을 안겨주는 고정자본의 역할을 하고, 또 스스로 이윤 창출을 위한 사회기반시설과 같은 역할을 담당하게 되는 것이다.

넷째, 생산 현장의 탈영토화deterritorialization와 재영토화reterritorialization가 이루어진다. 산업경제 시대의 생산 현장에서는 기계들이 사람들의 노동을 대체함에 따라 사람들은 어느 정도 삶의 여유를 가질 수 있는 조건을 갖추었지만, 디지털 미디어 시대는 오히려 사람들의 여가시간을 포함한 생활 전체를 가치 생산의 영역으로 전환함으로써 사람들의 삶을 더욱 피폐하게 만든다. 이는 디지털 기술이 보여준, 민주주의 강화를 통한 탈영토화의 가능성이 다시 자본의 이익 창출 중심으로 재영토화되었음을 의미한다.

다섯째, 주목을 중심으로 하는 사회는 또 다른 계급사회이다. 대부분의 디지털 미디어 콘텐츠는 유명인celebrity-팬fan 관계에 기반을 두고 있다. 물론 주목으로 인한 불평등을 해소하려는 팬들의 저항이 없는 것은 아니지만 한번 굳어진 불평등한 관계를 변화시키기란 매우 어렵다. 주목 자본주의에서 계급은 주목의 불평등성을 중심으로 구성된다(Goldhaber, 1997). 예를 들어 BTS가 그들의 팬인 아미Army 개개인을 알기는 불가능하다. BTS는 아미 개개인에게 전달하는 메시지인 것처럼 주목을 표현하지만, 실제로는 개별 팬들에게서 받은 관심과 사랑을 무한정 복사된 이미지로 돌려줄 수밖에 없다. 그러한 주목은 언제나 불균형할 수밖에 없고, 그러한 불균형이 가치 창출의 기반이 된다. 이러한 주목 관계의 불평등과 함께 주목 자산의 불평등은 더 큰 문제가 된다. 주목 자산을 많이 보유한 기업이나 조직은 주목 자산을 보유하기 힘든 사람들이나 단체들에 비해 주목을 독점할 가능성이 높다. 실제 이러한 주목 자산에 따른 불평등은 우리가 플랫폼 대기업의 횡포를 통해 일상적으로 경험하는 것들이다.

지금까지 논의한, 주목 자본주의가 가져온 사회 인식의 변화도 다음과 같이 정리해볼 수 있다. 첫째, 주목은 일과 여가의 구분을 없앤다. 디지털 시대에 생산 현장에서 일어나는 살아 있는 노동과 놀이 노동playbor, 인지 노동, 창의 노동 등의 비물질 노동을 구분하는 것은 오히려 관념적인 작업에 불과하다. 실제로는 일과 놀이, 일과 여가, 물질 노동과 비물질 노동의 경계가 자연스럽게 허물어진다. 그리고 이러한 허물어진 경계를 다시 통합해서 착취의 영역으로 재구성하는 것이 주목이다. 물질적인 노동과 비물질적인 노동의 상호 의존이 높아질수록 노동의 질은 나빠질 수밖에 없는데, 그것은 생활 전반에 걸친 모든 활동이 노동의 영역으로 귀속되기 때문이다.

둘째, 주목은 가치 생산을 위한 권위를 부여하기 때문에(Beller, 2006), 보는 것, 주목하는 것이 가치를 생산하는 행위의 전면에 등장한다. 벨러(Beller, 2012)는 주목이 가치를 창출하는 과정을 세 가지로 정리했다. 우선 미디어의 모든 기능은 주목을 통해서 화폐로 환산될 수 있도록 전환된다. 예를 들어 주목을 받는 콘텐츠는 광고를 유치하거나 높은 입찰 가격을 통해서 이윤으로 환산된다. 주목이 없다면 이윤은 없다. 다음으로 콘텐츠를 통해 표현된 시네마가 만들어내는 장관spectacles은 사람들의 감정과 영혼을 지배하고, 시장의 지배를 당연한 것으로 받아들이게 만든다. 잘못 가정된 현실주의가 작동하는 것이다. 마지막으로 기능적인 효율성이 세계를 지배하게 됨에 따라 주목을 통한 가치 창출을 사회적·경제적·문화적 이데올로기로서 수용하게 된다. 사람들은 일반지성이 만들어낸 공유지를 자본이 전유하는 것에 대해서 불만을 토로하기보다는, 스스로 그 체제 속에서 적응할 방법을 찾아내기 위해 노력하게 된다. 이제 주목을 가치로 전환하는 과정은 자연스러운 습속으로 자리 잡는다.

실제 디지털 미디어를 통해서 형성되는 가치는 다중의 주목이다. 많은 사람이 주목하는 사안은 중요한 사안이며, 다중을 대상으로 의견을 표명할 수 있는 권리를 가진 사람은 가치를 증대시킬 자격을 갖춘 사람이 된다. 디지털 미디어 시대의 신뢰도 다중에 의해서 만들어진다. 예를 들어 에어

비앤비에서 숙소를 결정할 때 우리가 참고하는 것은 이용자들의 후기이다. 많은 사람이 좋은 숙소라고 별점을 매긴다면 일단 신뢰할 수 있는 숙소라는 의미가 된다. 만약 한 유명 연예인이 어떤 숙소에서 묵었고 그 숙소가 좋았다는 의견을 자신의 인스타그램에 올린다면, 그 숙소는 좋다는 권위를 획득한다. 그 권위는 어디에서 나왔을까? 물론 유명 연예인의 추천에서 나온 것이지만, 그 유명 연예인의 추천을 떠받치는 힘은 다중의 주목이다. 다중의 주목을 끌 수 있는 사람이 가치를 전유할 수 있다. 그렇게 가치를 전유하는 힘은 주목의 쉬운 상품화와 직접적으로 통한다. 유명 연예인은 이러한 주목의 힘을 이용해 남들보다 쉽게 은행에서 돈을 빌려 부동산 투자도 할 수 있다. 은행이 믿고 돈을 빌려주는 것은 다중의 주목을 끌어오는 능력을 그가 갖추고 있기 때문이다.

주목은 생존의 문제이다. 대부분의 가치 창출이 주목과 연결되어 있기 때문에, 실제 일터에서 주목을 받는 것도 중요하지만 정치, 경제, 사회, 문화 및 생활의 모든 면에서 주목을 받지 못한다면 생존의 문제를 심각하게 고민해보아야 한다. 사람들 눈에 실제로 어떻게 보이는지가 관건이 되기 때문에 실체가 무엇인가는 정작 중요한 문제가 아니다. 예를 들어 소셜미디어 인플루언서가 인스타그램에 올리는 사진들은 실체가 무엇인가와 상관없이 사람들에게 어떻게 받아들여지는지가 제일 중요하다. 따라서 기표signifier보다는 기의signified가 전면에 등장한다(Beller, 2012). 대상과 상관없이 그 대상이 어떤 의미로 받아들여질 수 있느냐가 더 중요하다는 뜻이다. 보이는 것이 이미지를 형성하고, 이미지가 대부분의 평판을 결정한다. 따라서 의미를 갖춘 평판을 획득한다면 이제 가치가 발생할 준비가 완료된 것이다. 이런 상태에서 사실은 중요하지 않으며, 어떻게 주목을 받을 수 있느냐가 지상의 목표로 등장한다.

주목은 행위에 대해 그 중요성을 배가시키는 작용을 한다. 예를 들어 생산공장의 경우라면 노동자들이 일하는 시간만큼 상품을 생산해내고 잉여 노동을 착취할 수 있지만, 디지털 사회공장에서는 주목을 받을 수 있다면 그 주목받는 양만큼 가치가 창출되고, 잉여노동의 양은 기하급수적으로 늘어난다. 생산노동자는 아무리 공장에서 상품을 제조하는 데에 많은 시간을 들이더라도 상품을 통해 한정된 가치를 창출할 뿐이지만, 유명 배우는 한 번의 광고 촬영으로 엄청난 금액의 보상을 받는다. 이 금액은 그 유명 배우가 끌어올 수 있는 주목의 양에 의해서 결정되는 것이기 때문이다. 따라서 주목을 끌어올 수 있는 힘, 그러한 평판을 가질 수 있다면 엄청난 가치를 창출하면서 충분한 금전적인 보상을 받을 수 있다. 배달 업체에서 일하는 라이더들은 건당으로 보상을 받지만, 배달 업체 자체는 그들이 끌어들일 수 있는 주목의 총량에 대한 평가를 자신의 이윤으로 가져갈 수 있다. 받을 수 있는 주목의 총량이 크다면 배달 네트워크를 이용해 다양한 이윤을 창출할 수 있기 때문이다. 그러므로 주목이라는 측면에서 개인은 플랫폼의 적수가 될 수 없을 뿐 아니라, 개인 참여자는 대부분 플랫폼의 불안정한precarious 참여자, 플랫폼의 이윤 축적을 실현시키는 노동자로 전락할 수밖에 없게 된다.

셋째, 주목은 프롤레타리아 노동자 시대에서 다중이 중심이 되는 시대가 도래하게 만든다. 주목은 시네마적cinematic인 가치 창출을 도모하는데, 생산 현장에서 만들어진 상품을 재매개remediation하는 과정에서 독립적인 가치 체계를 형성하는 한편, 실제 상품을 만들어낸 노동자들을 유리시킨다 (Beller, 2012). 예를 들어 아마존에서는 많은 상품이 팔려나가지만, 주목당하지 않는 상품은 가치를 창출하지 못할 뿐만 아니라 사람들의 관심에서도 멀어진다. 하지만 주목을 받는 상품은 스스로 권위를 획득하고, 내러티브와 장관을 형성하며 계속해서 가치를 확장해나간다. 그리고 이러한 과정이 진행될수록 상품 자체보다는 재매개 과정에서 더 많은 가치가 창출되기 때문에, 상품을 만든 실제 노동자는 서서히 잊히게 된다.

현실에 대한 영화적인 시각화 혹은 시네마는 실제 생산과정의 실체를 보여주면서 그것을 목격하는 관중과 함께 생산 현장의 실체를 경험하게 할 수도 있다. 이러한 과정에서 시네마를 보는 사람들도 사회 변혁의 과정에 참여할 가능성을 가진다. 하지만 디지털 미디어 시대에 오면, 이런 혁명의 가능성보다도 시네마를 통해 수용자 모두를 쉽게 주목 상품화하는 방향으로 편향된 발전이 이루어지고 있다. 생산 현장이나 시네마의 내용보다도 시네마 자체의 장관에 주목하는 다중이 더 많은 가치를 창출하게 되고, 결국 모두가 착취의 대상으로 전락하고 만다. 체 게바라의 혁명보다 체 게바라의 로고가 소비되는 시대가 도래한다는 것이다.

디지털 미디어는 주목을 블랙홀처럼 빨아들이면서, 디지털 자본이 사람들의 인지적인 능력을 무한대로 착취할 수 있게 한다. 이러한 착취는 개인에게도 일어나지만 기본적으로 일반지성에 대한 착취를 함께 의미한다(Virno, 2004). 디지털 미디어의 주목을 끌어내는 것은 한 개인이나 조직이 이루어내는 성과라기보다는, 다중의 참여를 통해 만들어낸 사회 전체적인 과학기술의 발달에 힘입은 성과라고 보는 것이 타당하다. 디지털 기술은 자본으로 하여금 인류가 이룩해온 과학기술의 진보를 착취의 기반으로 삼게 하며, 나아가 다중의 공짜 노동과 정동 노동을 원활하게 착취할 수 있게 한다(Terranova, 2004). 인류가 함께 나눠가져야 할 공동의 성취를 마치 디지털 미디어 자본 자신이 저작권을 가진 것처럼 마음대로 사용하고 있는 것이다.

넷째, 주목이 오히려 자본주의 시스템을 강화하는 데에 사용됨으로써 주목 자본주의는 기존 사회 시스템의 문제를 더욱 강화시킨다. 주목을 통해서 얻게 되는 이미지와 평판의 힘은 더욱더 선전propaganda 사회를 강화하는 데에 사용된다. 선전 사회는 보이는 것을 조작하는 사회를 의미한다. 주목을 획득하게 되는 것은 대부분이 기존의 이데올로기 구도에 바탕을 둔 콘텐츠이고, 기존의 편견과 선호는 알고리즘에도 반영된다. 사회는 주목을 설파하는 온상이 되고, 주목에 목을 매는 사람들은 좀 더 나은 사회를 위한 해방의 가능성을 무시하면서 '반자본주의, 반가부장제, 반인종차별주의, 반제국주의 화행speech-acts'을 점점 더 제한한다(Beller, 2012, p. 13). 또한 기존의 사회 시스템이 강화될수록 기득권 유지와 더불어 기득권에 기반을 둔 자본의 이윤 창출에도 유리한 환경이 조성된다.

주목의 양은 제한되어 있고, 주목을 차지하기 위한 경쟁에서 디지털 플랫폼 자본은 강력한 기득권을 형성한다. 네트워크를 구성하고 데이터를 분석하며 빠른 데이터 처리를 하기 위해서는 대단위 자본이 투입될 수밖에 없는데, 새로운 시장 진입자의 입장에서 이러한 대단위 자본과 경쟁하기는 매우 어렵다. 따라서 독점 디지털 플랫폼 자본은 주목을 장악하고 기존의 사용자 네트워크를 이용해 기득권을 더욱 강화하기 위한 콘텐츠와 이데올로기를 전파한다. 결국 주목 자본주의에서 기득권을 강화하고 불평등을 조장하는 자본주의의 문제는 더욱 심화될 수밖에 없다. 그것이 상품화와 이윤 창출에 유리하기 때문이다. 처음에는 디지털 미디어가 다양한 목소리를 반영하고 정보에 대한 접근을 평등하게 만들어줄 것이라고 기대했으나 이러한 기대는 무너지고, 기득권을 보호하고 자본주의의 폐해를 재생산하게 된 것은 아이러니하지만 필연적이다. 결국 기술이 해방을 가져올 수 없다는 것은 분명히 증명된 셈이다.

주목의 현실적인 적용과 문제점 그리고 디지털 의존

디지털 사회에서는 주목을 위한 권위를 획득한 사람의 말에 주목한다. 주목에 대한 권위는 주목의 양에 달려 있다. 문제는 주목에 대한 권위를 가지기가 매우 힘들고, 한번 주목 권위를 획득하게 되면 그것을 사유화하는 현상이 심각해진다는 점이다. 또한 주목에 대한 권위, 즉 주목 권력의 반열에 오르면 다른 주목을 끌어내는 것도 쉬워진다. 따라서 주목은 쉽게 전이된다. 나아가 주목 권력층 안에서는 자기들끼리 주목 권력을 주고받기도 하고, 서로 도와주기도 하며, 협조 체제를 갖추는 주목 권력 계급이 탄생하게 된다.

주목 권력의 영향력은 매우 실제적이다. 예를 들어 '테슬라Tesla'의 일론 머스크Elon Musk 회장이 SNS에서 가상화폐에 관심을 보이면 가상화폐의 가격은 엄청나게 상승한다. 가상화폐 자체에는 어떤 변화도 발생하지 않았지만 일론 머스크 회장의 관심이 가치를 생성한 것이다. 주목 권력은 주목 대상을 선별할 수 있기 때문에 손쉬운 방법으로 주목을 조작하고 이윤을 획득할 수 있다. 주목 권력을 쥔 주목자본가의 입장에서 이윤 창출은 스스로의 의사결정에 의해 수행되는 경우가 많고, 조작이 가능해지는 경우의 수는 주목 권력이 가지는 네트워크의 크기만큼 늘어나게 된다.

보통 주목의 내용은 중요하지 않고, 그보다는 주목의 총량이 중요하다. 질보다는 양이다. 특정한 내용에 대한 주목을 따지는 것은 중요하지 않으며, 끌어낸 주목의 총량이 많다면 의미 있는 평판과 영향력을 획득할 수 있다. 그래서 충격적인 언어를 사용해 관심을 끄는 사람을 의미하는 '프로보커터provocateur'와 같은 말들이 나왔다. 그것의 내용이 무엇인지는 중요하지 않고 주목만 끌게 되면 가치를 생성할 수 있기 때문에, 당연한 귀결로서 주목을 끌어내는 자극적인 콘텐츠는 늘어날 수밖에 없다. 어떤 경로를 통해서든 일단 어느 정도의 주목을 받을 수 있는 문턱만 넘게 되면 주목을 끌 수 있는 기회는 기하급수적으로 많아진다. 라디오에서 논쟁적이고 자극적인 언사로 유명세를 얻는 DJ를 이르는 쇼크 자키shock jockey가 그 예이다.

그렇다면 누구나 주목의 영향력을 휘두르고 싶어 할 테지만, 실제로 그렇게 되기는 어렵다. 주목을 받고 주목이 유지되기 위해서는 독창적인 특성originality을 갖는 것이 가장 중요하다. 즉 주목이 다른 사람을 통해서 전이될 수는 있지만, 그것이 유지되기 위해서는 자신만의 독창적인 콘텐츠를 필요로 한다. 이때 베껴 쓰기나 자극적인 소재도 단기적으로는 독창적인 특성으로 인식될 수 있다. 하지만 베껴 쓰기나 자극적인 소재를 통해 주목의 영향력을 장기적으로 유지하기는 매우 어렵다. 물론 독창성도 사회가 상투적으로 수용하는 감성의 일반성에 기초하고 있어야 한다. 진정한 독창성인지 여부는 중요하지 않다는 뜻이다.

한 사람에 대한 주목은 그 사람과 연관된 다른 사람에 대한 주목으로 옮아갈 수 있다. 그것은 사물에도 그대로 적용된다. 한 대상에 대한 주목은 그것과 연관된 다른 대상에 대한 주목으로 옮아갈 수 있다. 어떤 사람이나 대상이 이미 주목 영향력을 획득한 상황이라면 주목하려는 관심은 커진다. 내가 주목을 받고 싶다면, 기존의 주목을 받는 사람에게서 주목을 받는 것이 제일 효과적이다(Goldhaber, 1997). 따라서 주목은 화폐와 같은 역할을 담당할 수 있게 된다(Davenport & Beck, 2001). 많은 사람이 주목을 화폐처럼 더 많이 획득하기 위해 끊임없이 노력할 뿐만 아니라, 주목을 교환하기도 하고, 주목을 통해 다른 재화를 획득하기도 한다.

주목의 총량 혹은 주목하는 사람의 숫자가 커지면 주목하는 집단 자체로서도 안정감을 가지게 되고 상호 지속적인 주목을 위한 제도화institutionalization에 기여하게 된다. 예를 들어 BTS의 팬 그룹인 아미는 개개인의 팬으로 존재할 때보다 집단으로 뭉칠 때 지속적인 주목을 위한 제도화에 성공하게 된다. 팬 개개인은 수동적인 존재일 수 있지만, 팬 그룹으로 뭉치게 되면 능동적인 주목 행위도 가능해지고, 어느 정도의 주목 권력도 가질 수 있게 된다. 따라서 개인이 집단을 이루게 되면 일방적인 주목 권력의 불균형이 어느 정도는 해소되는 측면도 생긴다.

주목의 이러한 속성들은 현실 사회에 적용되는 과정에서 많은 문제점 또한 노정한다. 사람들은 주목을 받기 시작하면 계속 더 많은 주목을 받고 싶은 욕망을 가진다. 한번 주목을 받은 후에 그 욕망을 제어할 수 있는 사람은 드물다. 주목은 더 큰 주목에 대한 욕망을 낳는다. 마치 산업자본가들이 계속 이윤을 창출하지 않으면 도태되는 것처럼, 주목 자본가들도 주목을 받지 않으면 도태된다고 느낀다. 실제로 한때 주목을 받은 바 있는 많은 사람이 주목의 무대에서 사라진다. 따라서 산업자본가들이 이윤을 늘리기 위한 노력을 멈추지 않는 것처럼, 주목자본가들이나 주목 자본 밑에서 부스러기 이윤을 챙기려는 사람들도 주목을 늘리기 위한 노력을 멈출 수 없다.

주목은 익숙한 것에 더 열중하게 만들면서 인지적 활동의 질을 떨어트린다. 디지털 미디어 시대에 정보의 양은 엄청나게 늘어났지만 인간의 뇌를 통해 정보를 처리하는 심도는 점점 더 낮아지고 있다(Terranova, 2016). 정보가 너무 많다 보니 뇌에서는 정보를 대충 처리하려는 경향이 심해질 수밖에 없다. 일상적인 것을 빨리 처리하고, 되도록 많은 정보를 얇게 처리하는 것이 유리하다고 생각하는 경향이 짙어지고 있다. 어려운 콘텐츠로 사색하거나 고전을 읽거나 철학적인 고민을 하는 시간들이 사라지고 있다. 정보는 넘치지만 주목의 질은 낮아지고, 점점 더 생각을 멈추는 공허한 주체들이 형성된다. 이에 따라 내가 이미 주목했던 것, 좋아하는 것, 열광할 수 있는 것을 찾아 집중해서 보거나, 많은 사람이 추천하는 것, 많은 사람이 함께 보는 것에 안도감을 느끼며 주목하는 경향이 더 커진다.

주목은 궁극적으로 모든 사람을 지치게 한다. 정보 과잉은 사람들의 모든 일상을 주목을 위한 긴장으로 무장시키며, 이런 환경은 사람들을 소진burnout되게 만든다. 또한 주목 과잉 사회는 주목하지 않기 위한 노력에 상당한 시간을 할애하게 만든다. 우리가 읽는 이메일 메시지보다 읽지 않기 위해 읽어야 하는 이메일 메시지의 제목들이 얼마나 많은가? 많은 유튜브 업로드 영상 속에서 내가 보아야 할 영상을 선별하기 위해 우리는 얼마나 많은 버릴 영상에 주목해야 하는가? 사람들은 주목하기 위해서 혹은 주목하지 않기 위해서 시간을 투자해야 하고, 이는 소진의 강도를 극대화시킨다. 결국 인지능력이 소진되어버린 사람들은 스스로 중요한 문제에 대해 깊이 생각할 의지를 상실하게 된다. 많이 보지만 인지적인 집중은 이루어지지 않는 주목과 인지의 부조화 상태가 지속된다. 이런 상황에서 사람들은 점점 더 디지털 미디어 활동을 통해 지쳐간다.

주목을 중심으로 하는 사회는 기본적으로 불균형적이다(Franck, 1999). 주목 자본주의에서 가장 문제가 되는 지점은 주목이 미디어 자본의 이윤 착취를 위한 도구로 이용된다는 점이다. 대부분의 미디어는 주목받는 대상을 통해서 광고 공간을 팔고, 거기서 생기는 주목을 통해 이윤을 창출한다. 미디어는 주목의 대상을 유명인으로 만드는 대신, 그들을 통해 다른 많은 제3자의 주목을 끌어들임으로써 대부분의 이윤을 착취한다. 이 과정에서 수용자들은 자신이 가진 주목을 1:1의 대상으로 알고 헌납하지만, 사실 미디어는 수많은 대상에게 한꺼번에 방송할 뿐만 아니라 하고 싶은 만큼 편집하고 복제할 권한을 가진다. 수용자들의 입장에서 가질 수 있는 힘은 보지 않을 권리밖에 남지 않는다. 하지만 이 권리도 디지털 미디어 시대로 들어와서는 사회생활을 위해 필수적인 필요의 영역에 종속되어버렸다. 디지털 미디어 사회는 보지 않을 권리도 남아 있지 않은 것처럼 작동한다. 주목을 만들기 위해 유명인을 지속적으로 만들어내고, 수용자의 주목을 마구잡이로 끌어들이는 과정에서 주목 중심 사회는 미디어 자본의 통제 아래 작동한다.

주목 자본주의에서 유명인은 주목을 받는 매력적인 속성을 가진 사람이지만, 주목을 받게 되면 멋있는 속성이 그에 맞추어서 만들어지기도 한다(Franck, 1999). 우리 사회는 주목받는 사람에게 특별한 능력이나 속성이 있다고 간주한다. 그리고 미디어는 이런 연결고리를 끊임없이 강화한다. 사실상 주목 자본주의에서 유명인의 지위는 허상에 기초하는 경우가 많지만, 그러한 허상조차도 다른 사람들이 인정해준다는 측면에서 주목 자본주의에서는 강력한 자산이 된다. 주목을 받는다는 것은 많은 사람이 실체와 무관하게 어떤 것을 인정해준다는 것을 의미하며, 이는 주목받는 개인에게 사회적인 특정한 자신감을 가질 수 있게 만들어준다. 실체가 주목받는 것이 아니라 주목받는 것이 실체가 된다. 미디어 입장에서는 주목이 이윤을 안겨주기만 한다면, 누가 주목을 끌어오든 상관이 없다. 중요한 것은 그런 사람들이 안정적으로 공급·유지되는 것이다. 2014년 개봉한 〈나이트 크롤러Night Crawler〉라는 영화를 보면 다른 사람의 불행을 찍어오는 사람에게 보상을 제공하며 시청률을 올리는 방송사가 등장하는데, 실제 주목 자본주의의 디지털 미디어는 이러한 속성을 대표하는 미디어라고 간주할 수 있다.

주목하는 것은 외부적인 기억장치를 통해 우리에게 보이는 것으로, 문제는 이러한 외부적인 기억장치가 왜곡될 가능성을 언제나 가지고 있다는 점이다(Stiegler, 2011b). 하지만 더 문제가 되는 것은 이러한 기억장치에 저장할 수 있는 것들만이 습속으로 기억되고, 그렇게 왜곡된 기억이 현실을 구성하고 미래에 대한 사람들의 시각을 고정시킨다는 것이다. 쓰는 작업은 독이 되거나 약이 될 수도 있는 파르마콘의 속성을 가지는데, 외부적인 기억장치를 통해 표현하거나 저장하는 작업은 현실을 왜곡하고, 자동화된 디지털 기계에 의해 인간의 자율성이 침범당하는 상황을 초래하게 만든다(Stiegler, 2016). 중요한 것은 외부적인 저장이 이루어지는 디지털 기술 발전의 지향점이 주목과 주목을 통한 가치 창출에 있다는 점이다. 주목은 왜곡될 수밖에 없다.

알고리즘에 기반을 둔 디지털 기계는 단기적인 기억을 통해 사람들의 자율성을 침해함으로써 이슈와 대상에 대해 모두가 유사한 생각을 가지고 일률적으로 반응하게 만든다. 그리고 이러한 경향은 주목을 기반으로 상품화와 가치 생산이 이루어지면서 점점 더 심해져가고 있다. 예를 들어 유튜브 영상에서 보이는 필터 버블filter bubble 현상은 알고리즘을 통해 사람들에게 단기적으로 주어진 것에 불과하지만, 대부분의 사람에게 결국 '주목하게 되는 것이 현실'이라는 착각을 불러일으키게 만든다. 사람들이 자율적인 비판 정신을 회복하지 않는다면 디지털 기계의 자동화 능력을 통해 이들의 사고는 제한될 수밖에 없다(Stiegler, 2016). 사람들은 자율적으로 생각하기보다는 눈에 보이는 것, 외부 기억장치가 기억하고자 하는 것, 모든 사람이 함께 주목하는 것에 집착하게 된다. 그리고 이는 사람들이 주목을 중심으로 작동하는 외부적인 기억장치에 의존함에 따라 더 심해지고 집단화된다. 따라서 사람들이 자율성을 회복하기 위해서는 디지털 기계로부터 주어진 주목을 경계하는 것이 무엇보다도 필요하다.

주목은 개인적인 유형과 사회적인 유형으로 나뉘는데, 문제는 여기서 개인적인 주목을 초월하여 사회적인 주목을 통해 사람들과 상호작용하는 데에 있어 디지털 기술에 의존하는 경향이 너무 커지게 되었다는 점이다. 기억의 외장화exteriorization는 개인적인 주목과 사회적인 주목의 상호작용을 조건화하고, 기술이 규정하는 대로 구성된 주목을 중심으로 모든 사회적 교류, 교육, 경제활동이 이루어지게 만든다(Stiegler, 2012a). 개인이 다른 사람과 교류하기 위해서는 디지털 미디어를 통하지 않고는 힘든 사회가 도래한 것이다.

개인적인 주목과 사회적인 주목의 연결이 디지털 기술에만 의존하게 되는 사회는 인간의 자율성을 희생시키고, 기계의 자동적인 조작에 의존하는 무비판적인 시간과 공간을 만들어내게 된다(Stiegler, 2016). 시간과 공간은 끊임없이 재생되고, 현재 시점에서 보여주는 대상에 일률적으로 주목하는 사람들의 삶은 디지털 기계에 완전하게 포획된다. 예를 들어 디지털 광고는 개인화되어 끊임없이 재생되고 감시 데이터를 통해 개인의 습속까지도 관리하지만, 그런 반면에 개인이 보게 되는 것은 다른 사람들의 주목과 일치하지 않으며, 개인을 초월하여 사회적인 주목과 상호작용하는 것을 어렵게 만드는 측면을 가진다. 요즘 사회에서 사람들은 공적인 이슈에 흥미를 잃어버린다. 디지털 기술을 통해 개인화되고 상업적인 이익을 추구하는 것은 쉬워지지만, 사회적인 이슈에 대한 공론장이 형성되기는 어려워진다. 이러한 디지털 알고리즘 지배는 오직 상품화와 자본의 이익 창출에만 초점이 맞춰져 있기 때문에 디지털 기술로 만들어진 주목의 확장은 인간성을 황폐화시키고, 자본의 착취를 쉽게 만들어주는 것에만 복무하게 된다.

외장화된 기억은 왜곡될 수 있고, 이는 글이 약과 독의 효과가 상존하는 파르마콘이 되는 것처럼 많은 정보를 후손에게 남겨주는 대신 언제나 왜곡의 대상이 되도록 만들 수 있다. 플라톤 역시 글쓰기를 주목의 외장화라고 주장하며 비판한 바 있다(Stiegler, 2011a; 2012a). 그만큼 무엇을 남긴다는 것 그리고 그것을 다시 본다는 것은 인간의 자율성을 제약한다. 디지털 시대의 주목 대부분은 기억의 외장화에 의존하고 있기 때문에 자연적으로 독과 약의 이중성, 즉 파르마콘이 될 수밖에 없다. 디지털 시대에 만연해지고 있는 주목 현상에 대처하기 위해서는 디지털 기계의 자동 양식에서 벗어나, 진정으로 개인을 초월해서 사회적인 주목과 상호작용할 수 있는 새로운 주목 양식이 마련되어야만 한다. 개인을 초월해 사회적인 개체가 되기 위해서는 규칙을 필요로 하는데, 지금의 사회에서는 디지털 기술과 알고리즘이 그러한 규칙을 만들어내고 있다. 하지만 이 규칙은 개인의 자율성을 해칠 뿐만 아니라 모든 주목을 자본의 이익에 맞추도록 규정한다.

주목 자본주의에 대응하기

디지털 시대로 접어들면서 자본주의가 위기를 타개하기 위한 수단으로 사용한 것이 주목의 착취 수단화이며, 뒤이어 주목 수단의 다양화를 통해 착취할 수 있는 시간과 공간을 확장해나가고 있다. 디지털 기술의 급속한 발달, 그에 따른 보는 행위의 고양, 그리고 보이는 장관에 따른 보는 행위의 순치 등에서 보듯이, 주목은 자본주의를 끌어가는 중심 동력으로 확실하게 자리매김하고 있다. 마르크스가 노동가치이론에서 주장한 것처럼 노동에 대해 시간 개념을 기반으로 착취가 이루어지는 산업자본주의 구조에서, 이제는 디지털 및 영상기술의 발달과 함께 주목하는 모든 것이 가치를 형성하고 착취의 기반을 제공하는 주목 자본주의 체제로 급속하게 변화한 것이다(Beller, 2012). 주목 자본주의의 등장은 텍스트나 기호 체계에 기반한 사회가 영상과 디지털 재현을 중시하는 방향으로 급속한 발전을 이루었을 뿐만 아니라, 생산공장에서 이루어지던 가치 창출이 전 사회를 관통하는 사회공장에서 광범위하게 이루어지게 되었다는 것을 의미한다. 사실상 생산 현장에 노동자를 투입해 생산을 끌어가는 자본의 역할보다 투입된 고정자본 속에서 자신의 의미를 역동적으로 찾아가는 참여자들의 역할과 정동이 더 중요한 가치 창출 요소로 등장하고 있다.

주목은 물질적인 노동에서도 일어나지만, 디지털 시대의 주목은 '물질적인 생산 현장의 주목'이 아닌 '주목하는 과정과 관련된 모든 행위'를 통해 가치를 창출하며, 그에 따른 착취가 이루어진다. 예를 들어 구글의 검색 과정을 살펴보면, 검색을 위해 준비하는 과정, 검색하는 과정, 검색의 결과 모두에서 가치가 실현된다(Lee, 2011). 구글은 검색 광고를 팔고, 검색에 참여한 사람들의 활동 데이터를 마케팅하며, 검색의 결과에 권위를 부여함으로써 가히 비교할 수 없는 수준의 사회적인 판단 지위를 획득한다. 구글이 가진 힘은 사람들을 끌어모아 발생시킨 주목의 힘이고, 여기서 주목의 권위는 다른 가치를 무한대로 창출할 수 있는 독점적인 지위를 구글에 부여한다. 가상현실이나 메타버스 등의 등장이 주목의 범위가 무한대로 늘어날 수 있다는 것을 보여준다. 주목은 착취의 기반을 넓히는 작용을 하지만, 또한 사회를 변화시킬 수 있는 혁명적인 동력을 가지고 있기도 한다(Stiegler, 2013). 기술을 더 나은 사회를 위해 사용하고, 인간성을 회복하고 연대하는 데에 이용할 수만 있다면 주목이 가져온 황폐화된 사회를 회복할 가능성은 아직 남아 있다. 주목에 빠져 영혼의 상실을 그저 두고 볼 것인가, 주목을 이용해 현대사회가 직면한 문제를 해결할 것인가는 자본주의의 모순을 해결하는 문제와도 직접적으로 연결된다.

주목 권력에의 대항은 기존의 주목 자본주의가 당연하게 제시해온 것을 뒤집어 보는 작업에서 시작해야 한다. 첫째, 주목하는 사람들을 당연한 고정자산으로 취급하는 관점에서 과감히 벗어나야 한다. 주목이 가치의 전면에 나서는 사회에서는 주목하는 사람들을 이윤 창출을 위한 자산으로 간주하는 경향이 있다. 모든 디지털 시스템의 차원에서 사람을 고정자산으로 취급하는 인식으로부터 벗어나기 위해, 정동 차원에서 사람들의 생생한 반응과 기쁨, 고통을 이해하려고 노력해야 한다. 사람이 전면에 나서는 사회를 만들기 위해 노력하면 주목을 통한 이윤을 당연하게 생각하는 사고를 어느 정도는 견제할 수 있게 된다.

둘째, 주목의 통제권을 다중이 가져오는 것이 중요하다. 지금까지는 주목을 받는 쪽의 권력을 이야기했지만, 주목을 하는 쪽의 권력은 역으로 평등한 사회를 만들기 위한 기반이 된다. 사회가 주목 노동을 인정한다면 노동이 대응권력화하는 것은 자연스러운 현상이다. 예를 들어 BTS의 팬인 아미는 BTS와 관련한 불만사항을 소속사에 집단적으로 전달하기도 한다. 이는 아미가 주목대응권력화했기 때문에 가능한 일이다. 만약 네이버와 같은 주목 끌기 집단에 대해 주목 노동자들이 자신의 주목을 사용해서 착취의 구도를 개선한다면, 이는 주목 자본주의 시대의 계급 불평등을 해소할 좋은 계기가 된다. 문제는 이렇게 주목을 권력의 원천으로 생각하지 않고 수동적인 반응으로 생각하는 일반적인 인식에 있다. 생산 현장의 노동은 불합리한 근로 조건에 대해 생존을 건 파업에 돌입해야 하지만, 주목이 인식 전환을 이뤄내면 생존의 위협 없이 자신이 쥔 권력을 사용할 수 있게 된다. 이런 측면에서 주목의 권력 만들기는 오히려 기회 요인이 될 수 있다.

셋째, 주목을 통해 새로운 주체 형성이 가능함을 인지하는 것이 중요하고, 이를 사회적인 변화의 차원으로 확장해야 한다. 이런 차원에서 주목은 새로운 혁명의 동력이 될 수도 있다. 결국 '디지털 미디어를 통해 인간의 뇌가 지배당하고, 디지털 기술에 의해 주목을 통한 이윤 창출의 기회가 강화되는' 측면보다는 '새로운 주체의 형성을 유도하고, 사회 협력이 가능한 사회운동을 만들어내는' 수단의 측면으로 주목을 바라볼 필요가 있다(Terranova, 2016).

무엇인가에 주목한다는 것은 그것에 대한 사려가 깊어진다는thoughtful 것을 의미한다. 이런 의미에서 주목은 주변에 대한 경계vigilance와는 차이가 있다(Stiegler, 2012a). 따라서 주목은 단순한 심리적 반응이라기보다는 사회적인 의미를 함께 획득한다. 주목은 사회적인 관계 속에서 정의되며, 본원적으로 사회적인 기능을 내재하고 있다. 주목이 사회적인 의미를 잃지 않고 보존하기 위해서는 새로운 미디어가 가지는 주목장치들이 사회적인 의미를 수행하도록 유도해야 한다. 하지만 지금까지의 경로를 보면 새로운 미디어의 발전은 권력을 소유한 사람들의 욕망을 실현하는 방향으로 발전해왔다. 20세기에 매스미디어가 발전함에 따라 대중mass의 주목은 많은 부분 상품화를 통해 자본가의 이익을 실현하는 방향으로 이용되었는데,

그러한 현실이 디지털 미디어 시대에도 그대로 이어지고 있는 것이다.

디지털 미디어가 어떤 주목의 형태를 만들어낼 것인가는 크게 두 가지로 예상해볼 수 있다. 우선은 디지털 미디어가 개인의 심리적인 반응에 머물지 않고 사회와의 동조화를 통해 사회적인 기능을 발휘하게 되는 경우이다. 하지만 또 다른 측면으로 본다면, 디지털 미디어를 통한 개인과 사회의 동조화가 잘못 사용될 경우 전체주의의 발현으로 이어질 수도 있다. 이러한 전체주의의 발현은 매스미디어가 대중을 조작하여 자본가의 이윤을 확장해주었던 것처럼, 주목을 전유하는 권력이 마음대로 이윤을 창출하게 만드는 토양으로 작용할 수 있다. 문제는 현재의 디지털 미디어가 후자에 가깝게 주목의 형태를 만들어내고 있다는 점이다.

플라톤이 제시한 파르마콘의 개념처럼, 글은 다른 사람의 말을 옮기는 과정에서 의미를 왜곡하기 때문에 독이 되기도 하지만, 한편으로 오랫동안 생각을 남길 수 있다는 점에서 약이 되기도 한다(박성우, 2018; Stiegler, 2012a; 2013). 디지털 미디어 시대의 주목 역시 개인의 경계에서 벗어나 사회적인 기능을 회복함으로써 디지털 자본의 이윤을 창출하는 것이 아닌 민주주의를 발전시키는 데에 사용될 수 있다. 따라서 주목은 파르마콘이다. 사람들이 어떤 방향으로 주목을 이용할 것인가에 독과 약의 길에 대한 선택이 달려 있다. 만약 개인이 기술에서 촉발된 즉각적인 만족에 기반한 리비도 경제libidinal economics의 굴레(Stiegler, 2011a)에서 벗어나지 못한다면 늘어나는 사회적 곤궁함에서 벗어나기는 불가능할 것이다.

DISOBEDIENCE TO ATTENTION

3부

디지털 미디어 보지 않기와 주목 통제권 회복

6장

디지털 미디어 시대 주목의 폐해와 통제력 회복의 필요성

> 내가 인터뷰했던 부모들 중 두 사람, 안젤라와 이안은 북부 캘리포니아 지역의 첨단기술 공단에서 일하고 있어 소위 '실리콘밸리 부모'라고 자신을 소개했다. 두 사람은 스티브 잡스와 빌 게이츠 같은 첨단기술의 선구자들조차 그들 자신의 아이들에게는 스크린 이용 시간을 제한했다는 것을 분명하게 인식하고 있었다. 그래서 두 사람 역시 각자의 자녀들에게 스크린 이용 시간을 제한하기 위해 노력하고 있다고 말했다. 캘리포니아 오클랜드에서 프로그래머로 일하고 있는 42세의 안젤라와 그녀의 남편은 디지털 기술이 얼마나 과도하게 자극적이고 중독적인지 잘 알고 있었다. (Brennen, 2019, p. 108).

디지털 미디어와 관련된 일을 하는 사람들이 자신의 자녀들에게 스크린 이용 시간을 제한한다는 사실은 역설적으로 디지털 미디어가 얼마나 우리의 삶에 좋지 않은 영향을 미치는가를 보여준다. 디지털 미디어는 보는 행위 자체로 뇌에서 도파민을 분비하며 중독적인 성향을 드러낼 뿐만 아니라, 다른 사람과의 끊임없는 비교를 통해 느끼지 말아야 할 죄의식을 만들어냄으로써 사회관계를 왜곡시킬 가능성을 급격하게 증가시킨다 (Snow, 2017). 이러한 개인적인 이유 외에도 디지털 미디어는 사람들의 주목을 끌어 이윤을 창출하고, 주목을 통한 착취를 극대화하기 위해 경쟁적으로 기술을 이용한다는 점이 문제가 된다. 이러한 주목 경제 아래에서 사람들의 삶은 피폐해지고, 주목 자본주의가 배치한 욕망을 실현하기 위해 자기 삶을 갉아먹는 주목 행위에 모두가 집착하게 된다. 따라서 디지털 미디어를 보지 않는 행위는 주목 경제를 통해 피폐해진 삶에서 다시 통제권을 되찾기 위한 사람들의 노력을 의미한다. 디지털 미디어는 처음 등장했을 때 새로운 사회관계, 여가 선용, 정보 공유를 통한 민주주의의 실현 등 이전에는 불가능했던 많은 것을 약속했다. 하지만 지금 디지털 사회의 현상을 보면 이러한 약속이 지켜졌다고 보기 힘들다. 오히려 그보다는 디지털 미디어가 개인의 미디어 통제권을 송두리째 가져가 이윤 착취의 수단으로 만들고 있는 것이 현실이다.

사람들의 주목을 디지털 미디어로부터 해방시킨다는 것은, 일상에서 미디어를 벗어나 삶의 주도권을 되찾는다는 의미가 있다. 더 나아가 우리 모두의 삶에서 디지털 미디어가 행사하고 있는 사회 작동 원리의 주도권을 되찾아온다는 사회적인 차원의 의미도 가진다. 이것을 '디지털 미디어에 내재한 정치성에서 민주적인 속성을 강화하는 일'이라고 좀 더 거창하게 말해볼 수도 있겠다. 왜냐하면 이처럼 디지털 미디어가 행하는 '주목을 통한 착취'는 우리를 둘러싼 디지털 미디어 주목 자본주의라는 사회구조의 문제에서 비롯되었고, 그러한 구조적인 문제를 해결하겠다는 정치적 주장을 가지는 것은 스스로 만족할 만한 개인적인 편익 확보의 차원을 넘어선, 사회 전체가 추구하는 특정한 방향성의 변화를 의미하기 때문이다.

디지털 주목 기술과 인간의 종속

디지털 사회는 구조적으로 사람들의 주목을 착취하는 시스템을 가지고 있다. 디지털 미디어는 사람들의 주목을 많이 끌어오기 위한 목적으로 디자인된 것이고, 이러한 주목을 끌려는 의도는 사람들이 가진 개인적인 목적과는 무관한 경우가 많기 때문이다. 따라서 처음에는 디지털 미디어의 편리함과 유용함에 끌려 사용을 늘리게 되지만, 결국 이러한 개인적인 목적은 디지털 미디어가 의도한 이윤 창출 디자인 속으로 복속되기 마련이다. 디지털 미디어는 주목을 통해 이윤을 극대화하려는 시스템이기 때문에, 그 속에 개인적인 목적이 이용당할 수밖에 없도록 잘 고안된 알고리즘을 가지고 있다. 이런 상황에서 사람들이 자신의 가치를 지키고, 자신이 소중하게 여기는 것을 우선으로 내세우기는 불가능에 가깝다. 결국 사람들 개개인의 가치 추구는 디지털 기술이 내세우는 가치 추구에 종속되고 만다.

우리가 디지털 미디어의 주목 장치를 통한 지배를 받는 것은 분명해 보인다. 하지만 그것을 의식하지 못하는 이유는 우리의 삶이 디지털 미디어에 너무 깊숙이 관여되어 있기 때문이다. 따라서 사안에 대해 정확하게 관찰하기 위해서는 해당 사안으로부터 멀리 떨어져 최대한 객관적으로 사안의 작동 원리를 살펴봐야 한다. 디지털 미디어에 대한 분석도 마찬가지이다. 문제를 해결하기 위해서는 디지털 미디어 사용을 끊고, 디지털 미디어가 사회 속에서 작동하는 원리를 최대한 거리를 두고 살펴보는 것이 필요하다. 거리를 두면 보이지 않던 것들, 디지털 미디어 사용으로 인해 놓쳤던 것들이 보이기 시작한다. 그것은 어떻게 보면 주목 강박에서 해방되는 것이며, 더 심층적으로 생각해보면 자본주의 욕망기계가 배치한 주목 자본주의의 욕망에서 벗어나는 길이다.

디지털 미디어를 이용하는 행위는 자동적으로 이루어지기 때문에 자신의 내면에서 이루어지는 의식적인 허락 과정을 거치지 않는다. 그리고 의식적인 허락 과정이 없기 때문에 디지털 미디어 이용을 스스로 통제하는 것은 더욱 어렵게 된다. 디지털 미디어 자본이 진정으로 원하는 것은 이러한 무의식적인 주목 행위이다. 우리가 일에 집중해야 할 시간에 자신도 모르게 네이버 뉴스에 접속하는 것처럼, 디지털 자본이 원하는 대로 이미 우리는 스스로 자동화된 주목 기계로 변모하고 있다.

사람들이 디지털 미디어 이용에 종속되는 이유는 주목을 끌어내기 위한 여러 장치 때문이다. 사람들의 욕망에 기초한 여러 기술 장치는 즉각적인 만족과 개인화된 콘텐츠 이용 시간을 제공하고, 이에 따라 습관적으로 디지털 미디어를 이용하게 만든다. 핸드폰의 촉감, 인터넷상에서 이루어지는 스크롤, 개인화된 콘텐츠 알고리즘, 다른 사람들의 삶 훔쳐보기 등은 우리에게 즉각적인 호기심 충족과 만족감을 가져다준다. 한번 습관이 형성되고 생활 패턴이 미디어 작동에 정착되면, 대부분은 디지털 미디어 사용을 끊기가 어려워질 뿐만 아니라 거기에 종속된다. 더 큰 문제는 많은 사람이 비슷한 종속 구조 속에서 네트워크를 형성할 경우 사회적인 압력도 거세지기 때문에 혼자 소외될지 모른다는 두려움(포모Fear of Missing Out: FOMO)에 더욱더 디지털 미디어 사용을 스스로 통제하는 것이 어려워진다는 것이다.

현재는 정보에 접근할 수 있는 권리의 유무에 따라 디지털 격차digital divide가 나뉘기보다 얼마나 주목을 끌어낼 수 있는지에 따라 디지털 격차가 나뉘는 경향이 있다(Willams, 2018). 여기서 중요한 것은 사회의 강조점이 '정보에 접근할 수 있느냐'가 아니라 '얼마나 주목을 끌어낼 수 있느냐'로 패러다임 전환을 이루었다는 점이다. 주목할 필요가 없거나 주목의 대상이 되기 어려운 사람·대상은 디지털 미디어 사회에서 열등한 위치에 놓이고, 점점 생존하기 힘든 사회구조 속으로 빠지게 된다. 주목받지 않는 사람은 사회에서 도태되며, 주목을 얼마나 끌어낼 수 있느냐에 따라 사회적인 서비스는 차등적으로 주어진다. 디지털 미디어들도 차등적인 대우를 프로모션에 공공연히 이용한다. 사람들은 자신도 모르는 사이에 주목 끌기 능력에 따른 불평등을 감수해야 할 뿐만 아니라, 더 나은 삶을 위해 주목을 프로모션하는 사회에 적응해야만 한다. 이처럼 불평등한 사회구조를 벗어나는 방법은 정보 자체의 개방성이나 주목 끌기 능력을 함양하기 위해 개인적으로 경쟁하는 것이 아닌, 불평등을 양산하는 현재의 구조를 인식하고 주목을 둘러싼 사회적 통제권을 사람들이 온전히 되찾아오는 것이다.

주목 중심의 사회 재편은 인간이 기술에 종속되는 과정을 잘 보여준다. 사람들은 기술의 발전 속도를 따라잡을 수 없게 되고, 따라서 기술이 원하는 대로 종속적으로 따라가게 되는 경향이 심화되고 있다. 기억의 외장화가 초래한 결과에서 보듯, 사람들은 기술이 지시하는 대로 삶의 방향성을 추구하게 된다. 하지만 그러한 삶이 당연하게 느껴진다고 해서 우리 스스로 기술결정주의에 빠져 디지털 기술이 우리에게 지시하는 대로 삶을 내버려두려고 해서는 안 된다. 결국 기술은 사람들이 의도하는 대로 사회적·정치적·경제적 의미를 가지고 개발된다. 우리가 명심해야 할 것은, 사람들이 이러한 기술을 어떻게 사회문화적으로 받아들일 것인가, 또 어떻게 능동적인 주체로서 사회문화의 일부로 형성해나갈 것인가에 대한 입장을 주체적으로 정리해야 한다는 점이다. 이러한 주장은 레이먼드 윌리엄스Raymond Williams의 '문화적 유물론cultural materialism' 개념과 유사하다고 할 수 있다(Williams, 1977; 1980). 즉 물질적인 토대와 사람들이 일상적으로 경험하는 것을 분리해 생각해서는 문제가 해결될 수 없으며, 변화된 물질적 토대를 어떻게 하면 문화의 일부로서 주체적으로 수용할 것인가를 고민하는 게 중요하다는 것이다. 따라서 디지털 미디어와 관련된 문제를 해결하기 위해서는 사람들이 디지털 기술을 어떤 식으로 받아들여 새로운 사회문화로 형성해나가야 할 것인가를 고민해야 하며, 궁극적으로 디지털 기술이 가져온 사회문화적인 변화에 어떻게 능동적으로 대처할 것인가에 우리의 관심을 집중시켜야 한다.

주목과 광고, 그리고 실현되지 않은 기대에 대한 욕망

디지털 미디어는 주목을 끌기 위한 장치들로 이루어져 있다. 이러한 장치는 대부분 광고비와 연결되거나 주목의 상품화와 연결되기 때문에 디지털 미디어로서는 가장 중요한 비즈니스 모델이라고 할 수 있다. 디지털 미디어는 극심한 경쟁에서 살아남기 위해 사람들의 주목을 가져와야 하고, 이는 디지털 사회의 환경을 구성하는 중요한 동인으로 작용하게 된다. 따라서 대부분의 디지털 미디어 커뮤니케이션은 주목을 끌기 위한 장치와 연결되고, 특히 커뮤니케이션 활동에서 가장 많이 이루어지는 설득은 주목을 끌어모으거나 디지털 미디어의 주목 효과를 극대화해서 보여주기 위해 사용된다. 결국 디지털 미디어에서 설득 장치는 개인적인 차원에서 미세한 조정이 가능하다는 장점을 십분 발휘해 개별 맞춤형으로 이루어지는 가장 중요한 통제 기술로 발달해왔다. 디지털 미디어에서 이루어지는 광고도 대표적인 설득 장치의 하나이다.

디지털 미디어 비즈니스 모델의 중심에는 광고가 있다. 실제 돈을 벌 수 있는 수단이 대부분 광고와 연결되어 있기 때문에 디지털 미디어 자본은 점점 더 광고에 의존하게 된다. 개인정보를 축적한 다음 팔아서 이익을 거두는 것도 실상은 추후 다른 조직이 광고를 하기 위한 수단을 파는 것과 연결된다. 디지털 환경에서는 광고가 모든 것을 지배하는 광고 종속 미디어 시대가 구현된다. 예전의 텔레비전 광고 시대에는 기껏해야 광고가 설득의 도구이자 프로그램을 보기 위해 참아야 하는 불편한 대상 정도였다면, 디지털 환경에서는 디지털 행위 자체가 광고와 연결되고, 주목에 목매는 사회환경과 광고 환경을 구분하는 것이 어려운 지경으로 가고 있다. 기사와 광고, 선의와 마케팅 행위, 의도와 비의도를 구분하는 것은 어려운 일이 되었고, 그런 비교 자체가 무용하다고 말하는 사람들까지 생겨나고 있다. 디지털 미디어 사회는 광고비를 유치하기 위해 주목을 끌어야 하고, 광고를 통해 상품을 팔기 위해서 주목 효과를 높여야 하며, 실질적인 주목 광고 효과를 위해 개인정보와 최상의 기술적인 자산을 끌어와야 하는 주목 중심의 전방위 광고 사회이다.

결국 주목에 대한 경쟁이 치열해짐으로써 주목은 인간의 욕망을 자극하고, 가장 정교한 방법으로 주목을 끌기 위한 수법들이 기술과 결합하여 디지털 미디어 환경을 지배하게 되었다. 가장 많이 쓰이는 방법들은 진실과 가짜의 경계를 흐릿하게 함으로써 거짓 정보를 죄책감 없이 받아들여 소비하게 하는 전략이다. 이런 환경에서 무엇이 진실이고 거짓인지는 중요한 문제가 아니게 된다. 또한 이런 상황에서 가장 많이 사용되는 전략은 자극을 통한 주목 끌기이다. 인간의 가장 기본적인 본능을 자극하는 메시지, 조금이라도 더 터무니없어 보이는 헤드라인, 무엇을 이야기하고자 하는 것인지 논리적으로 이해되지 않는 묘사, 미래에 사람을 더 끌어모을 것 같은 주목 가능성에 안성맞춤화된 이벤트들이 넘쳐나게 된다. 진실과 가짜의 경계가 흐릿해지면서 어떤 것이 사람들의 관계와 복지에 도움이 되는지 가늠하는 것은 미디어 콘텐츠 제작의 기준에서 멀어지게 된다.

사람들의 주목을 잡아두는 것이 디지털 미디어의 생존 전략이다. 디지털 미디어는 어떤 일을 했을 때 어떤 보상을 받을지 알 수 없도록 기획됨으로써 계속해서 사람들의 주목을 붙잡아둔다. 막연한 기대감은 우리를 그것에서 벗어날 수 없게 만든다. 대부분의 디지털 미디어 환경은 사람들의 주목을 끌기 위해 무언가를 계속해서 기대하게 만들지만, 정작 주목했을 때 얻을 수 있는 보상을 예상할 수는 없도록 만들어둔다. 예를 들어 우리가 네이버 뉴스에 접속해 뉴스를 볼 때 계속 클릭을 하게 되는 이유는, 막연한 기대감은 가지고 있지만 어떤 뉴스를 우리가 발견하게 될지 예상할 수 없기 때문이다. 우리는 어떤 만족을 얻게 될지 예상할 수 없어 계속해서 무언가를 추구하려는 경향을 가진다. 무언가 중요한 것이 확실하게 있는 것보다는 무언가 중요한 것이 나오지 않을까 하는 기대감을 만들어주는 것이 오히려 더 중요하다. 실현되지 않은 욕망, 살아 숨쉬는 현재의 욕구 충족에 대한 기대가 주목의 동인이다. 이런 주목 끌기 기술은 디지털 미디어 환경에서 극대화된다고 할 수 있다. 우리는 아무 생각 없이 디지털 미디어에 접속하지만, 사실은 이를 유도하기 위한 디지털 미디어의 정교한 구조와 의도가 그 이면에 숨어 있고, 또한 이러한 의도는 자본주의 욕망기계의 욕망 배치와 직접적으로 연결되어 있다.

주목의 폐해와 정체성 상실

주목을 정의하기는 쉽지 않다. 하지만 분명한 것은 주목을 함으로써 주목을 하지 않았을 때 할 수 있는 무엇인가를 희생해야만 한다는 것이다. 따라서 주목의 값어치는 매우 주관적이다. 누가 어떤 시점에서 무엇을 할지가 정해져 있지 않기 때문이다. 하지만 이러한 내용의 불일치에도 불구하고 형식의 일치는 찾아볼 수 있는데, 그것은 바로 그 내용을 담고 있는 시간이다. 주목함으로써 잃게 되는 것은 다양할 수 있지만, 그것을 담고 있는 것은 결국 시간이다. 우리는 주목함으로써 일정한 시간을 잃어버린다. 따라서 주목의 가치를 재는 것은 주목하는 데에 사용된 시간을 재는 것과 유사하다. 만약 당신이 30분 동안 소셜미디어에 주목했다면, 다른 무언가를 할 수 있는 30분의 주목 시간을 사용한 것이다. 결국 주목은 내가 통제권을 잃게 되는 나의 자유시간을 의미한다. 따라서 주목을 어떻게 사용하는지는 한 사람이 자신의 자유시간을 어떻게 통제할 것인가와 관련되어 있다. 누군가 주목에 대한 통제권을 잃어버렸다는 것은 곧 자유를 잃어버렸다는 것이다.

주목을 통한 자유의 유실은 개인적인 차원에만 머물지 않는다. 자유를 잃은 사람들이 모여서 민주주의를 실현하는 것은 불가능하다. 주목이 사람들의 자유를 제한한다면 이는 민주주의에 위협이 될 수 있다. 실제로 이런 일은 빈번히 일어난다. 구글과 페이스북 같은 특정 플랫폼이 차지하고 있는 주목의 양을 생각한다면, 사람들이 스스로 자유로운 공론장에 참여할 수 있는 환경은 매우 제한적임을 알 수 있다. 실제로 구글과 페이스북 두 회사는 전 세계 디지털 광고 점유율의 반 이상을 차지하고 있다. 또한 내용적인 측면에서도 사회 이슈에 대해 풍부한 토론이 이루어져야 할 자리에 자극적인 연예 기사가 배치되어 주목을 지배한다면, 이성적인 공론장이 형성되기는 매우 어렵다. 따라서 이런 환경에서는 개인이 주목에 대한 통제권을 가지고, 자유롭게 이성적인 토론이 가능한 시간과 공간을 확보하는 것이 민주주의의 필수적인 요소가 되고 있다. 하지만 디지털 미디어가 발달함에 따라 주목은 민주주의 공론장에서 방해 요소로 등장하는 경우가 더 많아진다.

주목은 습관적이거나 자극적인 콘텐츠를 통해 자신이 통제할 수 없는 시간을 만들어낸다는 점에서 일단 문제가 있다. 하지만 주목과 관련된 폐해는 좀 더 심층적인 부분과 연결된다. 디지털 미디어를 습관적으로 보기 시작하면 물리적으로 잃어버리게 되는 것도 많지만, 결국에 가서는 무엇보다도 자신이 지키고 싶은 통제권을 상실했다는 박탈감에 빠지기 쉽다. 이는 자신의 인생을 자신이 통제한다는, 즉 존재론적인 자존감과도 연결되는 것인데, 디지털 미디어가 주목하기를 바라는 것에 통제권을 넘겨주게 될 경우 사람들은 자신의 정체성에 대해 의심하게 되고, 자신이 인생을 통제할 수 없다는 무력감에 빠지게 된다. 디지털 미디어에 주목하는 행위가 정체성의 문제와 연결되는 이유가 여기에 있고, 또한 디지털 미디어 주목 문제를 해결하기 위해 반드시 사람들의 정체성을 고려해야 하는 이유도 이런 점에 있다. 한편 디지털 미디어가 만들어내는 자극과 설득의 힘은 사람들이 믿는 것과 가치 있다고 생각하는 것을 일률적으로 전파하는 것이므로, 결국 디지털 미디어는 비슷한 정체성을 강요하는 경향이 있다. 따라서 사람들이 디지털 미디어에 주목하면 할수록 디지털 자본주의가 요구하는 정체성을 가지게 될 확률도 높아지게 된다.

그렇다면 사람들이 자신의 정체성을 의심하게 만들 정도로 디지털 미디어에 대한 주목을 이끌게 하는 힘은 무엇일까? 이는 굉장히 중요한 문제인데, 디지털 미디어 자본이 주목을 끌어내는 동인으로서 분명 감각적으로 더 재미있고, 더 화려하며spectacular, 더 집중하기 쉬운 콘텐츠를 제공한다는 측면은 분명히 존재한다. 하지만 이것만이 전부일지 생각해보면, 그보다 더 깊은 작동 원리가 디지털 미디어에는 숨어 있다. 첫째는 자본주의 욕망기계의 욕망 배치가 이미 물 흐르듯 작동하는 시대에 우리가 살고 있다는 점을 들 수 있다. 이미 디지털 미디어 주목의 토양이 갖추어져 있다는 것이다.

두 번째는 영화적인cinematic 주목 작동 원리에 우리가 너무 익숙해져 있다는 측면과 관련된다. 영화는 과거, 현재, 미래의 사실들이 몽타주 형식으로 조합되어 만들어지기 때문에 가장 주목을 끌 수 있는 사안을 전면에 내세울 수 있다. 사람들은 현재 일어나지 않은 일도 과거와 미래로부터 끌어와 자극적으로 만들 수 있기 때문에, 현재의 비루함에 비해 영화적인 주목은 훨씬 더 화려하게 비칠 수밖에 없다. 디지털 미디어가 내세우는 것은 영화적인 주목이므로 현재 상황에서 자신이 생각하고 있는 것보다 화려한 현재가 만들어져 있고, 이는 훨씬 더 큰 주목을 끌 수밖에 없다. 예를 들어 카카오톡 프로필 사진으로 우리는 1년 전 사진이든 현재의 사진이든, 가장 주목을 끌 수 있는 사진을 얼마든지 골라내서 사용할 수 있다.

세 번째는 디지털 기술의 발전도 주목과 깊숙이 관련되어 있다는 점이다. 디지털 기술은 개인적인 욕망을 선별해내고 알고리즘 조작을 통해 개인 맞춤형 콘텐츠를 제공하기 때문에 주목의 가능성을 높일 수 있다. 또한 기억이 기술을 통해 외장화되므로 깊은 생각을 요구하는 것보다는 표피적이고, 눈에 띄며, 화려한 대상을 찾는 것이 일상화된다. 외장화된 기억은 성찰보다는 선별을 위한 빠른 결정을 요구하기 때문이다. 이렇게 되면 기술이 우리가 주목하고자 의도한 것을 골라주는 데에서 나아가, 어떤 것에 주목해야 하는지까지도 결정해주게 된다. 따라서 자본주의 욕망, 일상화된 영화적 주목, 기술의 선별과 기억의 외장화를 통해 우리는 점점 더 주목에 빠져든다.

디지털 미디어는 사람들이 그들 자신의 정체성과 가치에 대해 깊이 생각할 기회를 주기보다는 눈에 띄는 것, 주목할 수 있는 것 자체에 의미를 두는 방식으로 작동한다. 따라서 속 깊은 대화를 나눌 수 있는 친구가 얼마나 있는가보다는, 나에게 '좋아요'를 빨리 눌러줄 수 있는 팔로워가 얼마나 많은가를 더 중요하게 생각하는 시대가 되었다. 문제는 이러한 디지털 미디어의 작은 장치들이 기본적으로 자본주의 욕망기계의 작동으로 이루어진다는 점이다. '좋아요'를 주고받으며, 내가 선호하는 것을 검색해보는 일상적인 행위들이 사실은 디지털 미디어가 자본주의 작동 원리 속에서 이윤을 창출하기 위해 기를 쓰는 것과 연결되어 있다. 사람들의 온라인 행위를 통해 드러나는 작은 정보들은 사람들의 선호를 형성하는 데이터로 만들어지고, 그러한 데이터는 광고주에게 팔려나가 이윤 창출의 기반을 형성한다. 디지털 미디어를 통한 일상적인 행위들이 그저 작은 제스처에 불과하고 주어진 행동유도성affordance 안에서 작동하는 반응들에 불과한 것처럼 보이지만, 실제는 디지털 자본주의의 작동 원리가 깊숙이 반영되어 있는 것이다. 결국 디지털 세상에 적응하면 할수록 우리의 정체성은 디지털 자본주의의 작동 원리에 복속되고 만다.

주목이 세상의 중심 원리가 된 상황에서는 모든 일이 '주목을 끌 수 있느냐'를 중심으로 돌아간다. 예를 들어 어떤 대통령 후보가 어떻게 해서 당선되었을지 생각해보면, 경쟁 후보보다 더 주목을 끌 수 있는 요소가 많았기 때문이라고도 추정해볼 수 있다. 핵심은 '어떤 콘텐츠를 가지고 어떤 진정성 있는 행위를 할 것인가'에 있지 않고, '얼마나 주목을 끌 수 있으며 얼마나 주목의 대상이 될 수 있느냐'에 있다. 사람들은 미디어에 출연해서 얼굴을 알린 사람이 더 똑똑하고 더 능력이 있다고 받아들인다. 이런 경향은 디지털 사회로 가면서 더욱 강화된다. 주목이 정체성과 가치를 넘어서는 기준이 되어버린 것이다. 얼굴을 알릴 수만 있다면 자신의 경쟁력은 높아진다. 이렇게 되면 진정한 정체성보다 주목받을 수 있는 정체성이 더 내가 소중히 여겨야 할 정체성이라고 착각하게 된다. 요즘 화제가 되고 있는 '부캐(부차적인 캐릭터)'에 대한 사람들의 관심도 결국은 주목 사회의 정체성 혼란에서 비롯된 것이다.

주목과 민주주의의 위기

주목에 대한 통제권 상실이 민주주의에 초래하는 가장 큰 문제는 사람들이 스스로 가치 있다고 생각하는 것이 아닌, 디지털 미디어 자본이 주목하도록 지시하는 것에 주목하게 됨으로써 시민으로서의 공화정을 위한 덕성을 상실하고 자신의 자유를 디지털 미디어 자본에 맡겨버리는 상황이 초래된다는 것이다. 이러한 상황은 특히 여가 시간, 즉 휴식 시간에도 자기 통제권을 상실하고 디지털 미디어가 제공하는 주목에 빠져들게 만든다는 데에 더 큰 문제점이 있다. 따라서 디지털 미디어가 통제하는 주목은 노동의 시간뿐만 아니라 휴식의 시간도 장악하며, 더 나아가 우리의 사회생활 전반, 사회관계까지도 지배하게 된다.

주목에 목매는 사회는 분노를 촉발하고 의견의 극단화를 조장하는 경향이 있다. 분노를 촉발하거나 상대와 나를 가르는 콘텐츠가 더 사람들의 주목을 끌 수 있기 때문이다. 이러한 경향은 디지털 플랫폼 알고리즘의 동일성 강화 전략에 따라 더욱 심화되는데, 우리가 흔히 유튜브에서 경험하는 반향실이나 필터 버블 현상이 대표적이다. 쏟아지는 정보 속에서 주목은 제한될 수밖에 없다. 사람들이 더 자극적인 소식, 자신이 선호하는 소식만을 받아들이는 사회는 민주주의와 거리가 먼 사회가 될 가능성을 높인다. 여기에서 더 문제를 복잡하게 만드는 것이 가짜 뉴스이다. 주목을 끄는 것에만 고심하다 보니 콘텐츠의 진실성보다는 사람들의 눈길을 잡는 일에 더 우선권을 두는 경향이 농후해지고 있다.

디지털 사회가 주목을 중심으로 재편됨에 따라 더 문제가 되는 지점은, 이러한 사고 체계가 타인에 대해 이해하려 하지 않게 만드는 동시에 자기중심적으로 사고하게 만든다는 것이다. 내가 주목받거나 주목하는 것이 중요하기 때문에 다른 사람에 대한 이해의 폭이 줄어들고, 이는 외부인에 대한 혐오로도 이어질 수 있다. 주목을 끄는 것은 사람에 대한 이해보다는 말초적인 자극에 더 반응하는 속성을 지닌다. 예를 들어 이민자와 관련된 특이한 사건이 발생했을 때 그 사건의 내면을 이해하려고 하기보다는 '이민자의 위험성'이라는 자극성에 주목하게 된다. 이런 사회에서는 외부인에 대한 위험성이 강조되고 공격성이 정당화되는 경향이 나타난다. 주목이 중심이 되는 사회에서 인간에 대한 이해는 줄어들 수밖에 없다. 이런 사회에서 민주주의 공동체를 형성하는 일은 매우 어려운 과제가 된다.

더 많은 주목을 끌기 위해서는 좀 더 자극적인 콘텐츠에 의존할 수밖에 없고, 자극적인 콘텐츠는 결국 극단적인 생각, 외부인에 대한 혐오, 집단 린치 등의 공격성을 자극하게 된다. 이러한 주목의 위험성은 결국 자본주의 이윤 착취 시스템과 그대로 연결된다. 예를 들어 유튜버들은 광고비를 벌기 위해 주목을 끌어야 하고, 주목을 끌기 위해서는 공격적이고 자극적인 콘텐츠가 필요해진다. 이러한 유튜버들의 행위를 위한 판을 까는 것은 디지털 미디어 자본이며, 이들 사이의 주목 끌기 경쟁이 결국은 이윤 창출의 근간을 이룬다. 전술했듯 이러한 상황에서의 주목을 통한 이윤 착취는 '주목을 노동과 연결하면 노동의 강도를 가장 강화하는 방향으로 착취가 이루어지게 된다'는 점을 자연스럽게 설명한다.

주목이 민주주의에 문제가 되는 것은 자극적이고 극단적인 콘텐츠를 통한 대중영합주의populism 차원의 정치 문화, 그리고 주목을 통한 이윤 창출에의 집중 등 표면적으로도 쉽게 드러나는 여러 사안과 직접적으로 관련되어 있다는 것이다. 하지만 무엇보다도 문제가 되는 것은 비판적인 능력을 점점 상실해가는 우리 자신이다. 자극적이고, 자신이 좋아하는 콘텐츠에만 주목하는 사람들이 자신과 다른 것, 그렇지만 민주주의 발전을 위해서 함께 고민해봐야 하는 의제에 집중하지 않는다면 합리적인 공론장이 구성되기는 힘들다. 이런 사회는 자극적이고 눈에 띄는 정치적 수사를 구사하는 사람들에 의해 현혹될 가능성이 높고, 이는 그 사회의 정치를 반민주적인 선동 정치로 이어지게 할 가능성 또한 높인다. 세계 곳곳에서 벌어지는 극우적인 정치인들의 득세가 이러한 우려를 입증한다.

주목을 끄는 것이 목적이 되는 사회에서는 깊게 생각하고, 합리적으로 의사결정을 도출하는 공론장을 형성하는 것이 불가능해진다. 즉각적으로 주목을 끌어내기 위해 주목을 끌 수 있는 무한정의 수단을 동원해야 하고,

도덕적 판단이나 가치 실현에 사로잡혀 있을 수 없다. 그러다가도 이러한 순간에 다른 사람의 주목 끌기가 성공한다면, 자신에게는 어떤 이익 실현도 일어나지 않는다. 오직 주목을 끌기 위한 노력만이 사회를 움직이는 힘이 된다. 이런 상황에서 개인의 정체성은 흔들릴 수밖에 없고, 집단의 정체성은 의미를 상실한다. 심하게 말하면 가족이 해체되고, 공동체가 붕괴되며, 인류의 인간애도 사라진다. 아가페agape 차원의 사랑은 그저 성서에 나오는 신화로만 존재하게 된다.

결론적으로 주목에 목을 매는 사회는 민주주의에 위협이 된다. 디지털 미디어가 온갖 기술을 동원해 주목을 짜낼수록 사람들은 그 속에서 어떻게든 만족감을 찾으려고만 할 뿐, 사회적으로 더 큰 의미나 정치적으로 올바른 일에 대한 흥미는 잃어버린다. 주목 경제가 지배하는 사회에서는 개인의 정체성이 없어질 뿐만 아니라, 집단 차원에서 어떤 것이 옳은 것인가에 대한 합의를 이루어내지 못한다. 개인과 집단의 정체성이 모두 흔들리는 사회에서 민주주의가 지켜지기는 어렵다. 이런 사회에서는 오직 주목 경제의 이윤 추구 정신만이 민주주의의 가치를 대신하게 된다.

주목 자본주의의 문제와 통제력 회복

문제는 주목 경제가 모두 자본주의 작동 원리의 지배를 받는다는 점이다. 디지털 미디어가 주목을 끌고자 하는 것은 광고와 온라인 데이터를 통해 이윤을 창출하려는 목적이고, 마찬가지로 광고와 온라인 데이터를 통해 이윤을 극대화하려면 가장 효과적으로 주목을 끌어야만 한다. 이것은 AI의 개발에도 그대로 적용된다. 디지털 미디어 회사가 AI를 이용하는 한, AI도 주목 경제 원리에 충실한 이윤 창출의 도구로 이용될 뿐이다. 당장은 편리함 때문에 기능적인 목적이 있는 것처럼 인식되지만, 결국 나중에는 주목을 끌기 위한 도구에 불과해진다. 예를 들어 최근 선풍적인 인기를 끌고 있는 생성형 AI인 챗지피티ChatGPT를 보면, 일정한 수의 주목, 즉 상당한 이용자가 모이게 되자 유료화 시스템으로 전환하면서 어떻게든 주목을 통해 이윤을 극대화하는 방향으로 서비스를 제공하려는 움직임을 보이고 있다. 이 역시 같은 원리이다.

이렇듯 디지털 미디어 환경에서 이루어지는 모든 활동은 주목을 이익의 근간으로 하는 주목 자본주의 논리로 귀결된다. 결국 주목 중심의 사회는 사람들이 의도적으로 자유롭게 들어가거나 나갈 수 있는 사회가 아니고, 구조로서 고정되어 있으면서 누구도 그곳에서 헤어날 수 없게 만드는 사회이다. 따라서 주목 자본주의는 사회 구성원들의 의지와 상관없이 작동하며, 주목을 중심으로 사람들을 감정적으로 끊임없이 자극한다. 이런 상황에서 사람들은 거의 자동화된 상태로 디지털 자본주의의 작동 원리를 자연스럽게 체화하게 된다.

그래서 결국 문제를 해결하려면 주목으로부터 분리되어 있던 정치성, 즉 현상을 비판적으로 성찰하는 능력과 스스로 자신의 역할을 돌아보는 능력을 회복해야만 한다. 그리고 이를 통해 다시 주목에 대한 통제권을 되찾기 위해 노력해야 한다. 정치성을 회복하는 것은 디지털 미디어에 결부되어 있는 사회 권력의 연관성을 밝혀내고, 진정한 주목 자유를 획득하기 위해 사람들의 의식적인 노력과 힘을 모으려는 시도이다.

이러한 주목을 중심으로 이루어지는 개인의 자유 박탈과 민주주의의 위기를 타개하기 위해서는 어떤 조치가 필요할까? 이러한 의문에 대해, 디지털 기술을 우리가 원하는 방향으로 끌어와서 우리에게 도움이 되는 방향으로 발전시켜야 한다는 일반적인 처방은 큰 도움이 되지 않는다. 이는 기술이 아무런 의도가 없는 중립적인 대상이라고 할 때만 가능한 일이다. 하지만 기술은 중립적으로 존재하지 않으며, 기술을 가진 사람들의 의도를 통해서 표현된다. 따라서 기술을 독점하는 사람들이 가진 의도를 파악하고, 그것을 막으려는 노력을 하지 않는다면 문제는 해결되지 않는다. 궁극적으로 기술이 주목의 문제를 해결해주리라고 생각하는 것은 너무도 순진한 접근 방법이다.

기능적인 차원의 해결 방법과 관련하여, 윌리엄스(Williams, 2018)는 주목 자본주의 상황에서 주목에 대한 통제권을 되찾으려면 다음 네 가지에 주목할 필요가 있다고 보았다. 첫째, 광고의 공익적 목표에 대한 새로운 의미 설정, 둘째, 디지털 미디어 운용 시 초점을 둘 주목 외의 다른 개념 표현 개발, 셋째, 디지털 미디어의 작동에 대한 상층부의 결정 과정 변화, 넷째, 책임성과 투명성에 대한 평가 방법의 변화이다. 하지만 주목의 통제권을 되찾기 위해 이처럼 기능적인 영역을 개선한다고 해서 사회 전체의 주목 자본주의화를 막을 수 있을지는 의문이다. 실제로 주목 자본주의가 사회를 통제하게 된 것은 디지털 미디어 자본이 자본주의 착취 시스템과 사회관계를 그대로 받아들였기 때문이므로, 이러한 자본주의 차원의 구조적인 착취 시스템을 허물지 않은 채 주목 자본주의의 구조적인 문제를 실질적으로 해결하기는 어렵다.

그렇다면 문제의 해결책은 자본주의 구조에 충격을 주는 방향으로 구성되어야 한다. 예를 들어 정치적인 행위로서 사람들이 주목 노동에 대해 통제권을 행사하기 위해 힘을 합치고, 주목 노동에 대한 대응 단체를 구성하는 것과 같은 현실적인 시도들도 생각해볼 수 있는 방안이다. 결국 주목 자본주의의 문제를 해결하려면 먼저 현 상태가 지닌 문제를 인식하고, 이 구조를 흔들 수 있는 깨어 있는 시민들이 많아지는 것에서 시작해야 한다. 지금의 디지털 미디어 환경이 사람들의 주목 노동을 착취하는 수단으로 구성되어 있다는 것, 그리고 우리가 모르는 사이에 우리 자신의 신체와 정신이 노예의 상태에 직면해 있다는 것을 깨닫는 것이 무엇보다 중요해진다.

결국 주목은 현대 디지털 사회의 모든 문제의 핵심에 있다. 주목에 대한 우리의 통제력을 회복하지 못한다면 우리는 자유롭다고 말할 수 없다. 기술의 발전이 인간의 환경을 더 나아지게 했다고 아무리 주장하더라도, 주목의 통제권을 사람들이 가지지 못한다면 우리는 보고 싶지 않은 것을 강제로 봐야 하는 상황에 내몰리게 된다. 더욱 심각한 것은 이렇게 강제로 내몰리는 상황을 스스로 인지하지 못하고 습관처럼 주목 통제권을 디지털 미디어에 내어주게 된다는 점이다. 상황이 지금처럼 나빠진 것은 주목의 문제를 심각한 사회문제로 보지 못했기 때문이기도 하고, 혹은 보지 못하게 만드는 어떤 힘의 작용에 이끌려왔기 때문이기도 하다. 이제는 이러한 힘의 작용을 정확하게 진단하고 주목 통제권을 회복하는 일이 진정한 자유를 찾는 일과 통한다는 것을 인식해야 한다.

7장

디지털 미디어 보지 않기와 거부의 역사

나는 삶의 본질적인 사실들을 직면하기 위해, 삶이 가르치고 있는 것을 배우기 위해, 그리고 죽음에 직면했을 때 후회하지 않고 살아온 자신을 발견하기 위해 의도적으로 내 삶을 영위하고자 숲으로 갔다.

— 헨리 데이비드 소로Henry David Thoreau, 『월든*Walden*』(1854)에서

헨리 데이비드 소로가 숲으로 들어간 이유는 자연과의 교감을 통해 삶을 단순화시키고, 의도적으로 자기 내면에 대한 독립성과 삶의 주도권을 되찾기 위해서였다. 소로가 보기에 현대 문명은 너무 물질적인 욕구 충족과 사회적인 지위 추구에 경도되어 있기 때문에 인생에서 진짜 중요한 것을 보지 못하게 하고, 개인의 자유로운 의지를 약화시킬 뿐만 아니라, 물질적인 허상과 사회관계를 추구하게 만들고 있었다. 그는 인간성을 온전히 회복할 수 있는 방법은 자연에서 찾을 수 있다고 보았는데, 자연과 함께하는 삶이야말로 진정한 자아를 발견할 수 있게 해주고, 이를 통해 비로소

자연과 조화를 이뤄 내면의 평화를 찾을 수 있다고 본 것이다. 소로는, 우리가 삶의 의미를 찾으려면 스스로를 물질적인 욕망과 자본주의 사회관계에서 해방시키고 자연과 교감함으로써 진정한 자아를 찾아야만 한다고 주장했다.

소로가 추구했던 이러한 삶은 이제 불가능하다. 디지털 미디어 사회는 끊임없이 주목할 것을 강요하고, 주목을 통해 물질적인 욕망을 강화하며, 이윤 창출에 최적화된 사회를 자연스러운 습속으로 수용할 것을 강요한다. 그러한 사회적인 압력은 너무나 자연스러운 사회 맥락으로 다가오기 때문에 사람들은 자신이 이윤 창출의 모든 과정에서 소외되어 있다는 것을 느끼지 못한다. 다시 말해 디지털 미디어 사회는 미디어를 통해 다양한 네트워크를 형성하고, 끊임없이 주목 자본주의를 수용할 것을 강요하는 사회이다. 소로처럼 숲으로 들어갈 게 아니라면 우리는 자본주의 욕망으로부터, 나아가 디지털 기술이 우리의 삶을 사회공장으로 만드는 과정으로부터 벗어나지 못한 채 순응하며 살아가야 할 것이다.

노출 사회와 심리적 소외감

자신을 쉽게 노출함으로써 스스로를 모니터링의 대상으로 만들어가는 사회가 노출 사회이다(Harcourt, 2015). 새로운 노출 권력expository power은 디지털 미디어를 통해 사람들을 감시하고 상품화하며 이윤을 창출한다. 이러한 노출에 함께하는 것이 주목이다. 사람들이 디지털 미디어에 주목하게 되면, 이러한 주목은 고스란히 노출된다. 따라서 노출 권력은 주목을 지배하는 주목 권력attention power이고, 이는 사람들의 자발적인 참여를 통해 형성된다. 사람들이 노출 권력에 스스로를 내맡기는 표면적인 이유는 간단하다. 스스로 디지털 미디어가 주는 말초적인 유혹을 참기 어렵기 때문이다. 하지만 이러한 표면적으로 간단해 보이는 행위의 이면에는 자본주의 욕망기계가 만들어낸 사회적 강제가 자리 잡고 있다. 사람들은 자신의 모든 개인정보를 노출시키고, 자신이 하는 디지털 노동에 대한 대가를 요구하지도 않으면서 기꺼이 자신을 노출한다. 왜 이런 불평등을 감내하는 것일까? 이는 우리 모두가 디지털 자본주의 체제에 순치되어 통제 사회의 성실한 일원으로 스스로를 자리매김하고 있기 때문이다. 이러한 디지털 통제 사회는 미셸 푸코Michel Foucault가 말한 훈육 사회의 수준을 벗어나, 사회 전반의 모든 행위를 정보화하고 일률적으로 감시한다.

일반적으로 사람들은 스스로의 즐거움을 위해 소셜미디어를 이용한다고 생각하지만, 쾌락 혹은 만족 외에도 소셜미디어를 이용하는 사람들이 미디어 사용을 자제하지 못하는 데에는 여러 가지 동기 요인이 있다. 소셜미디어 이용을 자제하지 못하는 이유를 자기결정이론self-determination theory과 자기절제이론self-control theory을 바탕으로 살펴보면, 내재적인 이유와 외재적인 이유로 크게 나누어서 생각해볼 수 있다(Halfmann, 2021). 우선 내재적인 동기에서 보면, 사람들은 관계 형성에 대한 필요를 항상 충족시키고자 한다. 즉 사람들은 관계로부터 벗어나 살아갈 수 없다고 느끼기 때문에 소셜미디어를 손에서 놓으면 관계가 단절될지 모른다는 두려움을 느낀다.

이에 반해, 외재적인 동기는 항상 온라인으로 접속되는 상황에 놓여 있어야 한다는 사회적 압박이다. 사람들이 속한 그룹이나 조직의 구성원들은 온라인에 접속되어 있지 않은 사람을 비정상으로 몰고 가는 경향이 있다. 디지털 사회에서 사람들은 항상 준비되어 있어야 하고, 온라인에 접속할 준비가 되어 있는 사람만이 정상의 범주에 속할 수 있다고 간주한다. 이는 대부분의 사람에게 압박으로 작용한다. 여기서 재미있는 사실은 사람들이 소셜미디어를 사용할 때나 사용하지 않을 때 모두 죄책감에 시달린다는 것이다. 소셜미디어를 사용할 때 느끼는 죄책감은 자신이 스스로 욕구를 통제하지 못한다는 데에서 오는 감정이고, 사용하지 않을 때 느끼는 죄책감은 다른 사람들을 위해 항상 온라인에 접속할 준비가 되어 있어야 한다는 압박감에서 오는 감정이다. 이처럼 사람들에게 소셜미디어의 등장은 사용하든 사용하지 않든 언제나 문제적 상황을 부여한다.

디지털 미디어 사회에서 소로와 같은 결정, 곧 숲으로 들어가는 결정이란 미디어를 거부하거나 끊는 것이다. 디지털 미디어를 끊는 것은 의도적으로 미디어를 보지 않는 것으로서 일정 기간 혹은 계속해서 디지털 미디어의 사용을 자발적으로 중지하는 행위이다. 이러한 행위는, 우선 디지털 미디어에서 발생하는 끊임없는 자극과 집중 방해로부터 해방되는 것을 의미한다. 따라서 디지털 미디어 끊기 혹은 보지 않기는 정신건강 측면에서 매우 긍정적인 효과를 가져올 수 있다. 또한 디지털 미디어로 인해 방해받았던 인간관계를 회복할 수도 있으며, 진정성을 담은 상호작용 역시 가능해진다.

디지털 미디어 끊기는 부정적인 측면을 막는 역할도 하는데, 특히 끊임없는 비교를 통해 낮아진 자신감을 회복하거나 허상으로 만들어진 사회 규범으로부터 자신을 해방시킬 수 있는 기회를 가질 수 있다. 물론 디지털 미디어를 봐야만 일의 능률을 높일 수 있거나 광범위한 사회 네트워크를 유지해야 하는 사람이라면 디지털 미디어 보지 않기가 또 다른 문제가 될 수도 있다. 또한 디지털 미디어를 보지 않아 심리적 소외감을 갖게 되는 포모Fear of Missing Out: FOMO 현상에 빠질 수도 있다. 하지만 이런 부정적인 결과의 가능성에도 불구하고, 디지털 미디어 보지 않기를 통해 부정적인 측면이 지속되기보다는 삶의 통제권을 되찾는 긍정적인 측면이 더 발현될 가능성이 높다(Snow, 2017).

우리가 디지털 미디어에 의존하는 이유는 우리의 삶이 너무 포모에 빠져 있기 때문이다. 디지털 미디어 의존에서 벗어나기 위해서는 포모로부터 벗어나 조모Joy of Missing Out: JOMO를 살려나가는 것이 중요하다. 우리가 포모에 빠지는 이유는, 너무나 쉽게 모든 것을 경험해야 한다고 설파하는 소비 사회에 살고 있기 때문이다(Brinkmann, 2017). 우리는 다른 사람이 경험하는 것을 내가 하지 못한다면 뒤처지게 되고, 다른 사람들로부터 사회 규범 차원에서 소외된다고 느낀다. 실제로 우리는 항상 무언가를 찾고, 모든 것을 경험하고 성취해야 한다는 착각에 빠져 있다. 이런 상황에서 벗어나 포모에 빠지지 않으려면 자신의 원칙과 가치를 세우고 그것을 스스로 지키려는 노력을 하는 수밖에 없다.

이때 원칙을 지키는 문제는 결국 다른 원칙을 따르지 않거나 경험하지 않는 것을 선택하는 문제이며, 우리는 이러한 과정을 통해 삶에 대한 자신의 통제권을 다시 찾아야만 한다. 하나의 원칙을 지키는 문제는 다른 원칙을 자발적으로 버리는 문제라는 것, 즉 원칙을 지키는 것은 포모가 아니라 조모의 길로 들어서는 것임을 이해해야 한다. 선택이 불러오는 간결함에 더해, 무언가를 얻기 위해 다른 무언가로부터 소외되는 것은 필연적인 과정임을 받아들이면 오히려 무언가를 하지 않는다는 것이 삶을 더 행복하게 만드는 길임을 깨닫게 된다.

미디어 보지 않기의 문제는 미디어 학자들이 크게 관심을 가지는 주제는 아니다. 미디어 연구는 주로 미디어가 어떤 효과를 나타내는가를 중심으로 이론적 기반을 만들어왔기 때문에 '미디어와 단절하는 상황'에 대한 이론화는 상대적으로 소홀한 편이다. 하지만 디지털 미디어가 과도한 몰입이나 중독을 일으키는 문제와 함께, 현대 디지털 소비 사회의 각종 문제가 관련되면서 디지털 미디어로부터 어떻게 개인의 통제권을 가져올 것인가에 대한 논의는 점차 많아지고 있다. 여기서 주목할 것은, '어떻게 개인적으로 통제권을 회복할 것인가' 하는 측면에서 시작한 논의가 점차 '사회적으로 미디어 통제권을 가져오는 문제'로 확대되고 있다는 점이다. 이런 차원에서 미디어 끊기 연구의 주제를 개인적인 건강이나 집중의 문제에서 나아가 존재, 자유, 지속가능성의 문제로 발전시켜가는 논의들 역시 활발히 이루어지고 있다(Moe & Madsen, 2021).

미디어 거부하기와 관련된 역사와 연구 경향

미디어 보지 않기 혹은 미디어 사용에 대한 비판의 역사는 디지털 미디어 시대에 새롭게 생긴 현상이 아니다. 미디어 보지 않기는 새로운 미디어가 등장할 때마다 비슷한 논리의 저항 분위기에서 등장했다. 이러한 미디어 이용을 비판하는 논리는 크게 도덕morality, 문화culture, 계몽enlightenment, 민주주의democracy, 공동체community, 보건health의 측면에서 논의되어왔는데, 이에 대한 부정적인 반응은 정치 제도, 전문가, 대응 네트워크, 개인 차원의 노력으로 나누어볼 수 있다(Syvertsen, 2017). 이런 논의들은 전반적으로, '텔레비전을 시청하는 것은 사람들의 소비 의식과 폭력성을 조장하고, 공동체 참여의식을 떨어뜨려 민주주의에 좋지 않은 결과를 가져온다'는 논리 구조를 가지고 있다.

'미디어를 보지 않는 것'과 관련된 논의는 '수동적인 수용자'의 문제점을 분석하는 측면에서 점점 더 '능동적으로 미디어를 선택하지 않는 사람'에 대한 관심으로 옮겨왔다고 할 수 있다. 그리고 이는 미디어를 사용하지 않는 사람들에 대한 사회문화적인 의미를 좀 더 심층적으로 살펴보려는 노력의 일환이라고 할 수 있다. 일반적으로 미디어를 보지 않는 것은 여러 가지 유사한 개념으로 표현되어왔기 때문에, 이 장에서도 역사적인 발전 과정상 여러 개념이 사용되어왔음을 강조하기 위해 다양한 개념을 동원하기로 한다. 여기서 미디어 거부하기media refusal의 역사를 살펴보는 것은 다양한 유사 개념을 광범위하게 포함하여 이루어지는 작업이 될 것이며, 이러한 유사 개념들은 이 책에서 통칭하여 '미디어 보지 않기'를 의미한다고 간주한다.

유사 개념으로 많이 사용되는 미디어 저항media resistance은 미디어에 부정적인 태도나 행동 반응을 보이는 광범위한 경우에 사용되는 개념이고, 이 개념의 사용 시기는 편의상 크게, ① 신문과 라디오 같은 매스미디어가 처음 등장하던 시기, ② 텔레비전과 같은 영상 매체가 등장하던 시기, ③ 디지털 소셜미디어가 등장한 시기로 구분해볼 수 있다(Syvertsen, 2017). 물론 미디어 저항은 문자를 사용하는 전달 수단 모두에 적용된다. 사실 처음 문자가 발명되어 널리 쓰이기 시작하던 시기에는 말에 비해 문자가 훨씬 믿을 수 없는 전달 수단으로 취급받거나 조롱받았다. 이는 사람들이 점점 기억을 외장화해서 보관하게 됨에 따라 실제 자신의 의도가 문자를 통해 온전히 전달될 수 없다는 불안감이 작용했기 때문이다. 또한 문자를 알게 되면서 사람들은 현실을 자각하게 되고, 이를 변화의 동력으로 연결시킬 불온한 사상을 가질 수도 있게 된다. 그러므로 현재의 권력과 기득권이 문자를 포함해 변화를 불러올 수 있는 새로운 미디어를 좋아하지 않는 것은 당연하다. 결국 문자를 포함한 새로운 전달 미디어는 언제나 광범위한 계층에서 다양한 저항을 불러올 수밖에 없다.

19세기 후반부터 점차 인쇄 미디어와 라디오 등이 등장하면서 매스미디어 시대가 본격적으로 열렸고, 이러한 새로운 미디어에 대한 저항도 시작되었다. 신문을 포함한 인쇄물과 영화의 대중성이 시민들의 문화적인 소양을 떨어뜨린다는 주장은 계속해서 제기되었다. 문화적인 소양의 함양에 대한 주장은 '시민들을 계몽해야 할 미디어가 그 역할을 방기하고 있다'는 비난으로도 이어졌다. 이러한 매스미디어의 등장에 대한 비난은 라디오가 상업적인 미디어로 거듭나면서 더욱 심해졌다. 상업적인 미디어로서 라디오는 저속한 문화를 모든 세대에게 일률적으로 전파하는 미디어로 규정되었고, 사회의 도덕적 기준을 저하시키는 역할을 한다고 비난받았다.

라디오에 쏟아진 비판은, 처음 라디오가 등장했을 때 일반 대중으로부터 받은 찬사와 비교해보면 인터넷 매체에 대한 사람들의 반응과 유사한 측면이 있다. 대부분의 미디어가 처음 사회에 등장할 때는 그 사회를 변화시키리라는 기대를 한 몸에 받지만, 결국 그 시기가 지나면 배신의 아이콘으로 전락하고 만다. 미디어에 대한 비난의 근거는 앞서 언급한 도덕, 문화, 계몽, 민주주의, 공동체, 보건 차원의 가치 논의에 광범위하게 걸쳐 있다고 할 수 있다. 새로운 미디어는 도덕적으로 문제가 있으며, 좋지 않은 문화를 전파함으로써 사회를 계몽할 의무를 방기하고, 민주주의와 공동체의 근간을 무너뜨린다고 본다. 그리고 당연히 이러한 문제는 개인의 보건과 복리에 악영향을 미친다.

'매스미디어를 통한 대중과 문화의 오염'은 텔레비전에 대한 비난에서 가장 맹렬한 소재가 되었다. 텔레비전에 대한 비난은 새로운 미디어가 등장할 때마다 논의된 대부분의 가치 하락과 연결된다. 한 가지 재미있는 사실은, 새로운 미디어가 등장하면 이전에 비난받던 구舊미디어에 대한 태도가 우호적으로 변하게 된다는 점이다. 라디오가 등장했을 때는 인쇄 미디어에 대한 여론이 우호적으로 변했고, 텔레비전이 등장했을 때는 라디오에 대한 비평가들의 평가가 우호적으로 변했다. 심지어 하버마스(Habermas, 2023)조차도 디지털 미디어가 등장하자, 공론장의 붕괴를 가져왔다고 본 매스미디어에 대한 부정적인 평가를 어느 정도 거두어들인 바 있다. 새로운 미디어의 등장은 대부분 예전 미디어에 대한 향수를 자극하면서 여론을 우호적으로 반전시키는 경향이 있는데, 이는 미디어에 대한 사회의 평가가 매우 상대적일 수 있음을 보여준다.

하지만 텔레비전에 대한 비난은 다른 예전 매체들보다 확실히 광범위한 측면이 있다. 현대사회가 빠르게 변화하면서 사회환경적인 위험 요소들이 기하급수적으로 늘어났고, 텔레비전은 이러한 현상의 원인으로 빈번히 지목되어왔다. 이와 같은 비난은 대부분의 사회에서 공통적으로 나타난 현상이다. 개별 사회가 보여주는 부정적인 인식, 비난의 정도, 미디어가 처한 맥락에 따라 텔레비전을 공영화하려는 시도도 다양하게 이어졌는데, 그런 면에서 미국에 비해 유럽은 비교적 텔레비전을 공공의 목적에 맞게 사용하려고 좀 더 노력해왔다고 할 수 있다.

텔레비전에 대한 비난은 주로 방송되는 콘텐츠의 해악에 집중되어 있다. 텔레비전이 폭력과 편견을 조장하고, 소비문화에 따른 충동과 경쟁을 부추기며, 민주주의에 대한 숙고보다는 철학이 결여된 피상적인 만족에 집중하게 만든다는 점이다. 물론 콘텐츠의 해악은 무절제한 미디어 이용 시간과 연결된다. 이에 비하면 디지털 미디어에 대한 비판은 좀 더 미디어의 구조적인 측면과 연결되어 있다. 처음 인터넷이 세상에 나왔을 때 사람들은 저속한 텔레비전에 비해 인터넷 미디어가 이용자들의 적극적인 참여를 끌어내는 공론장을 형성하고 민주주의의 발전에도 기여할 수 있으리라 낙관했다.

그냥 가만히 앉아 수동적으로 시청해야 하는 텔레비전에 비해 사람들이 적극적으로 참여해 함께 만들어가는 디지털 미디어 개념은 확실히 진일보한 측면이 있다. 하지만 디지털 미디어의 문제는 이러한 능동적인 참여를 민주주의 공론장의 진화가 아니라 오히려 미디어 자본의 이윤 창출로 그대로 연결하게 만드는 구조적인 측면에 있다. 즉 사람들의 참여가 이윤을 결정짓는 가장 중요한 요소가 되다 보니, 주목을 끌기 위한 선정적인 콘텐츠와 함께 과도한 주목 노동을 비롯해 가능한 모든 수단을 동원하게 만들고, 이는 민주주의 및 공동체의 함양과는 거리가 먼 결과를 낳게 된다.

디지털 미디어에 대한 비난은, 그것이 처음에 내세운 '민주주의에 대한 이상 실현' 그리고 그로 인해 넓어질 '개인적인 미디어 통제권의 강화'가 전혀 지켜지지 않았다는 데에 쏠렸다. 인터넷과 완벽하게 결합한 디지털 미디어는 오히려 텔레비전보다 심각하게 개인의 미디어 의존을 낳고 있으며, 디지털 미디어 자본의 이익을 위해 시민들의 참여를 철저히 이용하는 지경으로 가고 있다. 디지털 기술이 사람들의 욕망을 디지털 자본주의 구조의 맥락 속으로 집어넣으며 점점 더 인간성을 장악하는 구조가 강화되고 있는 것이다. 이러한 문제를 해결하기 위해서는 결국 사람들의 자각과 구조적 문제 해결의 노력이 함께 이루어져야 한다. 하지만 디지털 미디어를 이용하는 사람들의 절제와 해소 노력에 너무 강조점을 두게 되면 문제 해결의 책임 소재를 전부 개인에게 귀인하는 우를 범할 수 있다. 개인들이 어떤 식으로 힘을 합쳐 '디지털 미디어가 운용되는 사회구조'를 함께 바꿔 나갈 것인가에 대한 진지한 논의가 필요하다.

미디어가 촉발한 문제에 대한 개인적인 차원의 해결은 미디어 저항의 사회적 의미를 축소한다. 또한 개인 차원의 해결에 강조점을 두게 되면 네트워크 사회가 만들어낸 조작된 욕망을 개인 스스로 물리쳐야 하는 문제에 직면하게 된다. 이러한 논의는 '디지털 미디어가 만들어낸 네트워크 사회가 개인에게 강제성을 부여하는가' 하는 문제와 연결된다. 개인에게 사회구조적으로 강제성이 부여될 경우 개인 차원에서 스스로 문제를 해결한다는 것은 큰 의미가 없기 때문이다. 결론적으로, 디지털 미디어와 관련된 개인적인 문제는 강제성의 문제와 연결되며, 강제성은 사회구조적 압력과 연결된다. 그러므로 사회구조적 강제에 의해서 결정되는 개인의 문제는 결국 사회구조적 문제로 인식하는 것이 마땅하다.

사회구조적 강제성을 부정하는 사람들은 '개인의 결정으로 네트워크에 가입하는 것이기 때문에 강제적이라고 볼 수 없다'는 입장이고, 강제성이 있다고 보는 사람들은 '네트워크 사회에 편입되지 않고는 사회관계를 영위할 수 없는 환경이므로 강제성이 있다'고 주장한다. 분명 강제성에는 명백한 강요의 유무와는 무관하게 필요의 충족을 위해 만들어진 사회적 조건 충족의 유무가 중요하게 작용한다. 예를 들어 그룹의 모든 관계 활동이 공지되고 의견이 교환되는 카카오톡 그룹 채팅에서 탈퇴할 경우 사회관계를 이어가기가 매우 힘들어질 것이다. 그룹 채팅을 이어갈 수밖에 없는 데에는, 혹은 탈퇴하고 싶어도 탈퇴하지 못하는 데에는 분명 강제적인 요소가 작용한다. 디지털 미디어 네트워크 사회에 사회구조적 강제성이 존재함을 보여주는 예들은 이외에도 일상생활에서 쉽게 발견할 수 있다.

새로운 미디어가 등장하고 사람들이 희망하는 대로 미디어 환경이 실현되지 않았을 때 강구해볼 수 있는 여러 가지 수단, 즉 개인 차원의 노력, 문제 해결을 위한 네트워크의 형성, 전문가의 정책적 조언, 제도와 법적 장치의 마련 등은 그대로 디지털 미디어 문제의 해결 방법에도 적용된다. 디지털 미디어 환경에서 한 가지 특이한 사항은, 텔레비전의 경우처럼 개인의 잘못과 구조적인 잘못을 분명하게 나누는 것이 불가능해졌다는 점이다. 개인의 주목은 결국 자본의 이윤 창출 구조와 연결되고, 자본의 이윤 창출은 개인의 주목을 늘림으로써 달성된다. 이는 미디어 저항의 방법론을 좀 더 통합적인 시선에서 보아야 한다는 것을 보여준다.

미디어 연구media studies에서 미디어가 가지는 부정적인 폐해는 주로 미디어의 침입intrusiveness과 관련된 것이다. '미디어가 사람들의 생활에 침입한다'는 것은 여러 가지 의미를 담고 있는데, 그것은 미디어 자본이 이윤을 거둘 수 있는 기반을 확보하는 것이거나 알고리즘을 따라 수행해야 할 사람들의 역할을 규정하는 것일 수도 있고, 혹은 콘텐츠 제공자와 사용자 간 힘의 불균형을 의미하는 것일 수도 있다. 디지털 미디어가 특히 문제가 되는 것은 이러한 미디어의 침입 속성이 그 속에서 극대화되기 때문이다(Moe & Madson, 2021). 결국 디지털 미디어는 우리의 삶 전반에 스며든다.

비판적인 미디어 연구와 관련하여 디지털 미디어를 거부 혹은 단절하는 것은 개인적으로 단순히 어떤 문제 행위를 중단하는 측면으로 볼 수도 있지만, 디지털 자본주의의 구조적 측면을 뒤흔드는 체제 전복의 의미로도 볼 수 있다(Portwood-Stacer, 2013). 이런 측면에서 디지털 미디어 거부 혹은 단절의 개념을 살펴본다면, 단순히 디지털 미디어 단절이 어떤 정상적인 상태로부터의 이탈disengagement을 의미하는 것이 아니라, 오히려 미디어 단절을 통해 참여engagement를 진작시키는 행위가 될 수 있음을 알게 된다(Natale & Trer , 2020). 이것은 미디어 연구에서 정치성을 되살리려는 시도와 연결된다. 즉 정치성을 되살린다는 것은 아무 생각 없이 디지털 미디어를 이용하는 것이 아니라, 디지털 미디어가 가지고 있는 정치사회적 함의를 되새겨본다는 뜻이다. 현대사회에서는 대부분의 사회관계를 디지털 미디어와 연결 짓지 않는 것이 사실상 불가능하다. 따라서 디지털 미디어 단절을 시도하는 것은 의도된 정치적 행위일 수밖에 없고, 이러한 정치적 함의는 인간 해방이라는 정치적 목표를 궁극적으로 지향한다.

미디어 저항과 관련한 연구를 살펴보면, 디지털 미디어로 넘어올수록 미디어 저항의 지향점은 정치적 함의를 갖기보다 개인적인 문제로 축소되어온 경향이 있다(Syvertsen, 2017). 미디어에 저항하는 것, 즉 디지털 미디어의 침입을 수용하기보다 거부하는 행위는 개인의 영역을 뛰어넘어 이슈의 정치성을 되살리는 행위로 이해되어야만 한다. 사실상 미디어 거부는 사회적인 관계로부터 멀어지는 것이 아니라 진정한 사회관계를 시작하게 하는 기본 조건이 된다. 이러한 미디어 거부 혹은 단절을 통해 사회문제에 대한 참여를 끌어냄으로써 디지털 미디어를 둘러싼 정치성을 회복할 수 있다. 개인화된 디지털 미디어가 없애버렸던 정치성을 회복하는 것은 사회문제에의 참여를 끌어내고 능동적인 변화를 도모할 수 있다는 측면에서 중요한 의미를 가진다.

실제로 디지털 미디어 중독 혹은 과도한 사용 논의와 관련해 미디어 거부 혹은 단절의 시각에서 주로 지적되는 것은 개인의 책임감 있는 행동이다. 미디어 사용 시 개인이 책임지지 않고 정부나 다른 기관이 규제에 나서는 것은 오히려 개인의 무책임한 행동을 부추기게 될 것이라고 본다. 이러한 주장을 뒷받침하는 것이 자기계발 위주의 저서들이다. 자기계발서의 공통된 비판은 디지털 미디어 과도 사용이 현재 실제로 존재하는 중요한 것들을 보지 못하게 하고, 일의 생산성을 낮추며, 개인의 자유를 침해할 수 있다는 것이다. 그러면서 이러한 폐해를 막기 위해서 개인은 좀 더 책임감 있는 미디어 사용에 나서야 한다고 주장한다. 하지만 과연 디지털 미디어 과도 사용이 개인의 책임감만으로 제어될 수 있는가는 논란의 여지가 많다. 이러한 논란과 비판은 '디지털 미디어와 관련한 정치적인 담론을 회복하여, 적극적인 사회 변화를 도모해야 한다'는 논의로 이어진다. 결국 디지털 미디어를 보지 않겠다는 결심은 개인적 책임감의 범주를 넘어선다고 보는 것이 현명하다.

디지털 미디어 거부하기 연구와 관련하여 생각해볼 필요가 있는 것은, '보는 문화'에서 '보지 않는 문화'를 설명하는 디지털 사회에 대한 부정적인 사회학negative sociology의 의미이다. 의도적으로 보지 않거나 사용하지 않기를 선택하는 것은 또 다른 의미를 가지는 사회 행위라고 할 수 있다(Kaun, 2021). 이러한 부정적인 사회학은 사회의 미디어화mediatization와 깊은 연관을 갖는데, 미디어화는 미디어가 우리 생활 깊숙이 침투해 일상과 사회관계를 지배하게 되는 상황으로서 이러한 상황에서 벗어나기 위한 시도 또한 중요한 사회 활동이 될 수밖에 없다. 특히 미디어화는 디지털 사회가 되면서 심화하는 경향이 있다. 실제로 현대사회는 모든 활동이 데이터화되는 디지털 사회로 변모함에 따라 미디어 활동과 사회 활동이 동일시되는 단계에 접어들었다(Couldry & Hepp, 2013). 우리가 어디서 무엇을 하든 그것은 데이터로 변환되고, 우리의 행위는 디지털 미디어의 행동 유도affordance 안에서 작동한다. 따라서 '미디어화'라고 했을 때 저널리즘 차원의 언론 영향력으로 그 범위를 좁혀서 이야기하는 것은 큰 의미가 없고, 모든 생활 측면에서 미디어와 사회관계가 데이터를 매개로 연계된 것을 의미한다고 보아야 한다.

부정적인 사회학은 유대보다는 단절, 연결보다는 자유, 우호적 관계보다는 비우호적 관계를 지향하는데, 이는 현대 디지털 사회가 연결을 통해 사람들을 통제하는 구조를 강화한다는 측면에서 사람들의 저항, 선택권의 존중, 정체성 찾기 측면으로 이해할 수 있다. 처음 인터넷이 등장했을 때 유대, 연결, 관계를 키워드로 삼았던 것을 생각한다면 매우 아이러니한 진행 과정인 셈이다. 이런 미디어 거부 혹은 단절의 기술적 요소는 실제로 대부분의 소셜미디어에 장착되어 있다. '친구 차단' 기능이나 '싫어요' 기능 등이 대표적이다. 하지만 부정적인 사회학에서 말하는 거부 혹은 단절은 연결을 원활하게 하기 위한 보충적인 기능을 의미하는 것이 아니고, 좀 더 근본적인 사회 작동 패러다임의 변화를 의미한다고 보아야 한다. 모두가 연결을 외칠 때 단절을 추구하는 용기가 우리 사회에 필요하다는 의미이다.

미디어를 자발적으로 사용하지 않는 것은 특정한 중독적 행위에서 벗어나려는 의지의 표현이기도 하지만, 미디어를 통해 연결된 구조에서 벗어나 남이 아닌 자기 자신을 돌보겠다는 의지의 표현이라고도 할 수 있다. 자신의 정체성을 '미디어를 통한 연결'이 아니라 '미디어 단절'을 통해서 강화하려고 하는 노력의 일환이라는 해석이다. 실제의 자신이 아니라 디지털 미디어가 구성한 자신을 거부하고, 진정한 정체성을 찾으려는 노력은 24시간 연결된 디지털 미디어 환경을 스스로 거부하는 결단으로부터 비롯된다. 자신의 영혼이 헤매고 있는 환경에서 벗어나, 다른 세계관을 가지고 주어진 환경을 자기 중심으로 재편하기 위해 노력함으로써 진정한 자유와 충만한 사회관계를 맺볼 수 있는 기회를 가지게 되는 것이다. 디지털 미디어 거부하기 혹은 디지털 미디어 보지 않기와 관련한 연구들도 이처럼 새로운 가능성을 탐색하는 방향으로 발전하고 있다.

디지털 미디어 보지 않기 논의와 관련된 세 가지 이론적 배경

미디어를 보지 않는 행위와 관련해서 연결되는 철학적인 논의는 다양하다. 보지 않는다는 의미는 개인의 어떤 결정을 전제로 하기 때문에 그러한 상태로 이끌게 된 원인을 분석하고, 그것과 단절한다는 것이 개인적 혹은 사회적 차원에서 어떤 의미를 갖는지 숙고해보는 것이 필요하다. 여기서는 세 가지 이론적 배경에서 관련 논의를 가져온다. 첫 번째는 하코트(Harcourt, 2015)의 『노출 사회: 디지털 사회의 욕망과 불복종*Exposed: Desire and disobedience in the digital age*』이다. 이 책에서는 우리가 미디어에 몰입하게 된 이유가 우리의 의지가 아닌, 자본주의 욕망기계의 강력한 욕망 배치 때문이라고 강조한다. 두 번째는 갤로웨이와 태커(Galloway & Thacker, 2013)의 『착취: 네트워크 이론*The exploit: A theory of networks*』이다. 이 저작은 착취의 문제를 전면에 내세우면서 디지털 사회 네트워크의 작동 원리가 관계가 아닌 착취에 있다고 설파한다. 세 번째는 메지아스(Mejias, 2013)의 『네트워크를 떠나서: 디지털 세계 흔들기*Off the network: Disrupting the digital world*』를 든다. 여기서 메지아스는 네트워크가 어떻게 시민의 생활 전반을 흔들고 세계관을 변화시키는지에 대해 설명하면서, 네트워크 내부와 바깥에서 모두 투쟁의 깃발을 들 필요가 있다고 주장한다. 이 책들은 미디어 보지 않기를 이론적으로 이해하기 위해 원인, 실행, 대응의 측면에서 논의해야 할 이슈들을 각각 광범위하게 다루고 있다.

첫 번째 배경지식이 될 책인 하코트(Harcourt, 2015)의 『노출 사회: 디지털 사회의 욕망과 불복종』은 어떻게 해서 우리 사회가 노출 사회가 되었는지를 설명한다. 이제 우리 사회에서 디지털 미디어가 모든 사람의 일상을 지배하고, 정보를 빨아들이며, 상품 마케팅의 첨병으로 활약하는 것은 자연스러운 일이 되었다. 이러한 일이 발생하게 된 것은 우리 스스로의 욕망 때문이라기보다 자본주의 욕망기계를 통해 왜곡된 욕망 의지를 갖게 되었기 때문이다. 디지털 미디어 환경에서 우리의 욕망은 현재를 가장 중시하는 동시에, 눈에 보이는 모든 것을 자본주의 시선으로 분류·정리하고, 스스로를 포함해 상품화될 수 있는 것에만 가치를 두는 식으로 발현되고 있다. 주목을 통해서 상품화되고 이윤이 될 수 있는 모든 것은 이제 노출되고 있다. 노출은 자연스러운 것이 되었고, 우리는 자발적으로 스스로를 노출함으로써 기꺼이 디지털 주목 자본주의의 일원이 되려고 노력하게 되었다.

우리는 노출하거나 노출당함으로써, 혹은 다른 사람의 노출에 주목함으로써 자신의 욕망이 실현된다고 믿는다. 이 신념 체계는 너무나 강력해서 아무도 이의를 제기하지 않는다. 우리는 스스로 욕망기계가 되고, 다른 욕망기계와 결합하여 스스로 만족감을 얻기 위해 자발적으로 노출한다. 이런 사회를 마땅히 노출 사회expository society라고 부를 수 있다. 노출은 우리가 본래부터 가진 욕망이라고는 할 수 없다. 역사적으로 사람들은 감시surveillance에 대해 저항하는 가운데에서도, 때로는 감시에 대한 반발을 뒤로하고 감시가 줄 수 있는 안전security을 희구해왔다. 하지만 그렇다 하더라도 지금처럼 이렇게 자발적으로 자신을 노출하거나 노출당하려고 노력하지는 않았다. 노출 사회로 접어들면서 우리는 노출을 자연스럽게 받아들일 뿐만 아니라 네트워크에 편입되기 위해 자신의 사생활을 기꺼이 포기한다. 이러한 노출 욕망이 우리 사회 전반을 지배하면서 우리의 정체성, 사회관계, 사회제도도 이에 맞게 재편되고 있다.

> 처음에 [인터넷] 사용을 망설이는 사람들에게 드롭박스Dropbox의 무료 저장 공간, 위트랜스퍼WeTransfer의 대용량 데이터 무료 전송, 무료 캘린더 사용 등의 유혹과 효율성은 노출에 대해 거의 저항할 수 없게 만든다. 물론 우리는 아무것도 공짜가 아니며 우리의 개인정보에 대한 완전한 접근을 허용하는 비용을 지불해야 한다는 것을 알고 있다. 우리는 또한 주목과 산만함이라는 대가를 치른다. 하지만 그런 순간에 비용이 비싸거나 엄두를 못 낼 정도라고 생각하지 않는 사람들은 여전히 마우스에 손을 올리게 된다. (Harcourt, 2015, pp. 15-16).

하지만 노출 기술을 통한 지배는 결국 인간성을 황폐화시키고 인간을 기술 자본에 종속시킨다. 이러한 문제 상황에서 벗어나려면 자본주의 욕망기계와 이를 구동하는 자본의 기획에 과감히 불복종disobedience을 선언해야 한다. 자본과 권력이 당연하게 가져간 개인정보들과 행태 데이터들에 대한 통제권을 가져오는 것도 중요하다. 그러기 위해서는 미디어 주목이 가지는 이익 창출의 형태를 이해함으로써, 능동적으로 미디어 주목을 통제하고 디지털 주목 자본주의의 착취 시스템으로부터 벗어나려는 노력을 할 필요가 있다. 결론적으로 노출 욕망을 자극하는 것이 주목 자본주의의 기획이며, 이를 타개하기 위해서는 주목을 통제할 수 있는 개인적인 차원과 사회적인 차원의 통제 능력을 만들어내야 한다는 것이 하코트의 주장이다.

두 번째로 논의할 책은 갤로웨이와 태커(Galloway & Thacker, 2013)의 『착취: 네트워크 이론』이다. 디지털 미디어의 가장 큰 문제점은 '네트워크를 통한 디지털 노동 착취'에 있다. 네트워크는 우리가 생각하는 것처럼 평등하지 않고 모두에게 열린 공간도 아니다. 실제로 네트워크의 핵심은 통제에 있다. 처음에는 사람들이 네트워크에 자신의 의도를 투입하고 목적을 실현하기 위해 네트워크를 구성하거나 확장하는 데에 열정을 쏟아붓지만,

점점 네트워크가 확장되면서 그 작동 원리에 오히려 점령당하기 시작하면 처음 생각한 사회적 관계와 인간적 속성 유지는 매우 힘들어진다. 예를 들어 처음 페이스북을 시작할 때는 네트워크를 넓히고 관계를 확장하는 데에 주력하지만, 일정 시간이 지나면 결국 페이스북이 만들어둔 알고리즘 안에서 한정된 관계에 묶일 수밖에 없다는 것을 깨닫게 된다. 이는 네트워크가 확장되는 데에 있어 그 네트워크를 생성했던 자본이 의도한 자체의 원리가 작동하기 때문이다. 말하자면 네트워크 자체의 원리는 기본적으로 통제에 있고, 이 통제는 주목을 최대한으로 이용하는 데에 집중된다.

> 네트워크와 관련된 가장 위대한 교훈은 아무래도 통제와 관련되어 있다. 단지 그 존재로서 놓고 보았을 때, 네트워크는 해방적 감동을 주지 않는다. 네트워크는 무기명이며 인간이 아닌, 따라서 물질적인 차원에서 작동하는 고유한 형태의 통제를 시전할 뿐이다. (Galloway & Thacker, 2013, p. 5).

네트워크 사회와 관련하여 특정한 이름을 붙이는 것은 자유이지만, 분명한 것은 네트워크가 평등한 관계를 위해서 작동하는 것은 아니라는 점이다. 네트워크에는 권력에의 의지가 작동하여 사회 전반을 지배하고 있으며, 이러한 현상이 인간성을 지배하는 구조로 정착되고 있다는 점이 문제이다. 네트워크는 국가와 같은 기존의 사회 지배 권력과도 연계되어 있지만, 그보다는 좀 더 다양한 형태의 네트워크가 지배력을 강화하면서 동시에 작동하고 있는 것이 현실이다. 실제로 네트워크와 개별 노드node 간의 불평등도 문제이지만, 노드와 노드, 네트워크와 네트워크 간의 불평등도 사회문제를 야기한다. 이러한 새로운 형태에도 불구하고, 그럼에도 가장 우려가 되는 부분은 네트워크가 현재 사회의 지배 권력과 연계하여 통합된 네트워크 권력을 형성하고 있다는 점이다. 현재의 기득권과 네트워크는 서로 대치하는 권력이 아니며, 보완적이고 상부상조하는 관계에 있다. 따라서 이런 맥락을 고려할 때, 네트워크를 통해 구성원 간의 사회 평등을 달성하고 민주주의를 앞당길 수 있다고 주장하는 것은 요원한 일처럼 보인다.

네트워크 논의에서 재미있는 부분은, 누구도 네트워크를 명시적으로 장악하고 있다고 말하지 않지만 누군가는 네트워크를 조종하고 있다는 점이다. 여기서 실제로 네트워크를 통제하는 것은 현재 명시적으로 권력을 잡고 있는 사람들이라기보다는 네트워크의 특성을 이해하고 그것을 이용해 이윤을 독점하는 사람들이다. 이들은 처음에는 네트워크를 통해 사람들에게 사회관계를 제공하고 개인화된 편익을 보장하는 것처럼 조장하지만, 결국은 개인을 집단화하고, 개인을 가장 비개인적인 대상으로 취급함으로써 이윤 창출의 도구로 만들어버린다. 네트워크에서 어느 정도의 관계edge가 형성되면 개인node은 무시되고, 들뢰즈가 말한 대로 디지털적인 분체로만 남게 된다. 이때 분체는 네트워크의 통제 원리에 이용되는 개체일 뿐 개인으로서의 자율성은 상실한다.

결국 갤로웨이와 태커(Galloway & Thacker, 2013)의 논의를 이 책의 전체 논의와 통합하면, 네트워크는 자본주의 기계화된 욕망을 통제함으로써 유지되는데, 여기서 가장 중요한 작용을 하는 것이 주목을 통한 물질적인 이윤의 실현이다. 즉 욕망은 자본주의 시스템 아래에서 물질적인 주목, 즉 데이터화된 주목의 양으로 실현되며, 이러한 주목의 양은 네트워크의 통제력을 강화하고, 디지털 자본의 무한한 증식에 기여한다. 결국 네트워크는 주목 욕망과 자본주의를 연결하는 디지털 미디어 시대의 이윤 창출 시스템인 것이다. 그렇다면 누가 이러한 네트워크를 통제하는가? 그 주체는 이윤을 가장 많이 독점하는 소수의 사람으로, 당연히 디지털 미디어 자본이다.

들뢰즈와 과타리의 논의에 따르면 통제는 사회적인 배치를 통해 이루어진다(Deleuze & Guattari, 2009/2014). 따라서 통제에 맞서는 저항을 만들어내기 위해서는 디지털 미디어를 통한 이윤 창출이라는 사회적인 배치를 무너뜨리고 착취에 반대하는 개인적 자각을 취합할 수 있어야 한다. 디지털 미디어 네트워크가 나오기 전에는 착취에 대한 저항이 '분명한 대상을 목표로 투쟁을 통해 쟁취하는 행위'였다. 하지만 이에 반해서 디지털 미디어 네트워크에 대한 저항은 '네트워크가 이윤 착취를 위해 작동하는 시스템 안에서 허점을 파악하고 그것을 최대한 이용exploit해 네트워크의 통제권을 무너뜨리는 것'이다. 결국 그것의 핵심은 네트워크가 작동하는 주목에 있고, 주목의 통제권을 찾아오는 것이 핵심 역량이 된다. 물론 이러한 과정에서 네트워크 구조의 약점을 파악해 공격하고, 구조를 바꿀 정치적 역량을 결집하며, 새로운 네트워크 구조에 대한 비전을 제시하는 것도 중요하다.

세 번째 배경은 메지아스(Mejias, 2013)의 『네트워크를 떠나서: 디지털 세계 흔들기』이다. 지금까지 디지털 미디어 시대에는 우리의 욕망이 자본주의 욕망기계에 의해서 배치되고, 이를 기반으로 작동하는 네트워크가 디지털 미디어 자본의 착취 시스템을 최적화하는 데에 이용된다는 것을 논의했다. 이러한 상황에서 가장 크게 대두되는 문제는, 우리의 생활 전반이 디지털 미디어의 통제를 받다 보니 이제는 '어떠한 대안도 존재하기가 힘들다'는 기술결정론 차원의 회의주의에 빠지게 되었다는 점이다.

우리가 디지털 미디어와 결별하는 것은 불가능한 일일까? 메지아스는 우리가 디지털 미디어로부터 통제권을 되찾기 위해서는 디지털 미디어가 작동하는 원리를 정확하게 꿰뚫어 볼 수 있어야 한다고 주장했다. 디지털 미디어가 우리의 생활 속으로 들어오게 된 것은 디지털 미디어 환경이 모두에게 포용적이고, 상호 합의를 만들어내며, 함께 즐거움을 느낄 수 있는 유토피아적인 속성을 가지고 있다고 인식했기 때문이다. 하지만 디지털 미디어가 실제 운용되면서 일어난 일들은 우리 생활 전체의 자율성을 위협하고 있을 뿐만 아니라, 모든 디지털 활동 자체를 상업화하고 상품화함으로써 이윤 창출을 위한 도구로 만들어버리고 있다.

> 디지털 네트워크는 '특정 형식이나 사회성이 알고리즘 차원에서 작동 가능한가' 하는 점을 충분히 반영하는 본보기가 될 만한 형식에 맞춰, 우리가 경험하는 사회적 현실을 중개한다. 따라서 다른 형식들을 알고리즘 차원에서 작동시켜보는 것은 불가능하다. 이런 본보기가 되는 형식들은 영리를 추구하는 이해관계에 점점 더 종속되어가기 때문에, 그런 형식들이 어떻게 우리의 자아를 구성해나가는지 탐색하는 것은 중요하다. 또한 그런 형식의 바깥에서 자아를 형성하는 다른 모델들이 있는지 탐구하는 것도 중요한 일이다. (Mejias, 2013, p. 49).

더욱 문제가 되는 것은 그런 디지털 미디어 체제가 독점화의 길을 걷고 있으며, 전체 사회의 불평등을 확대하는 방식으로 진행되고 있다는 점이다. 따라서 디지털 미디어는 외견상 사회관계를 이어주는 네트워크를 제공해주는 것처럼 보이지만, 실제로는 이윤 창출을 위해 사회관계와 생활 전체를 사유화함으로써 모든 것을 경제 논리에 귀속시키고 있다. 이렇게 해서 완성된 디지털 사회 네트워크digital social networks는 사람들을 즉시성immediacy, 강렬함intensity, 친밀감intimacy, 동시성simultaneity 등의 속성으로 유인함으로써 이윤 창출의 구도를 고착화시킨다. 결국 사람들은 점차 강렬한 인상과 함께 즉각적으로 이루어지고, 익숙하며, 언제든 다가설 수 있는 디지털 미디어의 유인 요인에서 벗어나기 힘들게 된다.

메지아스는 이러한 상황 분석을 기반으로, 이 책의 두 번째 파트에서 그러한 문제 상황에 대응하여 어떻게 디지털 미디어 네트워크를 염두에 두지 않는unthink the network 것이 중요하고 필요한지를 설명한다. 메지아스는 네트워크를 뒤흔들 전략을 실행해야 한다고 주장하면서 개인적인 차원과 집단적인 차원에서 모두 기존 네트워크를 방해하고, 간섭하고, 저항을 강화하는 네트워크 해체unmapping the network 전략을 시도해야 한다고 보았다. 페이스북이나 'X' 같은 디지털 미디어 플랫폼은 시민의 생활을 상업화함으로써 공간의 의미를 왜곡해 오직 이윤 창출의 목적에만 맞추도록 만들기 때문에, 시민들은 이에 맞서기 위해 네트워크의 안팎 모든 곳에서 개인적이고 집단적인 모든 차원의 대항력을 만들어내야 한다. 이를 위해 제일 중요한 것은 현재의 상업화된 디지털 세계에 대항할 수 있는 주체성을 갖춘 개인의 대항력을 강화하는 것이며, 이러한 시도를 집단의 힘으로 강화하는 과정에서 네트워크 내부와 외부의 대항력을 통합하는 것이 중요하다.

> 은유에서 본보기가 되는 형식으로 옮겨가는 과정에서 네트워크는 불평등을 일상화하는 논리나 지식으로 떠오르게 된다. 이러한 논리는 디지털 네트워크가 더 개방적이고 평등한 사회구조를 창조한다고 알려져 있기 때문에 받아들여진다. 단 어떤 측면에서는 그렇지만, 다른 측면에서는 그와 반대의 과정이 진행된다. 이와 같은 네트워크의 두 가지 다른 측면의 진행 과정은, 네트워크가 더 많은 자유(참여와 표현을 위한 더 많은 기회)를 가져오지만, 역설적으로 더 많은 억압(행동에 대한 새로운 기회의 범위를 제한하거나, 상품화하고 감시하는 새로운 방법)을 가져오게 된다는 것을 의미하게 된다. 우리는 새로운 공론장이 형성되는 것을 볼 수도 있지만, 사회 노동을 감시하고 그것을 데이터로 뽑아내 상품화하는 과정에서 더 취약해지는 공간이 형성되는 것을 보게 될 수도 있다. 따라서 우리가 얻는 것이 우리가 포기하는 것에 의해 빛을 잃게 될 때에는 전체

구조를 해체하거나 근본부터 다시 한번 생각해보는 것이 반드시 필요해진다. (Mejias, 2013, p. 69).

보지 않는 행위의 의미와 다양한 관련 개념

일반적으로 미디어를 보는 행위는 행위자의 행위와 관련되어 있고, 대부분 눈에 띄며, 사용하는 사람에게 일정한 자율권과 권한을 부여하는 것이라는 시각에 대비해서, 미디어를 보지 않는 행위는 수동적이고, 눈에 띄지 않으며, 사회구조적인 힘에 의해서 규정된다고 본다(Chib, Ang, Ibasco, & Nguyen, 2021). 하지만 이러한 이분법은 미디어를 보는 행위와 보지 않는 행위를 너무 대립적인 시각에서 바라보는 것이며, 미디어를 보지 않는 행위가 단일한 동기로 설명된다는 잘못된 전제에 기반을 둔다.

미디어를 보지 않는 행위는 맥락과 가시성에 따라 다양한 유형으로 분류할 수 있다(Chib, Ang, Ibasco, & Nguyen, 2021). 특정 맥락에서만 미디어를 보지 않는 행위와 모든 상황에서 미디어를 보지 않는 행위는 다르다. 예를 들어 특정한 대상에 대해서만 보지 않는 선택을 할 수도 있지만, 완전히 플랫폼이나 앱을 제거 혹은 탈퇴하는 것은 그와는 다른 의미를 가진다. 또한 가시적으로 명확하게 미디어를 보지 않을 수도 있는 반면, 보이지 않는 곳에서 잘 드러나지 않게 미디어 보지 않기를 실천할 수도 있다. 예를 들어 사회적으로 주변화되어 있는 사람들이 스스로 특정한 미디어 플랫폼 혹은 콘텐츠 이용과 관련하여 시청을 과장하거나 축소할 수도 있다. 미디어를 보는 행위와 보지 않는 행위를 능동성과 수동성으로 일률적으로 구분할 수 없는 것은 이런 이유들에 걸쳐 있다.

실제로 지금까지 미디어를 보지 않는다는 의미의 '미디어 단절'에 대한 연구는 지식 격차 혹은 디지털 불평등의 관점에서 바라본 경향이 있다.

하지만 미디어가 세상을 지배하고 있는 현재의 상황, 즉 미디어화된 사회 mediatized society에서의 미디어 단절은 보다 능동적인 의미에서 살펴볼 필요가 있다(Kaun & Schwarzenegger, 2014). 미디어가 세상을 모두 지배하고 있는 상황에서 이에 대항하는 것은 개인적인 정체성 측면의 변화 혹은 사회적인 측면에서의 사회운동과 같은 의지의 표현이 작용하고 있는 것이라고 할 수 있기 때문이다.

일반적으로 미디어가 대부분의 생활을 지배하는 미디어화된 사회에서 미디어 활동에 참여하는 것은 지극히 자연스럽고 당연한 일로 받아들여지고, 이에 참여하지 못하는 사람은 병리적으로 문제가 있는 것이라는 식의 해석이 이루어져왔다(Deuze, 2012; Hepp & Krotz, 2010). 결국 미디어에 연결되는 것은 당연한 참여 기회로 해석되고, 그것을 하지 않는 것은 자연스럽지 못한 문제 상황으로 받아들여졌다. 미디어폴리스mediapolis에서는 미디어에 접속하는 것이 정상이고, 미디어와 단절하는 삶은 도저히 생각해볼 수 없는 것으로 간주된다. 하지만 미디어와 단절하는 것을 접속과 대비되는 비정상적인 상태가 아니라 미디어를 이용하는 방법에 있어 하나의 정상적인 선택으로 받아들이면 미디어가 우리 사회에 미치는 영향을 좀 더 넓은 시각에서 해석하는 것이 가능해진다.

미디어가 디지털화하면서 미디어 단절을 하나의 의미 있는 행위로 보려는 시도는 점점 더 많아지고 있다. 이는 디지털 미디어가 우리 사회를 지배하는 현상과 관련되어 있다. 실제로 디지털 미디어는 사람들의 온라인 생활 전반을 상품화하면서 이익을 실현하려는 의도를 노골적으로 드러내고 있다(McChesney, 2013). 이런 상황에서 디지털 미디어가 민주주의를 실현하는 도구로 사용될 것인가, 아니면 디지털 미디어 자본의 착취 도구로 이용될 것인가 하는 논쟁은 그대로 미디어에 접속할 것인가, 단절할 것인가의 논의로 연결될 수 있다. 그만큼 미디어 단절은 미디어의 사회적인 작용을 해석하기 위한 중요한 한 측면을 구성한다.

하지만 기술의 사용을 당연하게 받아들이고, 기술을 사용하지 않는 행위를 사회 부적응자의 이상행동으로 바라보는 시선을 우리 사회가 고착화하고 있는 데에는 정상과 비정상을 나눔으로써 사람들에게 기술에 대한 강박을 심어주고, 이로부터 이익을 극대화하려는 세력의 의도가 있다고 보아야 한다. 따라서 디지털 미디어를 사용하지 않겠다거나 일정 수준에서 거부하겠다고 결정하는 것은 특정한 의도를 가진 세력의 영향력에 대한 적극적인 도전으로 해석될 수 있으며, 사회가 그러한 세력들의 의도대로 재편되는 것을 내버려두지 않겠다는 일종의 사회운동으로 자리매김할 수 있다(Portwood-Stacer, 2013).

디지털 미디어 보지 않기와 관련된 개념은 매우 다양하다. 비슷한 개념으로 디지털 미디어 거부, 디지털 미디어 단절 등이 있고, 이외에도 다양한 표현이 사용된다. 의미에서 약간의 차이는 있지만, 크게 보면 디지털 미디어를 보지 않는 행위 자체를 표현한다는 측면에서 대부분 유사하다. 디지털 미디어 거부는 디지털 미디어 단절을 포함해 디지털 미디어를 보지 않으려는 행위를 광범위하게 지칭하는 개념이다. 논의를 디지털 미디어 거부 개념에서 먼저 시작하는 것은 미디어 거부에 대한 오랜 역사가 있고, 그 연속선에서 개념을 디지털 시대에 맞게 변화시켜 적용하고 있다고 판단했기 때문이다.

일반적으로 미디어를 보지 않는 행위는 크게 세 가지 유형으로 나누어 볼 수 있다. 그것은 어떤 힘에 의해 미디어를 볼 수 없게 되는 것repression, 개인의 결정에 의해 잠시 혹은 장기간에 걸쳐 미디어를 이용하지 않기로 생활태도를 바꾸는 것lifestyle politics, 미디어의 통제에 대해 시민 항의 차원에서 미디어와 단절하는 것resistance이다(Kaun & Trere, 2018). 이 책에서 논의하는 디지털 미디어 거부 혹은 디지털 미디어를 보지 않는 행위는 외부의 힘이나 사회적 불평등 때문에 발생하는 수동적인 의미의 미디어 사용 단절이 아닌, 보다 능동적으로 자신이 처한 현재의 상태를 개선하기 위한 스스로의 의지 표현과 관련되어 있다.

디지털 미디어 거부 행위는 미디어 이용을 당연하게 생각하는 사회 풍토에 반기를 들고, 현재의 미디어 이용 행태에 문제를 제기하는 접근 방식이다. 이러한 행위는 특정한 미디어 플랫폼을 이용하지 않겠다는 일종의 의식적인 의사 표시 또는 전반적으로 미디어 이용과 관련한 습관을 끊어내고 의도적으로 자신의 통제권을 찾겠다는 의사 표시를 의미한다. 미디어 거부에는 여러 가지 동기 요인이 작용하는데, 그것은 단순하게 생활의 불편 해소나 시간 관리 차원에서 시작해, 전반적인 라이프스타일의 변화로 이어지기도 한다. 이러한 라이프스타일의 변화는 자연스럽게 스스로의 정체성 협상과 연결된다. 다시 말해 내가 어떤 삶의 정체성을 가질 것인가의 문제가 결국 미디어 이용을 포함한 라이프스타일 전반의 변화를 도모하게 만든다는 것이다.

디지털 미디어 거부는 디지털 미디어 단절digital media disconnection, 불참opt-out, 이탈disengagement과 같은 유사 개념들과 혼재되어 사용된다. 이러한 개념들은 의미의 미세한 차이에도 불구하고 전반적으로 디지털 미디어 거부와 유사한 개념이라고 볼 수 있다. 디지털 단절, 불참, 이탈 등 디지털 미디어 사용을 거부하거나 중단하는 행위에 대해 다양한 용어로 다채로운 사회적 함의를 설명하고 있지만, 학계 연구에서 공통적으로 지적하는 문제점은 이러한 행위들 대부분이 시공간에서 부딪치는 어려움에 대한 호소 혹은 이데올로기 차원의 단순 일탈 행위 정도로 해석된다는 점이다 (Kuntsman & Miyake, 2019). 한 예로 디지털 이탈digital disengagement이 필요한 문제에 대해, 그러한 현상을 소셜미디어 사용 문제로 축소하거나, 중독 물질처럼 사람들의 의지로 과도한 사용 자체를 끊으면 해결될 문제라는 식으로 설명하는 경우가 많다. 현상에 대한 일차원적인 해석이 일차원적인 진단과 대응으로 이어지는 것이다. 하지만 조금만 생각해보면 디지털 이탈은 현대사회를 가로지르는 매우 복잡한 현상이며, 주체와 사회의 관계성, 기술과 인간성의 상호작용 같은 복잡한 함의를 담고 있음을 간과해서는 곤란하다.

실제 실행하는 과정과 관련하여 디지털 단절 혹은 이탈을 유형화해보면, 수동적인 불참passive non-participation과 능동적인 불참active non-participation으로 나누어볼 수 있다(Casemajor, Couture, Delfin, Goerzen, & Delfanti, 2015). 디지털 미디어를 사용하지 않는 사람들 중에는 플랫폼에 참여할 기회를 갖지 못한 사람들도 있고, 자신의 의지에 의해 디지털 미디어를 사용하지 않는 사람들도 있다. 우리가 보다 주목할 부분은 자신의 의지로 디지털 미디어로부터 이탈하는 사람들이다. 디지털 미디어를 통한 주목 노동의 착취가 일반 노동 착취와 다른 점은 착취의 범위가 생산 현장으로부터 생활 전반으로 확대된다는 것이다. 이것은 사람들이 쉬어야 할 시간에도 주목 노동을 하며, 노동 시간의 착취가 감정의 착취를 포함하기 때문에 착취의 강도가 훨씬 세지게 된다는 것을 의미한다. 디지털 단절 혹은 이탈은 이러한 디지털 미디어 환경에 대한 사람들의 의도적인 저항으로 해석될 수 있다.

디지털 미디어를 이용하지 않는 것을 정상으로부터 멀어진 일탈로 보는 이유는, 사람들의 미디어 이용 행태가 자본주의 욕망기계를 통해 급격히 '자본의 영토화'가 되었기 때문이다. 디지털 미디어 이용에 대한 사회적인 압력이 사람들의 미디어 사용 욕망을 지배하게 됨에 따라, 사람들은 의도치 않게 미디어 이용을 자본의 요구에 맞추려는 노력을 게을리하지 않게 되었다. 이런 상황이다 보니, 디지털 미디어 사용을 줄이려는 노력 역시도 디지털 기기에 의존하는 악순환이 나타나게 된다. 또한 디지털 단절 혹은 이탈과 관련하여 단순히 디지털 기기의 사용을 끊는 것에 초점을 맞추면, 내가 디지털 기기를 끊더라도 자동적으로 나를 둘러싼 디지털 기기는 서로 커뮤니케이션을 이어가고 있는 상황에서 그것을 진정한 디지털 이탈이라고 말하기는 어렵다. 예를 들어 내가 한번 구독한 플랫폼은 새로운 소식이 있을 때 내가 보든 말든 계속해서 나 혹은 내 주위 사람들과 커뮤니케이션을 시도한다. 완전히 온라인에서 독립적으로 존재하는 개체가 아니라면 디지털 단절이나 이탈은 어려운 일이다. 따라서 디지털 중독을 개인의 결핍 문제와 연결하며 개인적인 문제 해결을 그 방편으로 삼는 것은 무책임하다. 디지털 이탈은 사회적인 문제이고, 실행·동기·효과 차원에서 다양한 사회적 함의를 갖는다(Kuntsman & Miyake, 2019).

디지털 미디어 보지 않기와 관련된 포기, 저항, 교란 개념 비교

디지털 미디어 의존이 문제가 되는 것은 디지털 노동의 양이 기하급수적으로 늘어나고, 언제 어디서든 접속해야 하는 피로감이 쌓이며, 결국 디지털 미디어에 인간성이 종속되는 현실로 나타나기 때문이다. 이러한 문제 상황과 관련하여 디지털 미디어 보지 않기에 대한 담론은 크게 기술 사용 포기, 미디어 사용 저항, 미디어 사용 교란 개념을 비교해서 살펴볼 수 있다(Hesselberth, 2018).

기술 사용 포기technology non-use 논의는 기술을 사용하지 않는 사람을 비정상으로 분류한다. 이러한 논의는 주로 기술에 대해 두려움을 가진 사람이나, 이념적으로 기술 따르기를 거부하거나 기술을 받아들이는 것에 기민하지 못한 사람이 대상이다. 따라서 처음 이 개념은 정상적인 상황에 대립되는 비정상적인 상태를 의미하는 것으로 받아들여졌다. 그리고 이러한 유형에 해당되는 사람들은 심각한 고려 대상이라기보다 그저 소수의 일탈 행위를 하는 사람들로 비췄다. 하지만 기술 사용을 포기하는 사람들에 대한 현재의 시각은 많이 달라지고 있다.

이는 기술 사용 포기를 자발적 포기와 비자발적 포기, 과거 사용 경험이 있는 경우와 없는 경우, 저항하는 사람과 거부당한 사람, 제외된 사람과 쫓겨난 사람 등에 대해 구분해서 보려는 시도에서 그대로 드러난다(Wyatt, Thomas, & Terranova, 2002). 이러한 시도는 크게 보면 두 가지 차원에서 논의할 수 있는데, 기술 사용을 포기한 사람이 '능동적으로 스스로 포기했느냐 아니면 외부적인 여건이나 자신의 능력 때문에 수동적으로 포기했느냐 하는 차원voluntary/involuntary' 그리고 '기술 포기의 정도가 얼마나 지속적이고 일관성이 있는가 하는 정도occasional/continuous'로 구분해볼 수 있다. 예를 들어 잠깐 기술적인 이해가 부족해서 디지털 미디어를 사용하지 않은 사람과 스스로 기술을 채택하기를 거부하고 지속적으로 기술 사용을 거부하는 사람은 전혀 다른 기술 사용 포기 영역에 해당한다.

기술 사용을 포기하는 이유는 여러 가지가 있겠지만, 주로 피로, 스트레스, 압력 등 개인적인 이유와 미디어 사용이 시공간적으로 불편해지는 상황적인 요인 등이 있다. 이러한 기술 사용 포기와 관련하여 현재 이루어지고 있는 연구 논의의 문제점은, 연구가 너무 기능적으로 흐르거나 개인의 책임을 강조하는 등 피상적인 방향으로 이루어지고 있다는 점이다. 예를 들어 개인적인 이유로 기술 사용을 포기하는 사람들의 결정 요인을 파악해 어떻게 이들이 기술 연결 사회에 편입될 수 있도록 도와줄 수 있을까를 고민하는 식이다. 사실 이렇게 기술 사용에 대한 결정에 있어서 개인의 결정이 가지는 정치적 함의를 무시하게 되면, 기술 사용 포기와 관련한 논의는 디지털 미디어 환경에서 아무 생각 없이 디지털 주목 노동의 양을 늘리는 데에만 기여하게 될 가능성이 크다.

미디어 사용 저항media resistance 개념은 기술 사용 포기 개념보다는 더 능동적인 의미를 담고 있다. 사람들이 미디어 사용에 저항하는 이유를 더 심층적으로 분석해보자는 의미가 담겨 있는데, 이는 기술 사용 포기 개념과 비교해 한층 적극적이고 지속적인 의미에 가깝다고 할 수 있다. 미디어 사용 저항은 실제로 역사적인 의미가 깊다. 라디오, 텔레비전, 소셜미디어 등 새로운 매체가 나올 때마다 미디어 저항은 언제나 있었고, 이러한 역사 비판적인 접근에서 미디어 사용 저항과의 역사적 공통성과 지혜를 발견할 수 있다. 역사적으로 미디어 사용에 저항하는 사람들은 크게 네 그룹으로 나눠볼 수 있다(Syvertsen, 2017). 그것은 도덕주의자, 신기술 반대자, 기술 늦깎이, 문화적 회의주의자이다.

첫째, 도덕주의자moralists는 새로운 미디어를 도덕적인 혹은 종교적인 기준에서 판단하는 것으로, 텔레비전과 같은 전자 매체가 처음 등장했을 때 지식인층이 도덕적 공황moral panic에 빠졌다고 주장한 마셜 매클루언(McLuhan, 1994)의 논의가 대표적이다. 이들은 새로운 미디어가 기존의 도덕적 기준에 위협이 된다고 본다. 이들의 관점이 문제가 되는 것은 미디어 논의에서 도덕이 독점적으로 우선시된다고 보기 때문인데, 실제로 새로운 미디어의 도입과 관련해서는 도덕만이 아니라 문화, 계몽enlightenment, 민주주의, 공동체, 보건과 같은 여러 가치를 함께 고려해야 한다(Syvertsen, 2017). 둘째, 신기술 반대자luddites는 19세기 섬유 기계의 도입을 반대한 노동자들에서 유래한 개념으로, 새로운 미디어의 도입이 가져오는 생활의 변화에 대해 전반적으로 반대하는 입장을 의미한다. 특히 기술에 대한 혐오를 표현하는 사람들을 지칭하는 경우에 많이 사용된다.

셋째, 기술 늦깎이laggards는 혁신의 확산이론diffusion theory에서 새로운 커뮤니케이션 기술을 받아들이는 순서로 제시된 혁신가innovator, 초기 채용자Early Adopter, 초기 다수자Early Majority, 후기 다수자Late Majority, 늦깎이Laggards 개념에서 왔다(Rogers, 1964). 개인적인 이유 혹은 사회구조적인 소외 문제로 기술의 혜택을 받지 못하거나 기술을 이용하지 않기로 결정하는 사람들을 지칭할 때 많이 사용된다. 미디어 사용 저항에 해당하는 사람들 중에는 가장 수동적인 경우이다. 넷째, 문화적 회의주의자cultural pessimists는 기술 늦깎이에서 묘사되는 사회경제적 소외그룹과는 대비되는 사람들로, 새로운 미디어에 흥미를 가지지 못하거나 능동적으로 자신의 의지에 의해 새로운 미디어 사용을 선택하지 않는 사람들을 지칭한다.

이와 같은 미디어 사용 저항 개념으로 접근하는 방법에 대해서는 개인의 결정권에 모든 것을 맡겨둔다는 비판도 제기된다. 미디어 사용에 저항하는 행위는 개인의 의사결정이거나 취향의 문제라는 것이다. 실제로 이러한 접근에서는 미디어 거부가 신자유주의 특권 계층의 취향 문제로 다루어지는 경우도 생긴다(Portwood-Stacer, 2013). 이러한 논의에서 문제가 되는 것은 미디어 사용 저항을 통해 디지털 미디어 환경을 바꾸려는 시도가 사회구조적 분석을 소홀히 하게 만들고, 변화를 위한 집단 동력을 확보하는 데에 무관심하게 만든다는 점이다.

미디어 사용 교란media disruption 개념은 이런 점에서 좀 더 미디어를 이용하지 않는 행위의 정치적 의미를 회복하려는 시도와 연결되고, 자본주의 사회구조의 문제점을 드러내려는 노력과 함께한다. 앞서 살펴본, 미디어 사용 포기와 저항은 행위하는 주체의 결정에 강조점을 두거나 주체가 자신의 결정에 대한 이유를 담론적으로 설명하는 접근에 강조점을 두었다면, 미디어 사용 교란은 강조점을 사회구조로 옮겨간다. 디지털 미디어가 만들어내는 디지털 공짜 노동의 문제, 플랫폼을 통한 감시의 문제, 디지털 네트워크 권력의 문제 등을 다룬다. 실제로 디지털 미디어가 문제가 되는 것은 사람들을 네트워크의 한 점(노드)으로 만들면서 그 속에서 관계를 구성하고 사회를 형성하게 만든다는 점이다. 따라서 이런 상황에서는 모든 디지털 행위가 네트워크의 알고리즘 속에서 이루어지게 되므로 사람들의 행위는 노동이 되고, 또한 상품으로 만들어져 플랫폼의 독점적인 이윤으로 귀속된다.

결국 미디어 사용을 교란하는 행위는 이러한 디지털 네트워크 구조 속에서 인간성을 회복하려는 불복종disobedience 운동의 의미를 가진다(Harcourt, 2015). 미디어를 보지 않는 것은 자본주의 욕망기계에 의해 움직이는 이윤 창출 구조에 대항하는 것이다. 이는 또한 매우 적극적인 의미를 가지는데, 미디어 사용을 교란한다는 것은 과거의 향수를 그리워한다는 것이 아닌, 보다 능동적으로 '인간성이 네트워크에 지배당하는 상황에 저항하며 사람이 중심이 되는 진정한 인간관계 네트워크를 창출하고자 한다는 것'이다. 하지만 이러한 미디어 사용을 교란하는 행위에서 주의해야 할 점은, 이렇게 디지털 네트워크에 맞서는 행위가 역설적으로 상업화되거나 기능화되어서는 곤란하다는 것이다. 예를 들어 디지털 네트워크에 맞서기 위해 새로운 앱이나 플랫폼을 만드는 행위는 미디어 사용을 교란하려는 행위가 오히려 미디어 사용을 조장하게 되는 결과로 이어지게 만들 수 있다. 따라서 미디어 사용을 교란하는 행위는 비정치화된 기능적 수단으로 달성될 수 없고, 반드시 디지털 미디어가 작동하는 사회구조의 변화로 연결되어야 한다.

디지털 미디어 보지 않기가 가지는 부정적 측면

디지털 미디어 보지 않기는 현실적인 몇 가지 어려움을 가져오는 것이 사실이다. 우선 심리적인 차원에서, 다른 사람들이 참여하는 곳으로부터 탈락했다는 불안감의 문제를 가져온다. 많은 사람이 하고 있는 활동에 함께 참여하고 있지 못한다고 느끼기 때문에 기회를 놓쳤을지 모른다는 불안감에도 시달리게 된다. 다음은 정보 획득의 차원에서도 문제가 발생한다. 정보 접근에서 제한을 받기 때문에 사회생활에 필요한 정보를 얻지 못하거나 직업 활동과 관련해서도 불이익을 받을 수 있다. 교육적인 기회나 자기 성장을 도모할 기회를 상실할 수도 있다. 마지막으로 사회관계 차원에서도 불이익의 문제에 직면한다. 디지털 미디어 보지 않기는 커뮤니케이션 수단의 단절로 이어지기 때문에 사회관계의 축소가 불가피해진다. 더욱 문제가 되는 것은 디지털 미디어를 이용하지 않는 행위에 대해 사회적 낙인 찍기가 행해질 수도 있다는 것이다. 디지털 사회에서 능동적으로 디지털 미디어를 사용하지 않겠다고 선언하는 행위는 일반적인 사회 규범에서 벗어나 일탈 행위로 받아들여질 수도 있기 때문이다. 하지만 이러한 디지털 미디어 보지 않기와 관련해 생각해볼 수 있는 심리적·정보적·사회관계 차원의 문제는 결국 개인 차원의 문제에 머무른다. 더 큰 문제는 이러한 개인적 차원을 넘어서서 디지털 미디어 보지 않기를 다른 차원의 상품화로 이용하려는 시도라고 할 수 있다.

우리 사회의 전반적인 사회공장화 및 상품화 경향을 고려했을 때, 디지털 미디어를 보지 않으려는 행위나 거부하는 행위를 개인의 통제권 회복과 같이 순수하게 긍정적인 측면으로만 바라보기는 어렵다. 디지털 미디어 보지 않기가 우리 사회의 중요한 키워드로 등장할수록 이를 또 다른 이윤 창출의 수단으로 삼으려는 노력도 병행되기 때문이다. 예를 들어 디지털 미디어 보지 않기에 사회적 엘리트 차원의 의미를 부여하게 되면, 사람들은 디지털 미디어 보지 않기를 하나의 유행처럼 받아들이면서 스스로 미디어 단절에 참여하기 위해 필요 없는 노력을 해야 하는 일이 발생할 수도 있다. 디지털 미디어 보지 않기를 내면의 변화로 수용하기보다는 또 다른 보여주기식 행위로 받아들일 수도 있다는 것이다. 따라서 이런 경우에는 디지털 미디어 보지 않기가 또 다른 노동이 될 수도 있다(Fast, 2021). 또한 노동 시간을 늘리기 위해 디지털 미디어 보지 않기를 사용할 경우 그것은 노동 시간 착취를 원활하게 하는 수단으로 전락할 수 있으며, 이렇게 되면 미디어 단절은 사람들의 통제권 회복이 아닌 이들의 노동 강도를 높이는 데에 기여하게 될 것이다.

디지털 미디어 보지 않기 행위를 통한 노동 범위의 확대 및 노동 강도의 강화는 여러 가지 형태로 나타날 수 있는데, 첫 번째는 미디어 단절을 새로운 형태의 산업으로 받아들이는 것이다. 미디어 단절과 관련한 여행 상품, 앱 개발, 컨설팅, 대응 상품 등이 대표적이다. 사람들이 미디어에 의존하면 할수록 미디어로부터 단절하려는 노력은 점점 더 커진다. 하지만 미디어 단절을 산업화하는 것은 정작 미디어에 의존하는 사회를 기반으로 하기 때문에, 미디어 의존과 미디어 단절은 상호 보완적인 관계에 놓일 수밖에 없다. 다이어트 산업이 발달할수록 비만 인구가 늘어나는 생활 조건이 강화되는 것과 마찬가지이다. 이제 사람들은 디지털 미디어로부터 단절하기 위해 예전에는 이루어지지 않았던 많은 활동이 이루어지고 있는 현실을 인정해야 하는데, 이는 오히려 기존의 노동에 더해 다른 유형의 노동을 해야 하는 현실을 은연중에 수용하는 것을 의미한다. 이는 노동 시간의 연장과 관련되어 있다. 사람들은 미디어에 접속해 노동하고, 미디어에서 벗어나기 위해 노동한다. 이는 다이어트 산업이 요요 현상과 결합해 근본적인 문제 해결 없이 점점 더 발전해가는 것과 비슷하다.

두 번째로 디지털 미디어 보지 않기는 노동의 강도를 강화하는 역할을 하기도 한다. 예를 들어 일정 기간 소셜미디어에 접속하지 않거나, 집중력을 높이기 위해 인터넷 활동을 일정 기간 중단하는 등의 행위는 집중력을 높임으로써 기존의 노동보다 생산성 높은 노동의 결과를 만들어내겠다는 의지의 표현이기도 하다. 사무실 배치를 미디어 단절에 유리하게 구성하거나 일정 시간 디지털 미디어에 접속하지 못하게 하는 것, 미디어 단절을 위한 각종 앱을 사용하는 것 등은 노동의 강도를 강화하는 것과 관련되어 있다. 이처럼 미디어 단절이 생활 태도의 변화나 사회구조적 문제 해결과 연결되지 못하고 생산성 향상이라는 단기 목표와 결합되면, 이는 노동의 강도를 강화하는 데에 악용될 가능성을 높인다.

세 번째는 디지털 미디어 보지 않기에 현실 세계의 불평등이 반영되면서 오히려 디지털 세계의 불평등이 더욱 강화될 수 있다는 점이다. 이는 자기 정체성에 부정적인 영향을 미쳐서 사회관계를 왜곡시킬 수도 있다. 실제로 디지털 미디어 보지 않기가 가능한 사람은 디지털 미디어를 단절하더라도 생활의 안정이 지켜질 수 있는 사람이다. 자신의 경제 생활을 유지하기 위해 디지털 미디어 사용에 의존할 수밖에 없는 사람에게 디지털 미디어 거부하기는 배부른 사람들의 특권으로 보일 수 있다. 디지털 미디어 거부하기가 모든 사람이 일과 여가의 균형을 찾을 수 있도록 사회구조를 변화시키는 문제가 아니라, 개인이 향유할 수 있는 특권의 문제로 다루어질 경우 그것을 긍정적인 사회 변화 유도를 위한 사회운동으로 발전시키는 데에는 어려움이 따를 수밖에 없다.

8장

개인 차원의 디지털 미디어 보지 않기

'디지털 미디어 보지 않기'를 어떤 의미로 해석해야 할 것인가에 대해서는 많은 논의가 있어왔다. 미디어 보지 않기, 또는 거부하기 혹은 단절을 해석하는 시각은 크게 보건health, 집중concentration, 존재existentiality, 자유freedom, 지속가능성sustainability 측면으로 나누어서 보기도 한다(Moe & Madson, 2021). 이러한 시각은 다시 크게 개인의 행동 차원, 개인의 정체성 차원, 사회운동 차원에서 미디어 보지 않기를 나누는 시각으로 유형화해 볼 수 있다. 즉 보건과 집중은 개인의 행동 차원과 연결되고, 존재는 개인의 정체성 차원과 연결되며, 자유와 지속가능성은 사회운동 차원과 연결된다. 이 중 행위 차원과 정체성 차원은 개인 차원으로 묶을 수 있으므로, 가장 간략한 구분 범주는 개인 차원과 사회 차원의 구분이라고 정리할 수 있다. 예를 들어 디지털 디톡스와 같은 개념을 사용하며 '디지털 미디어 사용이 개인의 건강에 미치는 영향'에 관심을 가지는 것은 개인 차원에서 의미를 해석하는 것이지만, 디지털 미디어 단절을 통해 현대 소비문화를 부정하고 인류의 지속가능한 발전 모델을 고민한다면 이는 사회 차원에서 디지털 미디어 보지 않기를 바라보는 것이다.

따라서 이 책에서는 '디지털 미디어를 보지 않는 행위'를 개인 행위 차원, 개인 정체성 차원, 사회 차원의 해석으로 유형화하고자 한다. 이를 좀 더 자세하게 설명하면, 첫째, 개인 행위 차원은 디지털 미디어 보지 않기 행위를 단순하게 개인이 디지털 미디어를 거부하는 것, 즉 행동 측면에서 디지털 미디어를 사용하지 않는 것으로 해석한다. 이러한 시각은 디지털 미디어 보지 않기가 단지 개인의 선택적인 행위이며, 모든 행위의 실행과 결과에 대한 책임은 오롯이 개인에게 있다고 간주한다.

둘째, 개인 정체성 차원은 개인의 디지털 미디어 사용에 대한 인식과 태도가 근본적으로 달라지는 것을 의미한다. 곧 디지털 미디어를 사용하지 않는 행위가 사고방식의 전환, 인식 패러다임의 변화, 세계를 보는 관점의 변화와 연결된다고 보는 입장이다. 디지털 미디어를 중단하는 행위가 '보지 않는다'는 행위 차원에서 끝나는 것이 아니라 자아의 정체성을 변화시켜 새로운 사람으로 다시 태어나게 만드는 수준까지 나아가게 한다고 본다. 정체성은 환경의 끊임없는 영향을 자기 자신의 관점에서 수용하고 내면화하는 것을 의미하기 때문에, 단순히 행위의 변화보다는 좀 더 지속가능하고 장기적이라고 할 수 있다.

셋째, 사회 차원은 곧 '디지털 미디어 보지 않기'를 사회운동의 측면으로 바라보는 시각이다. 다시 말해 '디지털 미디어를 보지 않는 행위'가 개인 차원의 변화에만 국한되는 것이 아니라, 사회 차원에서 사회의 변화, 디지털 노동에의 집단적 대응, 새로운 디지털 사회 건설 등으로 확대·연결된다고 해석한다. 이는 처음 인터넷이 소개되었을 때 우리가 품었던 해방과 공론장의 확대라는 유토피아적 기대를 실생활에서 달성해보려는 집단 차원의 노력을 보여준다.

이 장에서는 앞서 언급한 대로 행위 차원과 정체성 차원을 묶어 개인 차원으로 함께 다룬다.

개인 행위 차원에서의 디지털 미디어 사용의 폐해

사람들은 대부분 자신이 얼마나 온라인 행위에 빠져 있는지 의식하지 못한 채 살아간다. 기술의 사용을 당연한 것으로 받아들이고 그것에 맞추어 생활 습관을 변화시켜왔기 때문에 디지털 미디어 사용은 생활 자체가 된 지 오래고, 사회는 미디어화를 당연한 것으로 받아들인다. 하지만 온라인 주도의 생활이 미치는 부정적인 영향력을 되돌아보기 시작하면, 우리가 놓쳐버린 많은 것을 다시 한번 생각해볼 수 있게 된다. 이러한 시도에서 제일 먼저 생각나는 접근은 생산성의 문제와 관련된 것으로, 이는 미디어 단절이나 절제 행위를 자신의 정체성 또는 사회구조의 문제로 바라보려는 것이 아니라 개인의 생산성을 높이기 위한 행위로 바라보려는 좁은 시각에 기초하고 있다.

디지털 미디어 보지 않기 행위는 일정 기간 혹은 영원히 디지털 미디어 사용을 자발적으로 혹은 비자발적으로 중단하는 행위이다. 이러한 행위에는 보통 개인의 건강과 복리 측면에 대한 우려와 함께 생산성에 미치는 영향이 우선적으로 고려된다. 한 실험 연구에 따르면, 페이스북 사용을 일주일간 끊는 것만으로 다른 사람을 부러워하거나 외로움을 느끼는 감정이 줄어들 뿐만 아니라 전반적인 삶의 만족도가 향상되는 것으로 나타났다(Tromholt, 2016). 재미있는 것은, 이러한 긍정적인 감정과 삶의 만족도가 그간 페이스북을 많이 써온 사람들, 페이스북을 수동적으로 사용해온 사람들, 또 페이스북을 통해 타인을 부러워해온 사람들에게서 더 증가했다는 것이다. 페이스북을 잠시 끊는 것만으로도 사람들은 삶에 대한 부정적 시각을 줄일 수 있었다.

디지털 미디어 플랫폼 사용이 사람들의 감정에 부정적인 영향을 미치는 것은 분명해 보인다. 한 연구에 따르면, 사람들에게 20분 동안 활발하게 페이스북을 사용하게 했을 때 사용하지 않은 사람들에 비해 사용자 기분이 심각하게 나빠지는 것으로 나타났다(Sagioglou & Gretemeyer, 2014). 이러한 기분의 급격한 변화는 자신이 의미 있는 일을 하고 있지 않다는 무력감을 매개해서 나타나는 것으로 드러났다. 또한 이 연구는 이러한 부정적인 결과에도 불구하고 왜 사람들이 페이스북을 계속 이용하는가에 대해서도 설명하는데, 사람들은 실제 부정적인 감정을 느낄 가능성이 높음에도 계속해서 페이스북 사용이 긍정적인 감정을 가져다줄 것이라는 근거 없는 기대를 갖는 경향이 있다는 것이다. 이러한 감정 차원의 잘못된 기대는 거의 도박과 비슷한 과정을 거친다고 설명해볼 수 있다. 한번 페이스북을 통해 느낀 긍정적인 감정의 기억이, 마치 도박꾼이 돈을 땄을 때 느낀 도파민 분비의 흥분을 잊지 못하는 것처럼 계속해서 뭔가 좋은 일이 일어날 것이라는 기대로 이어진다는 추정이다. 하지만 실제에서는 그런 일이 잘 일어나지도 않고, 일어나더라도 금방 흥분이 가라앉기 때문에 무력감은 더 커지게 되며, 그러한 무력감은 부정적인 감정으로 이어지게 된다.

실제로 미디어를 사용하지 않으면 자기 성찰 능력이 늘어날 뿐만 아니라 다른 사람과도 훨씬 더 심도 깊은 관계를 유지할 수 있다. 하지만 미디어와 단절하는 행위가 항상 긍정적인 결과만을 가져온다고 할 수는 없다. 그것은 자신이 가지지 못한 것을 다른 사람들은 가질지 모른다고 느끼는 두려움, 즉 소외될지 모른다는 두려움에서 오는 소외나 걱정 등과 같은 부정적인 감정과 관련이 있다(Przybylski, Murayama, DeHaan, & Gladwell, 2013). 또한 디지털 미디어를 사용하지 않는 행위는 사회로부터 단절되었다는 느낌을 줄 수도 있고, 이러한 관계의 부재에서 오는 소외감은 특히 사회관계의 유지에 있어 소셜미디어에 의존하는 사람들에게 문제가 될 수도 있다(Christofides, Muise, & Desmarais, 2016). 하지만 소셜미디어를 많이 사용함으로써 느끼게 되는 소외감이 소셜미디어를 사용하지 않음으로써 느끼게 되는 소외감보다는 크다는 것이 대체적인 연구 결과이다(Primack et al., 2017).

디지털 미디어의 과도한 사용은 크게 봐서 상시적 연결이 초래하는 처리 용량의 초과, 개인 공간의 침범과 실생활과의 유리, 신체적·정신적 문제의 초래와 연결된다(Syvertsen & Enli, 2020). 사람들은 디지털 미디어에 의존하게 됨에 따라 점점 시간과 공간, 그리고 자신에 대한 감각을 잃어버리고 만다. 디지털 미디어에 자신의 통제권을 넘겨버리는 것이다. 따라서 디지털 미디어를 이용하지 않는 행위는 생산성과 밀접한 관련성을 가진다. 앞서 말했듯이, 미디어 보지 않기 행위의 필요성에 대한 논의의 키워드는 보건, 집중, 존재, 자유, 지속가능성으로서(Moe & Madson, 2021), 이 중 특히 보건과 집중 키워드가 생산성과 연관되어 있다. 사람들은 디지털 기기의 사용으로 정신건강에 문제가 생기거나 집중하지 못하면 일의 생산성에 심각한 타격을 입게 된다. 디지털 미디어 이용이 집중에 방해가 되는 이유는 그러한 즐거움을 기대하는 시간이 일에 대한 집중을 방해하기 때문이다(Newport, 2016). 집중해서 하는 일deep work은 시간을 절약하고 생산성을 향상시킬 수 있지만, 이메일, 소셜미디어, 온라인 뉴스 등에 주목하는 행위는 일에 대한 집중력을 분산시키고, 건성으로 일을 하게 만든다. 이러한 건성으로 하는 일shallow work은 당연히 성과가 낮을 수밖에 없다(Newport, 2016). 결국 이러한 논의는 개인이 일의 효율성과 생산성을 지키기 위해서는 자신의 시간 사용에 대한 억제력을 발휘해야 한다는 것을 보여준다.

그간 디지털 미디어 거부하기와 생산성의 관계를 다룬 연구는 디지털 디톡스, 즉 디지털 기기를 일정 기간 사용하지 않는 것과 관련해 논의를 지속해왔다(Schmitt, Breuer, & Wulf, 2021). 학술적인 메타 연구들에서 확실한 결과를 보여주지는 않았지만, 일반적으로 디지털 기기를 습관적으로 사용하는 것은 사용자의 생각하는 능력이나 기억하고 주의를 기울여 감정을 조절하는 능력에 부정적인 영향을 미친다고 추정할 수 있다(Duke & Montag, 2017). 이러한 부정적인 영향은 우리가 디지털 기기의 즉각적인 기능 실현에 너무 경도되어서 빠른 만족과 결과를 원함에 따라 평소 생각하는 능력이 심하게 훼손되었기 때문일 가능성이 높다. 하지만 디지털 미디어 사용의 폐해를 일의 생산성과 연결 짓는 시도는, 학술적으로 분명한 인과관계를 만들어내는 것이 어렵다는 점도 있지만 현실적으로 사람의 노동을 너무 기능적으로만 설명한다는 비판이 제기될 수도 있다. 디지털 미디어를 사용하지 않는 시간에 더 집중해서 일을 해야 한다는 논리가 사회에 팽배해지면 오히려 노동 착취적인 환경이 정당화될 가능성도 있기 때문이다.

디지털 미디어를 이용해 이루어지는 관계는 피상적인 관계로 이어질 가능성이 높다(Snow, 2017). 디지털 미디어를 이용한 커뮤니케이션은 서로의 감정을 이해하고, 이슈에 대한 심층적 논의를 이루기보다 상대방의 의도에 대해 오해할 가능성을 높인다. 주로 텍스트 형식으로 전달되는 메시지는 면대면 커뮤니케이션에 비해 맥락이 생략되고 미묘한 감정적 의미를 전달하는 데에 취약하다. 또한 디지털 미디어를 통한 관계는 드러난 이상적 설정에 의존하기 때문에 불필요한 비교나 나르시시즘을 유도하기 쉽고, 이는 경쟁이나 왜곡된 관계로 이어지기 쉽다. 나아가 온라인을 통한 커뮤니케이션은 사람을 대면해서 이루어지는 것이 아니기 때문에 좋은 관계를 유지하기 위해 억제하는 심리를 약화시켜 관계의 유지를 매우 불안하게 만든다. 이러한 온라인 관계 자체의 문제와 함께 디지털 미디어를 이용하는 행위는 오프라인의 관계도 불안정하게 만드는 효과가 있다. 디지털 중독에 빠지면 진지한 오프라인 관계를 경시하는 경향이 발생하기도 하고, 일상에서 디지털 미디어를 이용하는 행위가 오프라인 관계를 산만하게 만들기도 하기 때문이다. 결국 개인 행위 차원에서의 디지털 미디어 사용은 스스로의 생산성을 떨어뜨리기도 하지만, 개인의 관계 설정에도 매우 곤란한 상황을 초래한다.

개인 행위 차원의 디지털 미디어 보지 않기 유형과 상품화

미디어 보지 않기 혹은 단절이나 절제 행위와 관련해서 대중적으로 알려져 있는, 혹은 자기계발 서적에서 일반적으로 사용되는 개념은 디지털 디톡스, 미디어 단식media fast과 같이 일정 수준 미디어 사용을 중단하는 것과 관련된 개념이다. 이러한 개념은 사람들이 의도적으로 일정 기간 디지털 기기의 사용을 단절함으로써 쌓여온 스트레스를 해소하고, 디지털 기기 사용에 대한 자신의 통제권을 일정 부분 회복하려는 시도이다(Perlow & Porter, 2009). 조금씩 의미가 다르게 사용되고 있지만, 기본적인 전제는 일정 기간의 디지털 기기 사용 단절을 통해 일에 대한 생산성을 높이고, 선택과 집중을 통해 효율성을 높이며, 스트레스를 줄이고 삶의 만족도를 높이려고 시도하는 것이다.

디지털 미디어 사용을 끊는다는 것은 완전히 사용을 중단한다는 의미도 있지만, 특정한 소셜미디어나 앱을 끊는 것, 혹은 특정 콘텐츠에의 접촉을 차단하는 것 등 소극적인 의미의 중단을 모두 포함한다. 또한 디지털 미디어 사용을 자제하기 위해 이를 도와주는 앱을 사용하는 사람들도 늘어나고 있다. 디지털 미디어 사용을 끊는 행위를 유형화하면, 디지털 미디어 기기의 사용을 끊는 것, 특정한 플랫폼이나 앱의 사용을 끊는 것, 특정한 플랫폼이나 앱에서 제공하는 콘텐츠 및 커뮤니케이션, 특정 기능을 끊는 것으로 나눌 수 있다. 디지털 미디어를 장착하는 기기 자체를 끊는 것이 가장 확실한 방법이겠지만, 실제로는 특정 플랫폼이나 콘텐츠 사용을 자제하는 방법이 훨씬 광범위하게 사용되고 있다. 따라서 디지털 미디어를 끊는 행위는 기기 혹은 콘텐츠를 끊는 행위, 영속적으로 혹은 일정 기간 끊는 행위, 특정 플랫폼이나 앱을 끊는 행위 등 다양한 형태를 포함한다.

관련 연구에 따르면, 이렇게 해서 디지털 미디어 사용을 중단한 사람들은 일상에서 많은 편익을 얻고, 스스로 더 나은 삶을 살고 있다는 기분을 느끼는 것으로 나타났다(Nguyen, 2021). 또한 이때 사람들이 느끼는 행복감으로는 심리적 충만감, 시간 관리 및 생산성과 관련된 만족, 신체 건강과 관련된 만족 등이 복합적으로 나타났다. 디지털 미디어를 사용하지 않겠다는 사람들의 의도는 크게 세 가지 주제로 나누어볼 수 있다(Jorge, 2019). 인스타그램 사용자를 대상으로 한 연구에서 밝혀진 바에 따르면 스스로 미디어 사용을 자제하는 것은, ① 스스로 시간을 통제한다는 자신감을 갖게 해주고, ② 사회관계를 복원한다는 느낌을 갖게 해준다. 한편 이렇게 자기 자신만을 위해 미디어 사용을 자제하는 사람들과는 달리, ③ 다른 사람들에게 미디어 사용 자제를 권고함으로써 절제를 하나의 공동체 규범으로 만들고자 하는 사람들도 있다.

하지만 이러한 미디어 사용 자제는 행동 규범의 차원을 넘어 역설적으로 마케팅 차원에서 논의되기도 하는데, 이는 미디어 사용 자제를 하나의 상품으로 인식하면서 새로운 라이프스타일이나 상품 판매와 연결하려는 시도이다. 미디어 사용 자제와 관련된 의식주 상품 혹은 여행 상품 등이 이에 해당한다. 처음 자신을 통제하거나 다른 사람들과의 진정한 사회관계를 복원하고자 했던 사람들이 미디어 사용 자제를 하나의 상품 콘셉트로 활용하게 되는 것은, 결국 디지털 미디어 보지 않기 혹은 단절이나 절제와 같은 개념도 디지털 자본주의라는 큰 틀을 벗어나기는 힘들다는 것을 역설적으로 보여준다.

디지털 미디어를 단절하기 위해서는 미디어를 통제하는 앱이 필요하고, 디지털 미디어가 사라진 곳을 채워줄 새로운 상품들이 필요하다. 마치 미니멀리즘을 실현하기 위해 기존의 가구들을 모두 버리고 새로운 미니멀리즘 가구를 장만하는 것과 마찬가지로, 디지털 미디어 단절과 절제 행위도 새로운 정보자본주의의 착취 시스템을 벗어나기가 힘든 것이 정확한 현실이다. 디지털 미디어의 단절·절제가 새로운 트렌드로 포장되면 될수록 이를 상품화하고, 새로운 소비 상품을 통해 이윤을 뽑아내려는 디지털 미디어 자본의 시도는 더 교묘해진다. 디지털 디톡스가 쓰인 티셔츠를 입고 세련된 카페에서 맥북과 커피를 소비하는 사람들이 늘어날수록 디지털 미디어 단절의 정치적인 의미는 사라지고, 패션화된 소비 형태로서의 미디어 단절만이 남게 될 가능성이 농후하다. 결국 미디어 단절 혹은 절제를 단순히 행위의 변화로 바라본다면, 본질은 사라지고 껍데기만 바꾸는 결과가 초래된다.

정체성 차원에서의 디지털 미디어 보지 않기

사람들은 24시간 디지털에 연결되어 있으며, 이는 생산성과 집중력에 엄청난 영향을 미친다. 그래서 디지털 미디어 보지 않기가 이러한 생산성과 연결된 행동 변화를 의미하게 된 것은 자연스러운 일이다. 하지만 디지털과 항시 연결되는 것은 생산성 측면과 다른 층위에 영향을 미치는데, 바로 시간과 공간에 대한 감각의 상실이다(Syvertsen & Ellin, 2020). 사람들은 디지털 미디어에 둘러싸여 있다 보면 현실에 대한 감각을 상실하고, 진정한 자아가 무엇인지에 의문을 가지기 시작한다. 디지털 미디어가 만들어낸 욕망에 자신을 맡겨두기 시작하면 결국 디지털 자본주의의 이윤 창출 구도 속에서 자신의 정체성을 상실하고 만다. 디지털 미디어를 보지 않는 것은 따라서 행동 변화에 대한 추구라는 일차적인 목적도 있지만, 근본적으로 자신과 디지털 미디어의 관계 설정을 새롭게 하려는 시도라고 할 수 있다. 이는 디지털 시공간 속에서 자신의 정체성을 찾지 못하는 사람들이 삶에 대한 자신의 통제권을 회복하는 것과 관련된다.

정체성의 문제는 디지털 시대를 살아가는 개인을 한없이 짓누르고 있는 진정성authenticity의 문제와도 연결된다(Banet-Weiser, 2012). 디지털 문화는 개인이 진정으로 자신의 정체성을 찾는 것을 방해하고, 인간다움을 오로지 온라인 상호작용과 인공지능을 통해 구현하는 문화이다. 이런 상황에서 디지털 미디어를 보지 않는 행위는 한 인간으로서 진정한 자신을 찾아가려는 노력, 피상적이거나 조작된 디지털 인간관계에서 벗어나 진정한 사람 중심의 사회관계를 회복하려는 노력으로 간주할 수 있다(Baym, 2010). 하지만 여기서 문제를 더욱 어렵게 하는 것은, 디지털 사회에서 개인은 특이성singularities을 추구하지만 그것이 결국 디지털 자본의 기획 속에서 이루어질 수밖에 없다는 점이다. 개인의 특이성 추구 속성은 디지털 시대에 중요한 작용을 하는데, 디지털 사회에서 사람들은 다른 사람들과 차별화되고, 독특한 정체성을 가지기 위해 온갖 노력을 아끼지 않기 때문이다(Reckwitz, 2020). 그런데 이러한 특이성에 대한 욕망을 달성하는 수단은 디지털 미디어를 통해 이루어지는 경우가 대부분이므로, 개인의 특이성 추구는 결국 디지털 미디어 플랫폼의 이윤 추구를 도와주는 형태로 종속되어 발전하게 된다. 즉 디지털 시대 개인의 정체성과 특이성 추구는 결국 디지털 자본의 욕구와 일치하는 지점에서 발생하게 된다. 따라서 디지털 미디어와 자신을 분리하는 행위를 정체성 차원에서 바라보는 것은, 디지털 미디어 플랫폼이 조작할 수 있는, 즉 디지털 미디어 플랫폼에 최적화된 개인이 되려 하는 것이 아니라 스스로가 자신에 대한 진정성과 정체성을 회복하는 것과 연결된다.

정체성과 관련된 논의는 확실히 행위의 차원을 넘어서는 측면이 있다. 행위의 변화에 집중되어 있는 디지털 디톡스와 같은 개념에 비해 미디어 분리media unplugging 개념은 좀 더 전반적으로 기술 중심의 온라인 생활 태도를 비판하며 오프라인 중심의 대안적인 생활 태도에 초점을 맞추려는 시도를 담고 있다(Reinecke & Trepte, 2014). 다른 사람들과의 직접 대면을 통한 사회관계를 복원하고, 책을 읽거나 자연에서 보내는 시간을 늘림으로써 스스로를 돌아보고, 사색을 통해 내면의 힘을 강화하려는 시도를 말한다. 이러한 시도는 단순히 행위의 변화를 통해 생산성을 높이거나 자기계발을 도모하는 것이 아니라, 자신의 내면을 돌아봄으로써 온라인 생활 태도 때문에 놓쳐버린 자신을 성찰하고, 온라인 생활 태도와는 다른 대안적인 생활 태도를 찾기 위해 노력하는 것으로 해석될 수 있다. 생산성을 높이기 위한 행위의 변화는 디지털 미디어 기기의 효율적인 사용에 대한 논의로 연결되지만, 좀 더 근본적으로 디지털 미디어 중심의 세계관에서 벗어나는 대안적인 접근 방법과 성찰의 기회를 제공하지는 않는다.

사람들이 디지털 미디어로부터 단절하거나 그것을 절제하지 못하는 이유는 다양하다. 실제로 미디어 단절을 시도한 사람들의 인터뷰 결과를 살펴보면, 대부분 삶의 모든 측면에서 온라인 생활 태도에 빠져 있어 그곳에서 빠져나오겠다는 생각 자체를 미처 하지 못했으나, 한편으로는 사회로부터의 단절에 대한 두려움, 사회관계 소외에서 오는 외로움 등을 크게 느끼고 있기도 했다(Kaun & Schwarzenegger, 2014). 사람들은 스스로 존재할 수 있다고 느끼기보다는 디지털 미디어를 통해서 존재한다고 느낀다. 삶의 많은 영역이 디지털 미디어를 통해서만 의미를 획득한다. 미디어 단절이나 절제가 사람들의 정체성과 연결되는 이유가 여기에 있다.

모에와 매드센(Moe & Madsen, 2021)은 "미디어 연구를 넘어 디지털 단절 이해하기Understanding digital disconnection beyond media studies"라는 논문에서 보지 않기 혹은 단절에 대한 다섯 가지 태도를 열거한 바 있는데, 이 중 존재 혹은 실존existentiality과 관련한 태도는 생각하는 주체의 정체성과 직접적으로 연결된다. 이는 어떤 면에서 보면 쇠렌 키르케고르Søren Kierkegaard의 실존철학에 바탕을 두었다고도 설명할 수 있는데, 곧 삶은 외부의 환경에서 주어지는 특정한 조건을 충족하기보다 스스로 실존적인 주체를 확립하고자 할 때 완성된다고 보는 관점이다. 사람들은 객관성으로 포장된 외부의 조건이 만들어낸 무엇인가를 해야 한다는 강박에서 벗어남으로써 자신을 바라보고 인생의 균형을 회복할 수 있다.

디지털 미디어 시대에는 포모FOMO, 즉 사회관계에서 소외되는 것에 대한 두려움이 사회를 지배하게 되는데, 이를 조모JOMO, 즉 스스로 미디어로부터 소외되는 것에서 즐거움을 발견하는 상황으로 바꾸어주어야 한다. 이때 가장 필요한 것이 주체가 외부 환경에서 주어지는 압력과 쾌락의 추구로부터 자유로워지는 것이다. 실제로 우리가 어떤 기능적인 목적을 위해 미디어를 이용하게 되면 그 기능적인 목적 때문에 자신의 존재가치를 희생하게 되고, 기능적인 목적 자체가 인생의 목적이 되기 때문에 점점 더 공허함을 느낄 수밖에 없게 된다. 예를 들어 우리가 소셜미디어 활동을 하면서 자신을 과시하고, 남들과의 경쟁에서 지지 않기 위해 그것을 기능적으로 이용한다고 하면, 그 과정에서 자신의 존재 자체는 사라지고 오직 기능적인 목적 달성만이 목표가 됨에 따라 자신의 진정한 존재 가치가 지워져버리게 된다. 따라서 디지털 미디어를 보지 않는 혹은 단절하는 행위는 미디어의 지나친 간섭에서 벗어나 진정한 자신을 찾아나가는 여정의 시작이다.

나 자신을 찾는 행위는 디지털 미디어 간섭으로부터 자신을 해방시키는 과정에서 발견된다. 이는 우리가 주목으로부터 해방되는 것과 관련되어 있으며, 이렇게 우리를 전방위적으로 압박하는 디지털 미디어 주목 강요에서 벗어나지 못한다면 우리는 어떤 문제도 해결할 수 없다. 결국 표현의 자유, 언론의 자유도 주목의 자유를 거치지 않으면 발전해나갈 수 없다. 주목의 자유는 모든 자유의 전제조건적 자유라고 할 수 있다(Mill, 2003). 여기서 주목은 자기계발서에 등장하는 생산성 향상을 위한 집중과는 성격이 다르다. 개인이 주목을 지배한다는 것은 노예의 상태에서 벗어나 스스로 자신의 삶을 지배하기 시작한다는 의미이며, 자신의 정체성이 디지털 미디어가 만들어둔 자본주의 욕망기계에 의해 규정되는 것이 아니라 스스로 성찰하고 창의적으로 고안함으로써 사회문제를 해결할 수 있는 주체로 나설 수 있게 되었다는 것을 의미한다.

디지털 미디어 시대의 발달은 즉각적인 주목과 문제 해결책을 제시함으로써 사람들이 스스로 생각하는 능력을 잃고 정체성을 확립하는 데에 어려움을 겪게 만든다. 관련된 연구들에 따르면, 인터넷이 발달하면서 젊은 사람들의 나르시시즘은 깊어지고 있지만 공감 능력은 현저히 떨어지는 것으로 나타났다(Konrath, 2013). 이러한 현상은 소셜미디어를 비롯한 디지털 미디어들이 자기중심적이고, 틈나는 대로 자신을 프로모션하는 데에 익숙한 온라인 네트워크 중심의 사회관계를 만들어왔기 때문에 발생하는 것이다. 따라서 디지털 미디어는 일면 사회관계를 확장하는 것처럼 보이지만, 실상은 사회관계를 피상적으로 만들고, 다른 사람에게 보이는 자신을 실제의 자신으로 착각하게 만듦으로써 정체성 형성을 방해한다. 결과적으로 디지털 미디어를 많이 사용하면 할수록 자신의 정체성을 찾기는 점점 더 어려워진다. 사람들이 자신의 정체성을 찾기 위해서는 디지털 미디어를 거부하는 결단을 내려야 할 이유가 여기에 있다.

정체성의 문제는 또한 기억의 문제와도 연결된다. 즉 사람들이 기억과 관련하여 온라인 기억장치에 의존하면서 기억에 대한 자신의 정체성을 상실하게 되는 것도 큰 문제이다. 외부의 장치에 자신의 기억을 맡겨두다 보니 기억이 왜곡되거나 조작되는 경우도 발생한다. 또한 기억을 지우려면 디지털 미디어에 의존해야 함에 따라, 기억에 대한 스스로의 통제권을 점점 상실하게 된다(Mayer-Schönberger, 2011). 예를 들어 외부 기억장치에 자신이 업로드한 것을 모두 지웠다고 하더라도, 자신도 모르게 저장된 기억은 언제든 활용될 수 있다. 디지털 미디어를 사용하면 할수록 자신의 기억은 사라지고 상품화된 자신의 기억만이 자신을 대표하는 상황이 초래될 수 있다는 것이다. 따라서 디지털 미디어를 보지 않거나 과도한 사용을 중지하는 행위는 기억을 디지털 장치에 맡겨두지 않고 자신이 온전히 통제하겠다는 의지의 표현이라고 해석할 수 있다. 최근 디지털 자살digital suicide과 같은 극단적인 표현들도 사용되고 있는데, 이러한 행위는 디지털 정체성과 관련한 고민이 심해져서 외부 기억장치를 통한 기억을 모두 지우려 하는 시도를 의미한다(Karppi, 2011).

부정적인 정체성 형성과 개인 차원의 미디어 거부 동기

디지털 사회를 살아가는 사람들은 디지털 미디어 관련 행위에서 자본의 이윤 창출 의도를 어느 정도 파악하고는 있지만, 오히려 스스로 그러한 행위의 주체가 됨으로써 자신도 그렇게 작동되는 사회관계의 일부가 되고 있다는 데에 안도감을 느낀다. 이러한 안도감과 사회관계의 지속이 디지털 미디어 환경에서 사람들의 정체성을 형성한다. 우리나라와 같은 집단주의 문화권에서는 이런 경향이 더 심하다. 사람들은 디지털 미디어가 만들어준 구조 안에서 정체성을 형성하기 때문에 심리적 자율성이 붕괴되는 경향이 있다. 예를 들어 누구도 자신의 소셜미디어 메시지에 반응하지 않거나, 자신의 소셜미디어 콘텐츠를 향한 주목의 양이 현저히 떨어지면 스스로 정체성에 의문을 품고 자신감을 상실하게 되는 경우 등이다. 디지털 세계에서는 허위의 완벽주의가 판을 치는데, 여기에 휘둘리기 시작하면 사회적인 비교에 따른 불만이 커지고, 자신의 정체성에 대한 의문이 증가하게 된다. 최근 청소년 자살자들을 심리학적으로 검시한 연구에 따르면 소셜미디어가 청소년의 정체성에 미치는 부정적인 영향이 두드러지는 것으로 나타나고 있다(Balt et al., 2023).

개인이 정체성을 만들어가는 과정은 자신의 정체성을 돌아보고 반성한 다음, 그것을 재구성하고, 그것에 자신을 맞추어가는 것이 보통이다. 디지털 미디어 환경에서도 새로운 주체를 형성하는 것은 비슷한 과정을 거치는데, 특히 해당 환경에서 정체성을 형성하는 과정은 자신에 대한 죄의식과 깊은 관련이 있다(Burke, 1970). 인간의 죄의식은 언어와 상징을 사용하는 데에서 비롯된다. 즉 그것은 언어를 사용하는 과정에서 비교를 통해 위계를 만들거나, 하지 말아야 하는 것을 지키지 못함으로써 부정적인 생각을 가지게 되거나, 자신이 완전하지 못하고 부족하다는 것을 인식하기 때문에 발현된다. 이처럼 언어를 사용하는 인간은 필연적으로 죄의식을 느낄 수밖에 없는데, 자신이 남들보다 낫다고 생각하는 사람은 자신의 특권에 대해 죄의식을 느끼고, 남들보다 못하다고 생각하는 사람은 다른 사람보다 열등하다는 데에서 죄의식을 느낀다. 사람들이 언어를 사용해 사회관계를 만들어가는 한 죄의식은 어차피 느낄 수밖에 없고, 따라서 사람들은 그것을 정화하고 다시 태어나려는 노력을 끊임없이 하게 된다.

디지털 미디어 환경에서 사람들이 정체성을 형성하는 것은 이러한 '죄의식을 정화하고, 다시 태어나려고 노력하는 것'과 매우 닮아 있다. 디지털 미디어 활동에서 죄의식은 여러 유형의 모습을 보여준다. 예를 들어 소셜미디어를 사용하면 다른 사람과 자기 자신을 비교하게 되고, 스스로 하지 말아야 할 행동을 한 것에 대해서 후회하며, 자신이 결코 완벽하지 못하다는 것을 확인함으로써 심각한 정체성 위기에 빠지게 된다(Vogel, Rose, Okdie, Eckles, & Franz, 2015). 이러한 상황에서 사람들은 자신의 정체성을 디지털 미디어 환경이 만들어둔 규범에 따라 재구성하기 위해 노력한다. 죄의식을 느끼면 느낄수록 더 디지털 미디어 환경의 규범에 맞는 자신을 설정하려고 노력한다. 많은 사람이 이런 규범을 준수하려고 노력할 경우, 그것은 획일적인 디지털 미디어 문화를 강화하게 되고, 그에 따라 더 많은 사람이 규범을 준수하는 것으로 스스로의 정체성을 찾으려 하게 된다. 이런 상황에 이르면 사람들의 정체성은 디지털 미디어 환경이 요구하는 것에 맞춰지게 되고, 자신이 주체적으로 정체성을 형성하려는 노력을 포기하게 된다.

실제로 디지털 미디어 환경이 요구하는 것은 자본의 이윤 실현이고, 결국 사람들은 궁극적으로 자본의 이윤 창출을 위해 자신의 디지털 미디어 활동 속에서 죄의식을 느끼고, 정화하고, 다시 태어나는 쳇바퀴 같은 행위를 반복하게 된다. 이러한 반복적인 정체성 정화 작용은 결국 사람들을 디지털 미디어 환경으로부터 벗어나지 못하게 만들고, 죄의식 정화라는 강제적인 압력을 통해 디지털 미디어 사용에 계속해서 탐닉하게 만든다. 그래서 이러한 자본주의 정체성의 강제에서 벗어나려면 스스로 디지털 미디어 사용을 중단할 수 있는 불굴의 용기와 의지가 필요해진다.

디지털 미디어 사용의 중단에 대한 개인적인 차원의 동기는 디지털 미디어의 이용 여부와 관련한 결정이 개인의 통제 아래에서 이루어질 수 있다고 본다. 이것은 일반적으로 미디어 거부의 주제를, ① 중독과 같은 개인적인 책임의 문제, ② 디지털 금욕주의와 같은 개인적인 규범 및 수양의 문제, ③ 문화적 계급을 나타내는 취향의 문제 등 세 영역으로 보려는 시도와 맥을 같이한다(Portwood-Stacer, 2012a; 2012b; 2012c). 하지만 디지털 미디어 보지 않기를 이러한 개인적인 동기의 문제로 보기 시작하는 것은 분명한 한계가 있다. 중독과 같은 개인적인 책임의 문제로서 디지털 미디어 과잉 주목 문제를 보게 되면, 사회구조적인 문제를 외면하고 온전히 개인의 소양과 책임의 문제로 이 문제를 규정하게 되는 우를 범할 수도 있기 때문이다.

또한 이러한 시각과 연관하여 나타나는 대부분의 문제는, 미디어 중독이 개인의 문제이기 때문에 개인의 절제를 통해 문제를 해결할 수 있다고 주장하면서, 이를 해결하기 위해 또 다른 미디어 사용을 권장하는 경우가 많다는 점이다. 디지털 디톡스와 관련한 수많은 책과 앱, 유튜브 강의, 심지어 소셜미디어들이 이 과정에서 다시 상품으로 거래되고 소비된다. 또한 개인적인 차원의 접근이 가지는 문제점은 그것이 지향하는 목표가 어디인지가 분명하지 않다는 점이다. 디지털 사용 과다라는 문제에 대해 개인적 해결을 강조하는 경우의 이유는 생산성 향상에의 의지, 또 표면적으로 친구나 가족 등 주위 사람들에게 더 신경을 쓰겠다는 의지를 표명하려는 것이다. 하지만 실제로 이러한 행위들은 개인적인 생산성을 높여 자본의 착취 가능성을 넓히거나 오히려 개인적인 책임을 강조함으로써 신자유주의적 경향을 강화하는 데에 이용될 수 있다. 생산적이지 못한 사람은 무능한 것으로 간주되고, 개인이 스스로 시간 관리를 하지 못하면 질타를 받는 사회는 결국 자본에게 유리한 구도로 흘러갈 수밖에 없다.

또한 디지털 미디어 사용을 자제하는 것에 대해 문화적인 취향의 문제로 돌리는 것도 문제가 있다. 개인이 가지는 문화적인 취향의 문제는 사회문화적인 맥락과 연결되는데, 이러한 개인의 취향은 사회가 사실상 바람직하다고 규정하는 것을 개인이 내면화했을 때 발생한다. 비록 이와 같은 접근은 중독이나 절제의 문제와 연결되지 않고, 능동적으로 디지털 미디어 사용을 거부하려고 시도하는 측면이 있다고도 주장할 수 있다. 하지만 이를 문화적인 취향의 문제로 보는 시각에는 개인적인 독특함을 통해 차별의 문제를 순화해서 표현하려는 경향이 강하게 반영되어 있다. 문화적인 취향을 통한 접근은 실제로 사회에 분명히 존재하는 차별의 문제와 연결된다. 자신의 특정한 미디어 관련 행동이 다른 사람과 차별화되고, 나를 더 돋보이게 한다는 것에는 어떤 면에서 이미 권위주의적인 측면이 포함되어 있다. 예를 들어 페이스북은 부모 세대가 하는 소셜미디어이기 때문에 거부한다고 한다면, 이는 세대 간 갈등이나 차별의 문제이지 개인적인 문화 취향의 문제라고만 단정할 수 없다. 따라서 문화적인 취향을 통한 접근은 일반 대중의 변화를 끌어내기에는 부족한 담론이다.

이러한 개인적인 차원의 동기 요인들은 실제로 자신이 다른 사람에게 어떻게 보일 것인가 하는 문제와 긴밀하게 연결되어 있다. 개인적인 차원의 동기에서 정체성 형성 욕구를 분리하기가 힘든 것은 사실이다. 특히 개인이 가지는 문화적인 취향의 문제는, 사회 그룹 내에서 특정한 계층을 위계적으로 표현하고, 자신이 그곳에 속해 있다는 의식을 통해 위계적 만족감을 느끼는 과정과 연관되어 있다. 따라서 미디어를 이용하는 행위, 특히 디지털 미디어 사용과 관련한 문제는 정체성의 문제와 직접적으로 연결된다. 내가 다른 사람에게 어떤 인상을 줄 것인가의 문제는 소셜미디어 사용의 직접적인 동기 요인이 된다. 따라서 미디어 이용을 중단하는 행위를 단순한 생활 태도의 변화로서 받아들이는 것은 정체성 형성과 관련된 함의를 무시하는 것이다.

미디어 이용을 중단하는 행위는 좀 더 능동적인 형태의 정체성 변화와 관련이 있다. 실제로 연구들을 살펴보면, 자신의 정체성에 대해 확신을 가지고 있는 청소년들은 소셜미디어 이용 상황에서 통제권을 회복하는 경향이 있는 것으로 나타났다(Agai, 2022). 우리도 일상에서 흔히 자존감이 부족하거나 남의 시선을 의식하는 사람들의 경우, 더 소셜미디어에 매달리거나 그 내용에 쉽게 영향받는 것을 목격할 수 있다. 따라서 미디어를 중단하는 행위는 행위 그 자체로 해석하기보다는 미디어를 이용하는 주체의 심리사회적 인식을 함께 파악하기 위해 노력하는 것이 무엇보다도 중요하다. 단순히 행위에 집중하면 미디어 이용 시간 설정, 앱 지우기, 미디어 이용 시간 설정 앱 깔기 등 행위를 줄이는 일에 몰두하게 되는데, 이러한 방법은 임시방편적인 수단은 될 수 있을지언정 장기적으로 봤을 때 스스로 미디어 이용을 통제하는 능력은 오히려 상실하게 만들 위험성이 있다. 미디어 이용을 줄이기 위해 또 다른 미디어를 이용하는 악순환이 계속되는 것이다.

이러한 정체성 논의는 신자유주의 풍조에서 만들어진 소비문화와도 긴밀한 관련성을 가진다. 자본주의와 미디어 주목이 결합해 소비를 자극하고, 이러한 맥락에서 자본이 이윤의 독점을 강화하는 것은 '디지털 미디어 시대의 사람들이 만들어낸 정체성이 미디어를 통해 자본의 착취 구도와 연결되어 있다는 것'을 보여준다. 사람들의 정체성은 소비를 통해 형성되므로, 미디어를 이용하지 않겠다는 것은 이러한 소비 행태에 특정한 변화를 주겠다는 의지와 관련된다. 하지만 사람들이 자본주의 구도에서 벗어나 독자적인 정체성을 찾기란 매우 어렵다. 심지어 미디어를 이용하지 않는 행위를 또 다른 형태의 소비 행위로 연결 짓는 위험성도 발견된다(Portwood-Stacer, 2013). 이는 마치 '천천히 살기'를 실천하기 위해서 교외에 세컨드 하우스를 구입하는 것과 비슷한 경우이다. 미디어를 이용하지 않는 행위를 자신이 가지는 우월적 차별성과 연결 지음으로써 '나는 다른 사람들과 다르다'는 맹목적인 엘리트 의식에 빠지게 되는 경우도 있다. 이런 미디어와 관련된 차별적인 정체성이 문제가 되는 것은, 미디어를 이용하지 않는 행위가 많은 사람이 참여하는 사회운동으로 발전하기보다 일부 계층의 자기만족과 새로운 소비문화로 연결되는 경우가 많기 때문이다.

욕망기계 벗어나기와 디지털 미디어 보지 않기

정체성 문제는 사람들이 어떻게 사회 속에서 욕망을 실현하는가 하는 문제와 연결된다. 들뢰즈와 과타리(Deleuze & Guattari, 2009/2014)는 그들의 저서 『안티-오이디푸스*Anti-Oedipus*』에서 욕망을 기계machine로 표현하고, 욕망은 특정한 대상이 아닌 모든 감각과 경험을 일체화하는 집합체assemblage라고 보았다. 따라서 욕망은 욕망기계로서 사회적으로 배치되기 때문에, 잘못 인도될 경우 파시즘과 같은 부정적인 결과를 초래할 수도 있다. 이런 차원에서 디지털 노출 사회의 노출 욕망은 자본주의 욕망기계에 종속된 모든 감각과 경험의 일체화를 의미한다(Harcourt, 2015). 디지털 미디어 환경에서 노출과 이에 따른 주목 욕망은 디지털 기계를 만나 가장 확실하게 욕망기계화된다.

디지털 기계를 통한 욕망의 실현은 자본주의 욕망기계의 통제로부터 비롯된다. 하지만 사람들은 스스로 그러한 통제를 자연스러운 욕망 실현의 현상으로서 수용하게 된다. 자신의 욕망 속에 숨어서 작동하는 파시즘적인 속성, 즉 디지털 자본이 사람들의 디지털 노동을 쥐어짜고 서로를 경쟁시켜 소비문화 속에서 마침내 인간성을 파멸에 이르게 하는 과정이 순진한 욕망 실현으로 포장되고 만다. 예를 들어 우리가 소셜미디어에 셀피와 여행사진을 찍어서 올리고 개인정보를 기꺼이 내어놓는 행위들은 욕망기계의 파시즘적인 욕망, 즉 '기계가 자본주의의 욕망 실현을 위해 만들어둔 조건 속에서 욕망을 실현하는 행위'이다. 결국 우리 모두는 욕망의 화신이 되어, 디지털 기계와 환경 속에서 스스로 욕망기계가 되고 노예화된다. 욕망이 디지털 기계를 통한 사회 배치를 받아들이고 욕망기계화함으로써 디지털 미디어 자본의 독점을 도와주는 상황에서, 우리는 정체성을 되찾기 위해 파시즘적인 욕망으로부터 벗어나려는 시도에 대한 논의를 시작해야 한다. 자본주의 욕망기계의 욕망에서 벗어나지 않는 한 우리의 정체성을 찾는 것은 불가능하기 때문이다.

미디어 보지 않기 혹은 미디어 거부는 진정한 사회관계라는 측면에서 살펴보았을 때도 개인이 가지는 정체성의 문제와 연결된다. 실제로 너무 자기 자신을 중심으로 생각하는 문화가 형성됨으로써 미디어 접속이 기하급수적으로 늘어났지만, 결국은 남에 대한 공감 능력이 사라진 단절의 문화가 형성되고 있다고 보는 것이 현대 디지털 사회에 대한 올바른 진단이라 할 수 있다. 예를 들어 사람들이 얼마나 소셜미디어 활동을 통해 자신을 드러내려 애쓰고 있는가를 생각해보면, 이러한 자기중심적 정체성을 가진 개인들이 디지털 문화를 주도하고 있음을 쉽게 알 수 있다. 다른 사람에게 보이는 자신의 모습에만 경쟁적으로 몰두할 뿐, 다른 사람이 실제로 어떤 생각을 가지고 있는지, 자신이 보여주고자 애쓰는 모습들이 다른 사람들에게 어떤 영향을 미칠지에 대해서는 충분히 고려하지 않는다. 결과적으로 이러한 경쟁적인 개인들이 모여 공감 능력이 사라진 디지털 개인 중심주의 문화를 형성하게 된다. 따라서 디지털 미디어 보지 않기를 통해 사회관계를 다시 연결하고자 노력하는 것은 '자기중심의 정체성'에서 '다른 사람과의 조화를 중시하는 정체성'으로의 이동을 의미한다.

자기중심의 정체성을 가진 개인들이 많아질수록 사회자본social capital은 줄어들 수밖에 없다. 퍼트넘(Putnam, 2000)은 유명한 저술 『나홀로 볼링 *Bowling alone*』에서 개인 중심의 사회가 되어감에 따라 공동체 중심의 유대감이 급속히 사라지고, 전체적으로 상호 신뢰가 하락하면서 공동체 신뢰와 사회관계가 붕괴된다고 보았다. 여기에는 미디어의 영향도 크게 작용하는데, 매스미디어의 등장은 사람들이 다른 사람과의 유대를 통해 자신의 생활을 영위하기보다 미디어를 이용해 개인적으로 시간을 소비하는 방법을 터득하게 만들어주었기 때문이다. 자신에게 맞는 여가 시간을 미디어를 통해 개인적으로 즐길 수 있게 되면서 사람들은 점점 더 사회적인 유대의 필요성을 망각하게 되었다. 이러한 미디어 의존 현상은 디지털 미디어 시대가 도래하면서 더욱 심화된다고 할 수 있다. 디지털 미디어는 개인화를 목표로 개발된 매체이다. 실제 디지털 미디어 자본이 이윤 창출을 위해 필요로 하는 것은 집단화된 정보가 아닌 개별화된 개인정보이고, 대부분의 비즈니스 모델은 이러한 개인정보에 기초하고 있다. 결국 디지털 미디어와 연결되면 될수록 사회는 개인화될 수밖에 없고, 개인의 성취가 집단의 유대보다 우선시되는 사회가 될 수밖에 없다.

실제로도 디지털 미디어가 지배적인 문화를 선도하면서 사람들의 공감 능력이 매우 약화된 것으로 나타난다(Konrath, 2013). 공감 능력을 갖춘다는 것은 다른 사람의 시선에서 사안을 볼 능력을 갖춘다는 것이다. 공감 능력이 부족하다는 것은 자신에 대해서는 긍정적인 생각을 가지려고 노력하지만 다른 사람은 부정적으로 평가하는 경향이 있고, 모든 것을 자기중심으로 보려고 하기 때문에 다른 사람의 생각에 무관심해지는 경우가 많다는 것을 의미한다. 디지털 미디어는 자기중심으로 콘텐츠가 만들어지고 관계가 형성되기 때문에 진정한 공감 능력을 갖춘 사회관계를 오히려 단절시키는 경향이 있다. 따라서 디지털 미디어 시대에는 온라인 활동을 통해 사람들과 연결되면 될수록 단절이 늘어나는 모순이 극대화된다.

소셜미디어가 사람들을 좀 더 자기중심적으로 만드는 것은 장착된 여러 가지 기능에서도 분명하게 발견된다. 페이스북과 인스타그램을 열면 제일 먼저 자신의 상태가 보이고, 자신의 자랑거리가 은연중에 과시된다. 대부분의 소셜미디어 활동은 자신을 드러내는 데에, 혹은 자신을 중심으로 네트워크를 만들거나 확장하는 데에만 집중할 뿐, 인간관계를 심도 있게 만들거나 자신을 성찰할 수 있는 기회를 제공하지는 않는다. 자기중심적으로 디지털 미디어 콘텐츠가 재편되는 것은 알고리즘의 영향도 크다. 유튜브에 올라오는 콘텐츠들은 모두 자기 자신을 중심으로 구성된 내용이다. 알고리즘이 만들어내는 반향실이 자신의 생각을 강화하고, 세상이 자기를 중심으로 돌아가는 것처럼 느끼게 만든다.

하지만 소셜미디어가 만들어낸 자기중심적인 약한 연결고리들이 항상 부정적인 역할만을 담당하는 것은 아니다. 분명히 예전에는 불가능했던 정보의 교환이나 사회운동의 결성이 소셜미디어를 통해서는 가능해진 측면이 있다. 즉 예전 같으면 불가능했을 사회 차원의 운동이 소셜미디어의 약한 고리들을 통해 형성되는 경우가 허다하다. 꼭 공적이고 심각하고 강한 유대만이 사회를 변화시킬 수 있는 것이 아니며, 약하지만 광범위하고 일상적인 고리들 역시 사회 변화를 도모하는 동력으로 작용할 수 있다.

이 모든 것이 소셜미디어가 만들어낸 현상이다. 그렇다면 결국 핵심은 소셜미디어를 포함한 디지털 미디어에 대한 사회적인 평가가 아닌, 사람들이 어떻게 디지털 미디어 활동에 대한 통제권을 회복할 수 있느냐에 달려 있다. 사람들이 소셜미디어를 통해 자신을 프로모션하는 데에만 몰두하는 정체성 추구에만 빠져 있을 게 아니라 다른 사람들과 연대하고 사회를 변화시키기 위해 힘을 결집할 수 있는 방법에 대해 고민한다면 사회는 좀 더 나은 미래를 기약해볼 수 있다. 결국 사람들은 디지털 미디어 활동에서 주어진 미디어 속성에 함몰되지 않고, 자신의 의지로 미디어를 조절할 수 있어야 한다. 사람들이 디지털 미디어로부터 통제권을 회복하지 못한다면 자기중심의 정체성에 기초한 약한 연결고리들은 사회적인 연대를 이루기보다 디지털 미디어 자본의 이윤 창출을 위한 도구로 전락할 가능성이 농후해진다.

9장

사회 차원의 디지털 미디어 보지 않기

디지털 미디어 보지 않기 행위의 유형화

미디어에 참여하지 않는 행위는 단순히 수동적인 방어 행위를 넘어서 정치적인 행위로 발전할 수도 있다. 참여가 민주주의의 속성이긴 하지만, 미디어가 소비문화를 조장하고 자본의 착취를 기획하는 한 역설적으로 참여하지 않는 행위가 오히려 정치적인 목적을 달성하는 데에 도움을 줄 수 있다. 디지털 미디어가 개인정보를 감시하고 여론을 조작하는 상황에서는 참여를 통해 얻을 수 있는 것보다 주체적으로 참여하지 않음으로써 얻을 수 있는 것이 더 많다는 것이다. 실제로 온라인 정치 참여 행위online political participation에 대한 논의는 많은 경우 참여, 능동성, 긍정적 속성을 키워드로 하지만, 이와 반대로 불참, 수동성, 부정적 속성을 정치적 행위로 주목해야 한다는 주장도 많다(Lutz & Hoffmann, 2017). 특히 지금과 같은 온라인 상황에서는 참여하지 않는 것이 오히려 더 큰 정치적 함의를 지닐 수 있다.

이러한 맥락에서 미디어와 관련된 정치적 행위는 크게 능동성과 수동성, 참여와 불참이라는 두 가지 차원을 중심으로 네 가지 형태로 구분해볼 수 있다(Casemjor, Couture, Delfin, Goerzen, & Delfanti, 2015). 각각 능동적인 참여active participation, 수동적인 참여passive participation, 능동적인 불참active non-participation, 수동적인 불참passive non-participation이다. 무언가에 참여하지 않는 행위는 기존에 형성되어 있는 권력 구조에 저항하겠다는 의미를 가지며, 기존의 질서로부터 스스로 해방되어 새로운 삶의 패러다임을 추구하겠다는 선언적인 의미를 포함한다. 지금의 온라인 구도는 독점적인 플랫폼에 참여하면서 어쩔 수 없이 개인정보를 내주거나 감시를 용인하는 수동적인 참여가 대세를 이루고 있다. 이러한 수동적인 참여에 비한다면 능동적으로 기존의 질서에 참여하지 않겠다고 선언하는 것은 훨씬 의미 있는 정치적 행위로 해석될 수 있다.

능동적인 불참 행위는 기존의 플랫폼에 자신의 의지로 참여하지 않거나, 더 나아가 기존 체제의 작동을 방해하는 행위를 모두 포함한다. 이러한 능동적인 불참 행위는 크게 불명료화, 방해, 탈출로 나누어볼 수 있다(Casemajor, Couture, Delfin, Goerzen, & Delfanti, 2015). 불명료화obfuscation는 개인정보를 제공하지 않는다든지, 플랫폼이 요구하는 것을 그대로 제공하지 않는 행위 등 소극적인 저항을 말하고, 방해sabotage는 해킹이나 디도스 공격처럼 적극적으로 디지털 플랫폼의 작동을 방해하는 행위를 의미한다. 가장 일반적인 형태는 탈출exodus로, 페이스북을 자발적으로 떠나거나 온라인 플랫폼이 만들어둔 감시와 착취의 시스템에 저항하는 것이며, 온라인 활동을 중단하는 것 등을 포함한다. 이런 행위는 상당한 정치적 의미로 해석될 수 있는데, 온라인 플랫폼을 탈출하는 행위는 기존 디지털 시스템의 정당성을 인정하지 않겠다는 항거의 의미로도 볼 수 있기 때문이다.

탈출 전략에는 하나의 딜레마가 숨어 있다. 그것은 탈출 전략이 힘을 받기 위해서는 탈출에 선행하는 밀도 있는 온라인 행위들이 충분히 실행되고 있어야 한다는 점이다. 탈출이 의미를 갖기 위해서는 그것이 특정한 영향력을 끼칠 수 있어야 한다. 그러한 영향력은 많은 사람이 온라인 행위를 공유하고 있는 상태에서 자발적으로 그러한 온라인 행위를 함께 멈추는 것이다. 따라서 탈출의 사회적인 효과는 성공적인 온라인 네트워크의 형성을 전제로 한다. 예를 들어 네이버를 이용하는 사람이 많아졌을 때 비로소 그들의 탈출 전략이 효과를 발휘할 수가 있다.

기존의 논의들을 종합해보면, 디지털 플랫폼에 참여하지 않는 행위는 '디지털 플랫폼의 작동에 간섭하는 행위'에 집중되어 있음을 알 수 있다. 예를 들어 불명료화와 방해 행위는 디지털 플랫폼이 원활하게 작동하는 것을 방해하거나, 적어도 디지털 플랫폼이 원하는 것을 주지 않음으로써 의도한 대로 이윤 창출이 이루어지지 않도록 시도하는 것이다. 이에 반해서 탈출은 디지털 플랫폼에 직접적인 위해를 가하지는 않더라도 온라인 활동을 자발적으로 중단함으로써 디지털 플랫폼의 이윤 창출 기획에 타격을 주려는 의도를 띈다. 따라서 간섭 행위는 소극적 간섭과 적극적 간섭을 양 축으로 해서 간섭 전략들을 구분해볼 수 있다. 이런 순서에 따르면 불명료화, 탈출, 방해 전략의 순으로 간섭의 강도가 높아지는 것으로 전략적인 행위들을 배치해볼 수도 있다.

하지만 여기서 우리가 주목할 것은 간섭 행위는 대부분 개인적이고 단편적인 행위 결정에 해당하는 경우가 많고 정치적인 사회운동의 의미를 띠기는 힘들어 보인다는 것이다. 이런 점에서 좀 더 집단적이고 정치적인 행위를 다른 차원으로 구성해볼 필요가 있다. 예를 들어 개인들의 간섭 행위가 사회적으로 힘을 얻기 위해서는 집단을 구성해야 하고, 정치적인 요구 사항을 분명하게 가지는 조직화가 이루어져야 한다. 따라서 다른 층위

〈표 9-1〉 기존 디지털 미디어 체제에 대응하는 방법의 유형화

층위 \ 행위	소극성	적극성
개인	불명료화obfuscation 탈출exodus	방해sabotage 사이버로핑cyberloafing
집단	온라인 불매운동boycott	온라인 수용자 노조online audience union 시민플랫폼 형성

의 간섭 전략은 개인적인 간섭에서 발전한 집단적인 형태의 간섭이다. 이러한 간섭은 온라인 이용자들이 힘을 합쳐 대상 기업에 대해 온라인 불매운동을 펼친다든지, 디지털 플랫폼을 대상으로 보다 조직화되고 투쟁지향적인 온라인 노조를 형성해 적극적인 주목 파업 혹은 이용 조건과 관련한 적극적 투쟁에 나서는 것을 들 수 있다. 전자가 상대적으로 소극적인 집단 간섭 전략이라면, 후자는 보다 적극적인 집단 간섭 전략이라고 할 수 있다. 따라서 기존의 논의를 발전시켜 디지털 미디어를 보지 않는 행위를 나누어보면, 크게 두 가지 차원(개인/집단 층위, 소극적/적극적 행위)으로 나누어볼 수 있고, 〈표 9-1〉과 같은 네 분면의 전략들을 생각해볼 수 있다.

디지털 미디어 보지 않기의 패러독스와 사회 차원의 대응

디지털 미디어를 보지 않는 행위는 디지털 미디어에 의존하고 있는 우리 삶을 돌아볼 수 있는 기회를 주기도 하지만, 실제로는 디지털 미디어를 어떻게 하면 잘 이용할 것인가에 대한 고민으로 쉽게 연결되는 경우가 대부분이다. 결국 디지털 미디어를 보지 않는다고 선언하더라도, 대부분은 디지털 미디어와 단절하는 것이 아니라 디지털 미디어를 더 잘 이용하기 위한 효과적인 이용 방법에 관심을 가지게 되는 경우가 많다.

예를 들어 디지털 미디어 이용 시간을 조정하기 위해서 총 이용 시간을 알려주는 앱을 설치하는 것과 같은 행위다. 이러한 일이 발생하는 이유는 디지털 미디어를 이용하지 않는 삶이 스스로 그려지지 않기 때문이다. 우리의 삶이 이미 디지털 미디어로 이루어져 있기 때문에 디지털 미디어를 보지 않겠다고 선언하더라도 실제로 그러한 삶을 사는 것은 불가능하다. 결국 진정한 실천이 담보되지 않는 선언은 공허한 넋두리에 불과하게 되고 만다.

디지털 미디어를 보지 않기 위한 디지털 미디어 불참 행위가 오히려 디지털 노동 시간을 늘리는 경우를 쉽게 발견할 수 있는데, 가령 자신의 미디어 다이어트media diet, 즉 미디어 보는 시간 줄이기의 과정을 유튜브에 업로드하는 것, 주목을 끌기 위해 좀 더 극단적인 디지털 미디어 불참을 선택하고 많은 시간을 들여 그것을 보여주며 프로모션하는 행위 등이다. 디지털 미디어 보지 않기 행위 자체가 상품이 되어 팔리는 경우도 많고, 주목 노동을 착취하기 위한 수단으로 이용되는 경우도 많다. 엄청나게 많은 미디어 절제하기에 관한 책, 강연, 상담, 앱 등의 상품은 이미 디지털 미디어 보지 않기 행위가 하나의 상품 시장을 형성했다는 것을 보여준다. 이러한 상품 시장은 결핍이나 진부함에 기초하고 있기 때문에 새로운 상품, 새로운 노동을 끊임없이 요구할 수밖에 없다. 실제로 살을 빼기 위한 다이어트 방법이 수만 가지에 이르는 것처럼, 디지털 미디어 다이어트 방법도 끊임없이 새로운 상품으로 진화하고, 이는 오히려 디지털 미디어 의존을 높이게 될 가능성이 농후하다.

디지털 미디어 보지 않기에서 중요한 또 하나의 패러독스는 개인이 모든 문제를 해결할 수 있다는 착각을 만들어낸다는 점이다. 디지털 미디어 사회의 지배력은 그대로인 상황에서 개인이 탈락한다고 그 사회가 변하는 것은 아니다. 또한 탈락한 개인이 디지털 미디어 사회로부터 멀어져서 생존하기도 힘들다. 절제, 금욕, 디톡스 같은 개념은 실제로 사람들에게 더 많은 책임감과 압력으로 다가올 뿐, 근본적인 문제를 해결하는 데에는 도움이 되지 않는다. 구도가 변하지 않는 한 착취는 계속될 뿐이다. 따라서 근본적으로 문제를 해결하기 위해서는 사회적인 힘을 결속하는 것이 필요하다. 단순히 개인적인 만족의 차원을 넘어서 사회적인 구조를 바꾸는 정치적인 힘이 필요하다. 온전히 자본주의 사회구조를 변화시키는 데에만 초점을 맞추고 있다고 하기는 어렵지만, 인간과 기술의 조화를 통해 주목의 통제권을 사람들이 가져와야 한다고 주장하는 미국의 비영리단체 '인간적인 기술 센터Center for Human Technology'도 그러한 시도의 일면을 보여준다.

디지털 미디어에 주목하는 행위는 주목 자본주의를 심화해 개인적인 피폐함과 사회적인 불평등을 강화하게 된다. 또한 상업주의와 연결되어 무한정의 소비를 진작함으로써 지구 환경에 나쁜 영향을 미치게 되고, 결국 전반적으로 인류의 지속가능성을 저해한다. 이런 문제를 해결하기 위해서는 개인의 행위를 바꾸는 것도 중요하지만, 나아가 개인들의 노력이 지향하는 사회적인 목표가 설정되어야만 한다. 그렇지 않을 경우 개인의 노력들은 또 다른 상품으로 전락하게 될 위험성이 항상 존재한다. 디지털 미디어의 문제는 사회적인 차원의 문제이고, 이는 기본적으로 자본주의 체제가 처한 구조의 문제이다. 이러한 사회는 상업주의에 경도되어 자본을 가진 사람에게만 부가 집중되도록 만드는 체제이기 때문에 사회 전체적인 지속가능성은 떨어질 수밖에 없다. 주목한 상품을 경쟁적으로 소비하고, 무한정의 공급과 수요 창출이 이루어지는 사회가 건전하게 발전하기는 어렵다. 그런 의미에서 디지털 미디어를 거부하는 행위는 환경 파괴, 기후 변화 등 인류가 직면한 근본적인 문제와 맞닿아 있고, 개인의 행동이나 정체성의 차원을 넘어서서 사회 차원의 대응과 맞닿아 있다.

사회운동으로서 디지털 미디어 보지 않기

디지털 미디어 보지 않기를 사회적인 차원에서 바라보는 관점은 보통 과도하게 디지털 미디어를 사용했을 때 맞닥뜨리게 되는 문제점들에 대해 사회적인 경계심을 높이는 캠페인 차원에서 논의되는 경향이 있다. 따라서 교육 프로그램이나 디지털 바로 알기digital literacy 캠페인, 워크숍이나 이벤트, 미디어 캠페인, 정신 의학 관련 단체와의 협업, 부모 교육 프로그램 등 다양한 프로그램이 디지털 미디어에 과도하게 의존하는 경향의 해악에 대해 설명하고, 개인적인 차원에서 디지털 미디어를 통제할 수 있는 방법을 알려주려는 의도를 지닌 경우가 대부분이다. 즉 이러한 접근은 디지털 미디어 보지 않기와 관련하여 사람들의 인식 수준을 전체적으로 높이려는 의도를 가지는 것이지, 본격적인 사회 차원의 미디어 보지 않기 접근 방법이라고 말하기는 곤란하다. 우리가 디지털 미디어 보지 않기를 사회적인 차원에서 고려하는 것은 사람들의 인식 수준을 높이려는 캠페인 차원의 접근을 의미하는 것도 일부 있지만, 정말 중요한 부분은 미디어의 전반적인 운용과 관련해 디지털 미디어 자본에 내주었던 통제권을 되찾아오려는 사회운동의 차원을 의미한다.

핵티비즘hacktivism은 해킹hacking과 액티비즘activism이 결합된 개념으로, 어떤 정치사회적인 목적을 달성하기 위해 해킹과 같은 의도적인 방해 행위를 이용하는 것이다. 미디어를 보지 않는 행위는 건강이나 생산성과 같은 행동 변화 차원 그리고 정체성의 탐색과 같은 개인의 내면적인 이유 차원에서도 이해되어야 하지만, 보다 능동적으로 핵티비즘과 유사하게 기존의 디지털 미디어가 좌지우지하는 환경을 흔들고, 디지털 미디어 사용에 대한 시민의 통제권을 회복하려는 사회운동 차원에서도 이해될 수 있다.

하지만 실제로 디지털 미디어 보지 않기와 관련한 논의는 도피주의

escapism와 연관되어 있고, 일정 기간 디지털 미디어로부터 떨어져 있다가 가벼워진 마음으로 디지털 미디어에 재접속하게 되는 일련의 과정을 의미하는 경우가 많다. 그러다 보니 디지털 미디어 단절도 상품화되는 경우가 많고, 미디어 단절을 도와주는 앱이나 여행 상품 등이 등장해 새로운 수요를 창출하기도 한다. 이러한 일련의 흐름은 디지털 미디어 거부의 의미를 자기계발 수준의 담론으로 축소하면서, 디지털 미디어 거부가 가져올 수 있는 사회 변화와 해방의 가능성을 외면하는 것이다. 결국 이러한 상황에서는 디지털 미디어를 거부하려는 시도 또한 디지털 자본주의의 영속성을 도와주는 새로운 수단으로 전락하게 된다.

따라서 이러한 도피주의류의 디지털 미디어 보지 않기 논의에서 벗어나기 위해서는 미디어를 단절하는 것과 관련한 논의를 적극적인 참여engagement의 노력으로 변환시켜야 한다. 디지털 미디어 보지 않기 행위를 디지털 참여로 연결시키려는 노력은 최근 일어난 몇몇 사회운동의 사례에서 그 접근 방법을 참고해볼 수 있다(Natale & Trere, 2020). 아랍의 봄The Arab Spring이나 월스트리트 점거 운동Occupy Wall Street의 경우 디지털 미디어를 이용해서 사람들의 참여를 끌어냈는데, 이렇게 디지털 미디어를 통해 사람들의 참여를 종용하는 방법은 디지털 미디어 보지 않기를 사회적인 운동으로 끌어내는 데에도 그대로 적용될 수 있다. 이런 류의 사회운동들이 디지털 미디어를 통해 사람들의 참여를 끌어내었지만 결국은 오프라인 모임을 통해 문제 해결에 다가간 것처럼, 디지털 미디어 보지 않기를 함께 실천하는 과정에서도 새로운 형태의 오프라인 연대를 만들어내는 것이 가능하다. 이러한 온라인과 오프라인 혼성체hybridity 성격의 운동은 디지털 미디어 보지 않기가 비록 디지털 미디어 환경 속에서 이루어지더라도 온라인과 오프라인 모두에서 적극적인 참여로 연결될 수 있게 하는 현실적인 방법을 보여준다. 이외에도 디지털 미디어 보지 않기를 회피가 아닌 참여와 연결하는 활동으로, 익명성은 적극적으로 보장해주는 디지털 수단들을 사용하거나 디지털 자본의 의도를 완전히 흔들 수 있는 해킹과 같은 수단들을 사용하는 것도 들 수 있다. 이러한 방법들은 디지털 미디어 거부를 단지 기술 회피 혹은 기기 사용 거부의 수준을 넘어서 좀 더 적극적인 디지털 통제를 위한 사람들의 참여로 연결하려는 시도라고 할 수 있다. 물론 여기서 현실적인 불법성과 관련한 논의는 논외로 한다.

하지만 디지털 기술이 사용되는 맥락을 고려했을 때, 사람들의 디지털 참여를 통한 디지털 미디어 보지 않기 노력이 진정한 인간 해방과 함께 디지털 자본주의의 근간을 흔들 수 있는 사회운동으로 발전할 수 있을지는 미지수이다. 다른 활동을 표방하고 있기는 하지만 여전히 디지털 참여는 디지털 작동 원리에 근본적으로 의존하고 있고, 디지털 미디어를 잘 사용하는 사람들만이 참여의 대상이 될 수 있기 때문이다. 디지털 미디어 보지 않기는 디지털 미디어 참여 형태에 변화를 주는 정도를 넘어서 좀 더 다양한 형태의 사회운동으로 이어질 필요가 있고, 이는 디지털 미디어 거부 자체를 디지털 자본주의의 근간을 뒤흔드는 직접적인 충격을 줄 수 있는 사회운동으로 발전시키겠다는 의지의 표현을 중심으로 해야 한다. 중심 목적은 사회구조를 흔드는 것, 그리고 이를 통해 자본에 종속된 디지털 작동 원리를 공중의 통제권으로 되돌리는 것이 되어야 한다.

사회적인 함의와 권력 불평등 문제

개인적으로 미디어 보지 않기를 선택하는 행위나 절제를 통해 미디어에 종속된 자신의 삶을 개선하는 문제는 결코 개인적인 차원에 머무르지 않는다. 미디어 주목에 지치게 되는 원인이 미디어가 지나치게 마케팅에 의존하거나 무리하게 개인정보 제공을 요구하는 행위 등과도 밀접하게 연결되어 있기 때문이다. 이러한 행위는 기업이나 정부의 영업 활동, 정부의 감시 체제 등과 연결되어 있고, 결국에는 자본주의 체제의 작동 원리와 관련되어 있다. 인간관계가 사라지고, 자신의 영혼을 돌볼 시간이 부족해지며, 정동, 즉 정서적인 차원의 안정감이 무너지는 것은 자본주의 체제가 이윤을 창출하기 위해 우리에게 요구하는 것들이 배경에서 작용하기 때문이다.

따라서 미디어 과잉 주목 문제를 해결하기 위해서는 사회구조적인 측면에서 접근해야 한다. 사회구조적인 차원에서 문제를 해결하기 위해서는 디지털 미디어 플랫폼에 대항하는 사회적인 거부 동력을 확보하고, 주목 노동을 마음대로 착취하는 체제에 맞설 필요가 있다(Andersson, 2016). 사회구조적인 차원에서 접근하지 않는다면 기후 변화에 인류가 개인적으로 대응할 수 없는 것처럼 디지털 미디어를 거부하는 문제도 파편적인 접근에 그치고 말 것이다. 따라서 디지털 미디어에 참여하지 않는 행위를 말할 때는 디지털 기술 자체가 가지고 있는 문제점에 대한 개인의 대항이라는 의미가 아닌, 디지털 기술이 지향하는 것에 대한 사회적인 저항의 의미가 더 강조될 필요가 있다.

처음 디지털 기술이 등장했을 때 사람들은 참여민주주의를 구현할 수 있는 도구가 나타났다며 환호했다(Jenkins, 2016). 하지만 지금의 디지털 미디어 환경을 돌아보면 이러한 능동적인 참여를 통한 권력의 분점과 시민의 지배보다는 정제되지 못한 정보를 무비판적으로 받아들이거나 수동적인 사회관계에 만족하는 경향이 두드러지고 있으며, 심지어 디지털 플랫폼의 개인정보 감시와 소비문화 조장에 무감각해져가는 경향이 농후해지고 있다. 특히 가짜 뉴스와 여론 조작을 통한 공론장의 훼손은 의견을 극단적으로 만들고 타협마저 어렵게 만들고 있다. 디지털 기술이 우리에게 약속했던 참여 혁명의 가능성은 점점 더 무력해지고 있으며, 오히려 기존 권력이 디지털 기술을 통해 기득권을 강화하거나 이윤을 독점하는 형태로 나아가고 있다. 그리고 이와 같은 상황에서 사람들은 시스템에 휩쓸리듯 참여함으로써 권력의 불평등을 무비판적으로 수용하고 있다.

디지털 미디어에 참여하지 않는 행위와 관련하여 한 가지 심층적인 분석이 필요한 부분은 권력의 문제이다. 착취가 발생하는 것은 권력의 불평등이 존재하기 때문이고, 이를 이해했을 때 불평등에서 벗어나기 위한 효과적인 행위를 모색해볼 수 있기 때문이다. 사회관계에서 권력의 기본적인 정의는 한쪽(A)이 다른 쪽(B)에게 다른 쪽(B)의 입장에서는 하지 않아도 되는 무언가를 할 수 있게 하는 것을 말한다(Dahl, 1969). 이러한 정의에 따르면 지금의 디지털 미디어 환경에서 누가 권력을 가지고 있는가는 자명하다. 처음 인터넷과 디지털 미디어가 출현했을 때에는 참여와 권력의 균형을 통한 민주주의의 발전을 예상했지만, 참여는 오히려 주목과 플랫폼 종속을 통해 착취가 일어날 수 있게 하는 계기를 제공하면서 권력의 불균형을 심화시키고 있다. 예를 들어 공유 플랫폼은 새로운 공유경제로서 각광받았지만, 결국 일정 수의 참여자가 모이고 나서는 플랫폼을 통하지 않고는 경제 행위가 이루어지기 힘든 독점 체제가 만들어졌고, 이런 구조는 참여하는 모든 사람의 디지털 노동을 자본의 이윤 창출 구조 속으로 몰아넣는 결과를 초래했다. 이런 상황에서 디지털 미디어 플랫폼은 권력을 가지게 되고, 참여자들은 착취의 대상으로 전락하고 만다.

현재의 디지털 미디어 환경에서 권력은 디지털 미디어 자본에 있기 때문에, 사람들은 이제 디지털 미디어 환경에 참여하지 않는다면 자신이 원하는 사회관계를 희생할 수밖에 없는 지경에 와 있다. 예를 들어 특정 디지털 미디어 플랫폼에 가입하는 과정에서 개인정보 제공을 요구한다고 해보자. 우리는 개인정보를 제공하고 싶지 않지만 그러면 서비스를 이용할 수 없는 상황이라면, 이러한 상황을 권력 불균형이 아닌 다른 개념으로 설명할 수 있을까? 결국 이런 상황을 바꾸고 미디어 통제권을 회복하기 위해서는 능동적으로 미디어에 참여하지 않으려는 개인의 주체적인 결정이 필요하다. 하지만 앞서 말했듯 지금의 디지털 사회는 권력의 불균형 상태가 굳어져 있다. 몇몇이 디지털 미디어에 참여하지 않는 것으로는 디지털 미디어가 사람들에게 강요하는 강제에서 벗어나기 힘들다. 친구들과 인스타그램을 통해 활발하게 소통하는 청소년들에게 인스타그램을 지금 당장 하지 말라고 할 수 있을까? 오늘날 청소년을 포함한 다음 세대의 디지털 문화 종속은 더욱 심각한 문제로 대두되고 있다(Valkenburg & Piotrowski, 2017). 결국 문제를 해결하기 위해서는 집단적인 노력을 통해 참여자들이 다 함께 통제권을 되찾고, 불균형적인 권력 상황을 바꾸기 위한 사회운동을 펼쳐나가는 수밖에 없다.

사회적인 차원에서 접근하기

디지털 미디어 의존을 해결하기 위해서는 성찰적인 측면과 능동적인 측면이 조화를 이룰 필요가 있다. 일단 디지털 미디어 보지 않기 행위와 관련해서는 개인적인 성찰을 통해 디지털 미디어 의존이 가지는 문제점을 인식한 후 개인적인 대응에 나서는 것이 중요하다. 이는 자신의 정체성을 디지털 사회를 보는 새로운 시각과 일치시키는 행위가 된다. 이렇게 개인적인 성찰을 통해 기술과 인간의 조화에 대한 사람들의 개체화 individuation, 즉 사람들의 기술에 대한 주체성이 확립되고 나면 사회를 바꾸어나갈 동력을 확보할 수 있게 된다. 이런 성찰적인 상태, 즉 디지털 미디어가 사람들에게 강요하는 상황을 부자연스럽게 받아들이고, 기술을 통해 모든 문제를 해결하려는 편의주의에서 벗어나는 상태가 되면 사회 변화를 위한 개인적인 준비가 갖춰진 것으로 간주할 수 있다.

이러한 개인들이 많이 모이게 되면 디지털 미디어 보지 않기를 단순히 일반적인 통념에서 벗어난 행위로 생각하기보다는 주목 자본주의의 문제를 해결하기 위한 사회적인 노력으로 생각할 수 있게 된다. 디지털 미디어 보지 않기 혹은 거부하기가 그런 사회적인 의미로 해석되는 것이 문제 해결을 위한 능동적인 측면이다. 하지만 우리가 보통 디지털 미디어 보지 않기를 위한 능동적인 측면을 이야기하면, '어떻게 개인이 적극적으로 디지털 미디어 보지 않기 시간을 설정하고, 디지털 디톡스를 위한 각종 활동에 참여하며, 다양한 그룹 활동이나 취미 활동을 통해 적극적으로 디지털 미디어를 절제해서 사용할 수 있는가' 정도를 고민하는 시각에서 바라보는 경향이 있었다. 하지만 능동적인 측면은 개인적인 측면을 넘어서야 하며, 사회적인 측면에서 사회구조적인 모순을 바꾸어나가는 방향으로 인식되어야 한다.

실제 디지털 미디어 보지 않기가 개인적인 차원에 머무는 경우는 빈번하다. 반면에 사회적인 차원에서 디지털 미디어 보지 않기를 실천하는 것은 디지털 노동과 온라인 활동을 통한 상품화, 즉 생산소비자 상품을 생산하는 행위를 통제하는 것과 연결되어야 한다. 주목 노동의 상품화를 막기 위해서는 보는 행위에 대해 스스로 통제권을 가지는 것이 필요하다. 이를 위해서는 디지털 미디어 보지 않기를 실천하는 정도를 넘어서, 보는 행위를 스스로 권력화하여 미디어 자본을 견제하는 행위들로 연결해나갈 수 있어야 한다. 하지만 대부분의 미디어 보지 않기와 관련된 논의들은 미디어 시청의 통제에 있어 개인의 책임에 더 집중하거나 미디어를 통제하기 위해 새로운 앱을 설치해야 하는 프로모션 관련 행위들과 연결되어 있다. 결국 디지털 미디어 주목을 통제하는 정도는 개인의 책임 영역이라는 것이다.

이러한 논의는 강제성 논의와도 연결되는데, 즉 과연 사람들이 디지털 미디어를 보는 행위를 강제적이라고 볼 수 있는가 하는 점이다. 디지털 미디어 주목 행위를 개인의 책임 영역에 둘 경우 디지털 미디어를 시청하는 행위는 강제성이 없는 것이 되고, 개인이 디지털 미디어 주목과 관련한 모든 결정을 할 수 있다는 것을 의미하게 된다. 강제가 없다면 노동은 없고, 노동이 없다면 착취도 발생할 수 없다. 하지만 이러한 논의와 관련하여 노동을 필요의 영역에서 살펴본다면 '과연 현대사회의 구성원들이 미디어를 이용하지 않고 생존할 수 있는가'의 문제로 연결되는데, 사실상 그것은 불가능에 가깝다. 그렇다면 현대사회의 미디어 주목 행위는 강제력을 수반하는 노동이라고 할 수 있고, 자본은 이를 통해 착취의 영역을 최대화하려 한다고 규정해볼 수 있다. 이런 논리에서 보면 디지털 미디어 주목을 통제하는 것이 모두 개인의 책임 영역이라고 보는 것은 현실을 무시한 주장이다.

이런 상황을 고려했을 때 만약 사람들이 디지털 미디어를 보지 않는 행위를 스스로 선택한다면, 일단 이런 결정은 수용자가 미디어를 통제할 수 있게 하는 기본적인 힘을 양성한다. 스스로 선택할 수 있는 자유를 획득함으로써 디지털 미디어가 강제하는 노동을 거부할 수 있기 때문이다. 개인적인 선택의 자유와 관련한 인식은 사회구조적인 변화를 위한 첫걸음이라고 할 수 있다. 개인의 온전한 자유에 대한 인식이 바르지 않다면 전체 사회의 변화를 끌어내기는 힘들다. 만약 환경과 상관없이 수용자가 디지털 미디어 보기에 매달려 있다면, 그것은 이미 노예의 상태로 전락한 것이고, 스스로 통제 능력을 상실한 것이다.

자유의 개념을 살펴본다면 아이제이아 벌린Isaiah Berlin의 소극적인 자유negative freedom는 간섭받지 않을 자유를 의미하고, 이러한 자유를 제도화하기 위해 노력한 것이 공화주의적 접근의 자유이다(Berlin, 1969). 하지만 디지털 미디어 사회의 미디어 편재성은 이러한 간섭받지 않을 자유를 향유하는 것을 어렵게 만든다. 그것의 중심에는 보지 않을 자유를 보장하지 않는, 사회 전반에 걸친 무형의 강제성이 작용하기 때문이다. 따라서 디지털 미디어 사회에서 진정한 자유를 보장받으려면 보지 않을 자유를 주장할 필요성이 무엇보다도 제기된다. 디지털 미디어 보지 않기는 강제적으로 주어지는 디지털 미디어 환경을 거부하고 간섭받지 않을 자유를 추구하는 것이며, 문제 해결을 위해 능동적인 주체성을 가지려는 노력을 의미한다.

디지털 미디어 사회의 보지 않을 자유를 신장하는 방법은 크게 개인주의적 접근과 구조적 접근으로 나누어볼 수 있다. 개인주의적 접근은 디지털 디톡스, 미디어 다이어트 같은 개념에 함축되어 있는 것처럼 개인의 책임성을 강조한다. 반면에 구조적 접근은 디지털 노동이 양적으로 또는 질적으로 늘어나는 현실에서 새로운 노동 규범을 만들고 미디어 자본의 무한정한 이윤 착취를 규제하려는 노력이다. 구조를 무시하고 개인에게만 책임을 묻는 식으로는 보지 않을 자유를 신장할 방법이 제한적이게 된다.

디지털 미디어 보지 않기에 대한 사회구조적 접근의 필요성은 미디어의 사회 지배 현상과도 연결된다. 미디어 초포화 상태super-saturation는 디지털 미디어 사회의 대표적인 현상이다(Couldry, 2012). 사람들은 눈 뜨는 모든 순간에 미디어를 접해야 하며, 이는 심각한 사회문제를 야기하기도 한다. 초포화 상태는 사회의 전반적인 미디어화 현상과 연결되어 있다. 이는 미디어 포맷이 사회 운영 원리와 구성원의 상호 관계를 지배하기도 하지만, 미디어 자체가 사람들의 시간, 공간, 정신을 실질적으로 점유하고 있다는 측면으로도 해석할 수 있다는 것이다. 특히 이는 코로나 팬데믹으로 인해 사람들의 대면 접촉이 줄어들면서 더 심화되어버린 측면이 있다.

미디어에 사람들이 과다 의존하게 되면 공적인 공간과 사적인 공간의 구별이 없어지고, 사람들 간의 관계가 왜곡되며, 현실감을 상실하게 될 가능성이 높아진다(Woodstock, 2014). 또한 많은 사람이 미디어에 과도하게 빠지게 될 경우 일단 스스로를 성찰할 기회를 잃게 되고, 자신의 정체성을 미디어를 통한 피드백에서 찾으려 노력하게 될 뿐만 아니라 정상적인 사회관계를 이어갈 수조차 없게 된다. 이런 문제점 때문에 미디어 저항에 나서는 사람들이 늘어나고 있다고 할 수 있다(Rauch, 2011). 하지만 현재 매스커뮤니케이션 연구의 대세는 미디어 효과 연구이고, 이를 이어받은 디지털 미디어 연구는 새로운 기술의 발달이 가져올 혁신적이고 긍정적인 효과에 대해 오히려 더 많은 편견을 가지고 있다. 하지만 디지털 미디어를 통한 공간, 관계, 현실감의 파괴는 사회적인 문제로 이미 드러난 바 있으며, 따라서 미디어에 저항하는 사람들의 존재를 인정하지 않는다면 디지털 미디어가 사람들의 생활과 문화에 미치는 영향을 완전하게 이해할 수 없게 될 것이다.

미디어 저항은 새로운 사회운동의 가능성을 이미 보유하고 있다. 미디어가 포화된 사회에서는 주목이 모든 가치를 독점한다. 주목할 수 있는 모든 것이 상품화되고 가치로 전환된다. 따라서 주목에서 벗어나는 삶, 주체적인 삶을 살려는 노력은 주목 자본주의에 대항하여 진정성 있는 삶 authentic life을 살아가려는 사람들의 투쟁을 의미한다(Syvertsen & Enli, 2020). 이런 의미에서 개인의 정체성 차원과 사회적 차원의 미디어 거부하기는 연결된다.

개인의 정체성 차원에서 디지털 미디어가 형성하는 사회관계의 압력으로부터 벗어나 스스로의 욕망을 주체화하고, 이러한 기반을 중심으로 디지털 미디어가 요구하는 현재의 성취와 속도 문화에서 벗어나 천천히 살기를 실천하는 것, 소비문화에서 벗어나 무언가의 획득을 추구하기보다 자연과의 관계를 통해 성찰의 기쁨을 경험하는 것, 수치로 표현되는 관계가 아니라 소통을 통해 서로를 진정으로 이해하는 인간관계를 추구하는 것 등에 대한 실천이 중요하다. 이런 시도를 모아서 보다 합리적인 방향으로 디지털 사회의 발전 방향을 정립해나가는 것이 진정한 사회운동으로 나아가는 길이다.

따라서 어떤 식이든 간에 디지털 미디어를 사용하지 않으려는 시도가 필요한데, 미디어를 사용하지 않는 사람은 크게, ① 자발적으로 미디어를 한 번도 사용하지 않은 사람, ② 비자발적으로 한 번도 미디어를 사용하지 않은 사람, ③ 자발적으로 더 이상의 미디어 이용을 중지한 사람, ④ 비자발적으로 더 이상의 미디어 이용을 중지한 사람으로 나누어볼 수 있다(Wyatt, Thomas, & Terranova, 2002). 이들 중 정체성 차원에서 미디어 거부하기를 실천하는 사람은 자발적으로 미디어를 사용하지 않기로 결정한 사람이다. 미디어를 한 번도 사용하지 않은 사람이나 비자발적으로 미디어 사용을 중지한 사람은 사회적·경제적·문화적 요인에 의해 그런 일이 발생한 것이지, 스스로의 의지로 미디어 사용을 중지했다고 보기 힘들다. 정체성 차원에서 디지털 미디어를 거부한다는 것은 자발적으로, 자신의 자각과 결정에 의해 미디어 이용을 중지하는 것을 의미한다. 이런 사람들이 디지털 미디어 보지 않기를 사회운동으로 발전시켜나갈 토대를 이루게 된다. 하지만 이런 사람들에 대한 연구는 그간 미디어 효과 연구에 밀려 큰 주목을 받지 못해왔다.

사회적 차원의 디지털 미디어 거부는 개인적 차원의 회피, 방해, 생활태도 변화를 넘어, 사회구조를 바꾸기 위해 디지털 미디어 보지 않기를 사회운동으로 만드는 것이다. 당연히 미디어 사용과 관련한 스스로의 정체성을 확립하는 것이 전제 조건이 되어야 하지만, 정체성 차원을 넘어 디지털 사회가 내포하고 있는 사회구조적 모순을 자각하는 것도 필요하다. 디지털 미디어가 가지는 문제는 디지털 노동을 통한 착취와 관련되어 있으며, 이러한 디지털 노동 착취는 물질적인 생산 현장과는 다르게 사람들의 모든 디지털 활동을 대상으로 하기 때문에 보다 광범위하고 전반적인 미디어 활동과 연결되어 있다. 디지털 노동에 대한 착취는 디지털 미디어에 주목하는 행위, 디지털 미디어를 사용하는 행위, 디지털 미디어 콘텐츠를 제작해 업로드하는 행위 등 사람들의 모든 디지털 미디어 관련 행위를 대상으로 이루어진다. 다시 말해 디지털 노동 착취는 전반적인 디지털 사회공장 digital social factory을 대상으로 한다. 따라서 개인의 힘을 집단화해 사회구조적 모순을 근본적으로 해결하지 않는다면 실질적인 문제 해결은 어렵다.

사회 차원에서 개인들이 힘을 모아 집단적으로 문제를 해결하는 방법의 예는 수용자 불매 운동과 수용자 노조 운동에서도 볼 수 있다. 수용자 불매 운동은 집단적으로 디지털 미디어 플랫폼 이용을 철회하는 것이며, 이는 주로 디지털 미디어 플랫폼 서비스에 대한 불만이나 정책적 판단에 대한 반대 의견을 표시하기 위해 행해진다. 다만 사회구조적 모순을 지적하거나 스스로 디지털 미디어의 사회적 존재 이유와 발전 방향성에 대한 주체적 시각을 제시하지는 못한다는 점에서 소극적인 대응 방법이라고 말할 수 있다. 하지만 이러한 수용자 불매 운동은 즉각적인 효과로 나타나기도 하는데, 예를 들어 '다음Daum'이 플랫폼 유료화 정책을 발표하고 나서 많은 사람이 네이버로 옮겨감으로써 업계 순위가 순식간에 뒤바뀐 경우도 있다.

수용자 불매 운동이 힘을 발휘하는 경우를 살펴보면, 이들이 힘을 모았을 때 얼마나 큰 변화를 이루어낼 수 있는가를 자각할 기회를 얻기도 한다. 산업경제 시대와 다르게 디지털 경제 시대로 들어서면 디지털 노동자 혹은 수용자들이 전체 사회 차원에서 힘을 모을 수 있는 디지털 수단을 가지게 된다. 그리고 이로 인해 수용자 스스로 자신이 가진 힘을 자각하게 될 경우 실제로 디지털 미디어에 대한 통제권을 가져오는 것이 충분히 가능하다. 이는 산업경제 시대와 비교하면 진일보한 측면이라고 할 수 있다. 하지만 디지털 환경에서 수용자들은 이미 파편화되어 있고 이데올로기 차원에서 디지털 미디어에 대한 허위의식을 가지고 있기 때문에 자신이 직면한 모순적인 상황과 착취를 인식하지 못한다. 나아가 이들은 디지털 노동과 착취 과정으로부터도 소외되어 있기 때문에 집단적인 힘을 모아 디지털 미디어 환경에 대한 통제권을 가져오려는 생각조차 미처 하지 못하게 된다.

수용자 불매 운동이 소극적인 운동에 그치고 마는 것은 집단적인 협상력이 부재하거나 중심 조직이 없기 때문인 경우가 많다. 대부분의 수용자 불매 운동이 디지털 미디어의 서비스에 대한 불만에서 비롯되기 때문에 장기적으로 사회구조적인 모순을 해결하려는 시도나 지속가능한 견제 기능으로 남기는 힘들다. 예를 들어 사용자 데이터를 부적절하게 사용한 디지털 미디어 플랫폼에 대한 수용자 불매 운동은 사용자 데이터 사용과 관련한 문제가 일단 해결되면 계속적인 환경 개선 또는 문제점에 대한 지속적인 모니터링으로 이어지기 힘들게 된다.

온라인 수용자 노조는 그런 의미에서 수용자가 가진 불만을 사회구조적 변화로 이끌 수 있는 중심 조직으로 기능할 수 있으며, 지속적인 협상력을 가짐으로써 디지털 미디어의 사용과 관련한 통제권을 수용자 입장에서 유지할 수 있게 만드는 계기를 마련해준다. 온라인 수용자 노조 운동은 디지털 미디어 수용자들이 함께 힘을 합쳐 조직화를 이루고, 디지털 미디어 사용과 관련된 사용자 권리, 개인정보 이슈, 윤리적인 비즈니스 실행, 콘텐츠 정책 및 기술의 적용 범위 등과 관련해 수용자들의 의견을 모은 집단적인 힘을 발휘하는 것이다. 또한 광범위한 차원에서 온라인 주목 노동과 관련한 사회적인 협약을 맺을 수도 있다.

온라인 수용자 노조의 결성은 디지털 미디어 시대에 행해지는 사회적인 계급 투쟁의 일환으로 해석될 수 있다. 디지털 자본가와 수용자(프롤레타리아)의 권력 격차가 날로 심해짐에 따라 디지털 자본은 다양한 유형의 디지털 노동을 착취하고, 일과 노동의 구분을 없앰으로써 사회 곳곳에서 착취의 파이를 넓혀가고 있다(Terranova, 2000). 이런 상황에서 수용자 시민이 디지털 미디어의 각종 이익 추구 행위와 관련해 통제권을 나누어 가지기 위해 투쟁하지 않는다면 거대 디지털 미디어 플랫폼의 사적인 이익 추구를 규제하는 것은 불가능에 가까워진다.

온라인 수용자 노조는 우선 개인이 집단으로 뭉침으로써 거대한 디지털 미디어 플랫폼과 맞설 수 있다는 자신감을 회복할 수 있다. 이러한 집단화가 가능한 것은 현재의 상황에 대한 불만과 분노가 공통적으로 자리잡고 있기 때문이다. 현재의 디지털 환경은 디지털 미디어 플랫폼이 수용자들의 행동반경을 지정·제한하고, 개인정보와 인터넷 사용 권리를 보호·보장받기 힘든 상황으로 내몰고 있다. 특히 디지털 미디어 플랫폼의 운영이 이윤 창출을 중심으로 강화되다 보니 불안정한 일자리가 양산되고 파편화된 노동gig labor 시장이 형성되는 등 노동 현장이 빠르게 재편되고 있다. 그리고 이에 따라 일자리 조건이나 복지는 계속 형편없어져가고 있으며, 기본적인 인권마저 기술의 탐욕 속으로 사라지고 있다.

온라인 수용자 노조가 형성되면 이러한 문제를 해결하기 위한 수용자들의 연대가 가능해지게 되고, 새로운 의미의 사회적 계급 투쟁을 통해 디지털 미디어 환경이 만들어낸 권력의 불균형을 바로잡을 계기가 마련된다. 온라인 수용자 노조는 기존의 물질 노동 중심 노조에 비해 조직력 면에서는 떨어질 수 있지만, 사람들이 쉬운 연대를 형성할 수 있게 하는 디지털 커뮤니케이션 기술로 인해 더 강한 사회적인 힘을 발휘할 수 있다. 온라인 노조가 연대의 덩치를 키우면서도 기존의 중앙집중적 단일 리더십이 아닌 새로운 형태의 조직화를 이룰 수 있다면, 나아가 조직 내 공론장을 통해 사회적 압력을 마련하기 위한 합의를 창출할 수 있다면 현재는 불가능해 보이는 디지털 미디어 플랫폼의 사적 이익 추구를 견제하는 것이 충분히 가능하다.

사이버로핑cyberloafing, 즉 주어진 업무 시간에 인터넷을 개인적인 목적으로 사용하는 것처럼 개인 차원에서 주목 시간의 통제권을 나름대로 가져오려는 노력은 결국 사회구조적 장벽에 부딪힐 수밖에 없다. 사이버 감시가 정교해지면 사이버로핑과 같은 개인적인 행위들은 결국 디지털 노동 착취의 문제를 해결할 대안이 되기가 어렵다. 도덕적인 문제, 정체성의 문제도 결부된다. 따라서 문제를 해결하려면 사회구조적 차원에서 접근해야 한다. 개인 차원에서 디지털 미디어 통제를 자기 내면의 문제와 연결시킨 후 해결의 실마리를 마련하고자 노력하는 것도 필요하지만, 외부로 시선을 돌려 이러한 문제를 만들어낸 사회적 원인을 찾아내 맞서거나 새로운 환경을 만들어내는 방법을 찾는 것이 오히려 더 현명할 수 있다. 하지만 대부분의 대응 방법이 개인적인 차원에 머물러버리고 사회적인 변화를 만들어내지는 못한다는 것이 작금의 디지털 미디어 보지 않기 운동의 한계라고 할 수 있다. 이러한 상황에서 벗어나려면 디지털 미디어 보지 않기가 사회적 차원의 적극적 불참 운동이 될 수 있게 시선을 확장하려는 노력을 해야 한다. 또한 그러한 노력을 통해 디지털 미디어에 참여하지 않는 사람들이 그 속에서 자신의 정체성을 발견하고, 그러한 정체성에 기반하여 집단적이고 지속적인 변화의 힘을 만들어내도록 하는 것이 중요하다 (Andersson, 2016).

매스미디어 시대에도 사회 개혁에 비협조적인 미디어 환경에 대항해 미디어를 이용하는 사회운동의 방법을 고민했다. 이와 관련해서는 보통 절제abstention, 공격attacks, 대안alternatives, 적응adaptation의 네 가지 전략이 제시되었다(Rucht, 2004). 기존의 미디어에 대해 무시하거나 공격할 수도 있지만, 자기 자신의 대안 미디어를 만들거나 기존 미디어의 흥미를 끌기 위해 더 노력할 수도 있다. 어떻게 보면 미디어를 무시하거나 공격하는 것은 상대적으로 쉬운 방법이지만, 자신만의 새로운 대안 미디어를 만드는 것은 더 많은 노력이 필요한 일이다. 그러므로 디지털 미디어 보지 않기 운동에 매스미디어 시대의 미디어 사회운동 접근 방법을 적용해본다면, 마찬가지로 기존 디지털 미디어 체제를 무시하거나 공격하는 것과 함께 새로운 대안 디지털 미디어 플랫폼을 시민의 힘으로 만들어내는 것을 고려해볼 수 있다.

시민 디지털 미디어 플랫폼을 만드는 일은 적극적인 노력이자 집단적인 행위이다. 그러나 이러한 노력은 내부적인 디지털 미디어 문화에 대한 인식 변화와도 연결되어야 한다. 시민 디지털 미디어 플랫폼을 만든다는 것은 새로운 운용 규칙을 제정해 기존의 디지털 미디어 플랫폼과 경쟁해야 한다는 것인데, 이때 디지털 미디어 문화에 대한 인식의 변화가 병행되지 않는다면 그러한 경쟁에서 생존하기는 사실상 불가능하다. 감각적인 자극, 눈부신 이미지, 개인적인 이익 창출, 거대 네트워크의 편리함, 경쟁과 승리가 주는 중독 등 우리가 이미 디지털 미디어 플랫폼을 통해 경험한 것들을 돌아보고 그와는 정반대의 길을 걷겠다는 결심을 하지 않는다면, 시민의 손으로 대안적인 디지털 미디어 플랫폼을 만든다고 해도 실패의 길을 가게 될 것이 뻔하다. 시민 디지털 미디어 플랫폼을 만드는 것에는 정체성의 문제, 펀딩과 조직화의 문제, 디지털 문화의 변화 가능성에 대한 문제, 사회 연대의 문제, 시민사회의 협력과 정부의 역할에 대한 문제 등 많은 문제가 한꺼번에 얽혀 있다. 그중에서도 제일 중요한 것은 시민들이 디지털 미디어와 관련한 정체성 인식을 사회 개혁이라는 관점에서 어떻게 변화시켜나갈 수 있느냐 하는 문제일 것이다.

DISOBEDIENCE TO ATTENTION

4부

나가기

주목 통제권의 미래

10장

디지털 미디어 보지 않기와 디지털 자본주의 대항 권력

오늘날 디지털 미디어가 대세로 자리 잡으면서 우리 사회에서는 이와 관련된 여러 문제가 발생하고 있다. 특히 노동의 불안정성이 심화되면서 디지털 노동을 둘러싼 문제들이 신자유주의 경향과 결합하여 심각한 사회문제로 대두되고 있다. 이와 함께 일반 공중도 언제나 온라인으로 연결된 상태를 지속하다 보니 피로감을 호소하고, 따라서 디지털 미디어로부터 멀어지려는 욕구도 상대적으로 늘어나고 있다(Hesselberth, 2018). 그간 디지털 미디어를 끊으려는 시도는 미디어 거부, 미디어 저항, 디지털 디톡스, 기술 사용 중지, 느린 미디어 같은 다양한 개념으로 표현되어왔다. 이 책에서는 이런 개념들을 '디지털 미디어 보지 않기'로 묶어 광범위한 의미를 포괄하는 차원에서 사용했다. 디지털 미디어 보지 않기는 단순히 미디어 이용과의 완전한 단절을 의미하는 것이 아니라 사람들이 디지털 미디어 사용에 대한 자발적 통제권을 회복하게 하는 것을 의미한다. 즉 기존의 디지털 미디어 자본이 시키는 대로 미디어에 주목하지는 않겠다는 뜻이다.

유사 개념들과 관련한 논의에서 두드러지는 현상은, 디지털 미디어 시대에는 기술 문제를 기술적 방법으로 해결하려 하거나 사람들에게 과도한 책임을 지게 하면서 구조적으로 발생하는 문제를 외면하는 경향이 많이 드러난다는 점이다. 또한 이러한 움직임은 디지털 미디어를 이용하지 않는 사람들을 사회적으로 문제가 있는 사람으로 일단 규정함으로써 정상/비정상의 잘못된 이분법을 낳기도 한다. 따라서 전반적으로 디지털 미디어 보지 않기와 관련한 지금까지의 논의들은 신자유주의적 시각에 기반을 두고 개인의 책임에 맡겨두자는 주장, 그리고 디지털 미디어가 가지는 전반적인 문제점을 인정하면서 디지털 미디어를 사용하지 않는 행위의 정당성을 인정하자는 주장이 대립한다고 할 수 있다(Hesselberth, 2018; Terranova, 2000; Van Dijck, 2013). 전자는 개인의 책임이고 후자는 사회구조의 책임이라는 것이다.

디지털 자본주의 착취 시스템과 디지털 미디어 보지 않기

디지털 미디어 환경에 대한 현재의 논의들은 대부분 그것을 그대로 인정하고, 수용한다면 어떤 식으로 수용할 것인지에 초점을 맞추는 경향이 있다. 디지털 미디어 환경의 문제를 지극히 개인의 문제로 치환함으로써 디지털 미디어가 가지는 사회구조적 문제를 외면하는 결과를 낳고 있는 것이다. 실제로 우리가 좀 더 발전적으로 생각해야 할 부분은 디지털 미디어를 보지 않는 행위를 개인의 미디어 이용 문제로 국한할 것이 아니라, 어떻게 디지털 자본주의 착취 시스템을 뒤흔들 대항 권력으로 사용할 것인가 하는 문제로 봐야 한다는 것이다. 디지털 미디어를 보지 않겠다는 결정은 디지털 미디어 환경의 발전을 공급자의 손에 맡겨두는 것이 아니라 수용자들이 스스로 그것에 대한 통제권을 회복하고자 노력하는 일이며, 불안한 디지털 노동 환경과 가치 착취를 양산하는 디지털 노동 착취 구조에 맞서는 행위이다.

처음 인터넷이 도입되고 디지털 미디어 환경이 조성되면서 많은 사람이 가진 정보 개방, 네트워크 결속, 민주주의 발전의 기대는 점점 더 불안한 디지털 노동, 빅데이터 감시 사회, 플랫폼 자본주의 착취 형태로 변모해 가고 있다. 획기적인 정보의 교류와 손쉬운 사회관계의 강화를 통해 공중의 힘이 커질 것이라는 전망은 이미 불안한 노동 환경과 디지털 자본의 착취 독점을 통해 공염불이 되고 있음을 많은 논의에서 보여준다(Harcourt, 2015; Mejias, 2013; Rossiter, 2004). 디지털 미디어 자본은 네트워크를 형성해주는 대신, 그 네트워크에 들어가려는 개인이 공짜 노동과 개인정보를 내어놓게 하거나, 그들 자신의 인터넷 활동 전반을 데이터로 공여하게 한다. 이런 식으로 네트워크를 완성한 디지털 미디어 자본은 오히려 자신의 위치를 강화하면서 디지털 노동 환경을 더욱 악화시킨다.

따라서 디지털 미디어를 보지 않겠다는 결정은 디지털 미디어 자본이 기획한 '네트워크 연결을 통한 통제 사회'를 거부하면서, 디지털 미디어 환경의 발전 경로를 다시 공중의 통제권 안으로 찾아오겠다는 의지를 표명하는 것이다. 개인적인 차원에서 프로모션 경쟁을 통해 디지털 미디어 자본이 만들어낸 가치를 조금이라도 공유하려는 시도, 그리고 조직적인 차원에서 여론 조작을 통해 정치적·경제적 이익을 꾀하려는 각종 커뮤니케이션 시도 모두 실제로는 디지털 자본주의의 기획 안에서 이루어지는 일이다. 언론이 주목 자본주의의 틀 안에서 클릭 수 경쟁을 하거나 광고 유치를 통한 비즈니스 모델에 의존하는 것도 모두 디지털 자본주의가 형성한 가치 착취 시스템 안에서 이루어지는 일들이다.

바른 진단에서 바른 해결책이 나오는 법이다. 문제를 해결하는 방법은 간단하다. 첫째, 기술로 기술의 문제를 해결할 수 없음을 인정하는 것이다.

더 나은 기술, 더 도덕적인 기술에 대한 기대는 환상이다. 기술의 중립성 여부와 상관없이 이를 이용하는 자본의 의도가 변하지 않는 한 기술이 이익 창출과 동떨어진 방향으로 발전할 가능성은 요원하다. 둘째, 기술의 제약을 받지 않는, 정치적 논쟁과 이성적 토론이 가능한 공론장이 복원되어야 한다. 이는 기술의 지배를 받는 사람들을 해방시켜 기술과 사람의 동시 발전을 꾀하기 위한 전제 조건이다. 그러기 위해서는 기술에 침투한 자본주의 욕망기계의 왜곡된 매개 과정을 과감히 걷어내고, 순수한 사람들의 필요와 욕망에 기초를 둔 인간중심적 기술 개발을 이루어야 한다. 즉 디지털 미디어 보지 않기 운동은 이 두 가지 요소를 함께 만족시킬 수 있는 방법으로서, 디지털 미디어를 주목 자본주의가 조성해주는 대로 이용하지 않겠다는 저항의 운동인 것이다.

노출 사회 감옥과 진정한 욕망의 실현

현대사회를 제도와 조직 구성이 유동적인 사회liquid society라고 하지만, 소수의 디지털 미디어 플랫폼을 통한 과점 권력이 형성되면서 이러한 유동성은 점점 옅어지고 사회 작동이 규정되어버리는 결과가 발생하고 있다. 택시를 이용하려 할 때 택시 예약 앱을 이용하지 않으면 안 되는 것처럼, 사회의 습속이 소수의 디지털 미디어 플랫폼이 요구하는 방향으로 설정되고 있다. 이러한 사회 통제 차원의 습속에서 가장 문제가 되는 것이 감시의 문제이다. 푸코의 파놉티콘 개념을 보면 항시 감시라는 체제가 권력에 힘을 주고 사람들의 굴종을 강요하지만, 또한 더 큰 문제가 되는 것은 감시당하는 사람들이 그런 체제를 내면화한다는 점이다. 현대 디지털 미디어 플랫폼을 통한 감시는 더 자연스럽게 항시 감시하는 체제를 완성해내었을 뿐만 아니라 사람들이 감시를 자연스러운 생활의 일부로 인식하도록 만들고 있다. 따라서 디지털 파놉티콘은 기존 파놉티콘보다 통제하는 권력의 입장에서는 훨씬 더 자연스럽고 발전한 개념이라고 할 수 있다.

디지털 미디어는 굉장한 볼거리spectacles 혹은 유인 요인을 제공함으로써 사람들의 참여를 이끌고 사회관계를 형성할 수 있다. 디지털 파놉티콘은 이러한 볼거리나 유인 요인을 통해 사람들의 자발적인 참여를 끌어내고, 이를 필요한 사회관계로 연결함으로써 효율적인 감시가 가능한 체제를 만들어가고 있다. 무엇인가에 주목하기 위한 사람들의 노출이 자연스러워지면 감시는 더 이상 강제 사항이 되지 못한다. 따라서 디지털 미디어 사회의 주목 요인은 노출 욕망을 강화하고, 이러한 노출 욕망은 디지털 미디어 플랫폼을 통한 감시를 자연스러운 현상으로 만드는 자발적 노출 사회를 완성한다(Harcourt, 2015). 사람들은 온갖 상품이 진열된 온라인 쇼핑을 즐기기 위해 기꺼이 자신의 정보를 제공하며, 볼거리와 소비문화의 편리함에 젖은 사람들은 자본주의 욕망기계가 생활 전반에서 작동하는 것을 두려워하지 않는다. 모두가 자발적으로 노출하고 감시를 받아들이는 노출 감시 권력이 탄생한 것이다.

사람들은 노출 감시 권력이 감시하는 것에 대한 두려움보다는 그것이 가져다주는 볼거리와 편익, 그리고 그러한 사회관계에 소속되어 있다는 안정감을 더 크게 받아들이고 그것에 더 탐닉하는 경향이 있다. 택시 예약 앱을 이용하지 않았을 때 오는 불편함보다는 나를 모두 노출시켰을 때 누릴 수 있는 편리함과 사회관계를 더 중요하게 여기며 즐기는 것이다. 소셜미디어를 통한 감시가 횡행하지만 사람들은 그것이 주는 사회관계 속에서 오히려 안락함을 느낀다. 이는 마치 CCTV가 설치되어 있을 때 감시당하고 있다고 느끼기보다는 오히려 나를 감시해주는 것에 안전함을 느끼는 것과 비슷한 심리이다. 나는 소셜미디어에 참여하고 있고, 그래서 아직 사회관계로부터 탈락하지 않았기 때문에 이 사회 속에서 나의 존재는 안전하다고 느끼는 것이다. 우리는 결국 모두 감옥 속에서 살고 있지만, 모두가 감옥에 살 수밖에 없다고 믿음으로써 감옥이 우리의 욕망을 안전하게 실현해준다고 믿는다.

디지털 미디어 플랫폼을 통한 감시가 자연스럽고 더 안전하다는 느낌을 주는 것은 자본주의 욕망기계의 완벽한 작동 결과라고 할 수 있다. 욕망이 자본주의에 귀속됨으로써 우리는 디지털 미디어 플랫폼이 요구하는 모든 것이 자신의 욕망 실현에 필연적인 것이라고 믿게 된다. 따라서 감시는 이제 안정감의 차원을 넘어 일상을 침범한다. 이는 생체권력biopower의 의미를 넘어서는 생활 전반의 완벽한 통제를 완성한다. 결국 자본주의 욕망기계가 승리하게 된 것이다.

구체적으로 들어가보면, 디지털 감시가 작동하는 원리는 데이터 매칭을 통해서 이루어진다. 일반적으로 사람들의 기능적인 이성은 개인을 그룹화해서 분류하고, 그룹 간의 관계를 통계적 인과관계를 통해 추측하는 방향으로 발전해왔다. 하지만 디지털 미디어 플랫폼을 통한 감시는 이러한 기능적 이성의 차원을 넘어선다. 감시는 사람들을 데이터화하고, 그로부터 모든 데이터를 개별로 분석한 후 유사성을 찾는 방법으로 이루어지기 때문에 개인에 대한 예측, 개별적인 간섭을 비로소 가능하게 만든다.

이런 사회에서는 사람들이 데이터와 등치되기 때문에 결국 인간성은 쉽게 소멸되고 만다. 같은 물건을 구입하고, 같은 대중교통을 이용하며, 비슷한 여가 활동을 한다면, 그런 사람들의 데이터 속성은 같다. 그들은 결국 다른 사람이 아니고 같은 사람이다. 데이터는 어디서든 제공될 수 있어야 하기 때문에 개인의 사생활 보호는 사라지고 상품으로서의 개인 데이터만 존재하게 된다. 사람들은 데이터로서만 존재하며, 데이터를 제공하지 못하면 사람들의 존재감도 사라진다. 그 존재감은 온라인에 머물지 않고 오프라인으로 확대된다.

결론적으로 디지털 미디어를 통한 주목 자본주의를 완성하는 것은 자본주의 욕망기계에 의해서 왜곡된 사람들의 욕망이다. 따라서 디지털 미디어 보지 않기는 사람들의 진정한 욕망 추구를 되살리는 작업과 궤를 같이 해야 한다. 디지털 미디어 환경에 저항하는 방법으로는 여러 가지가 있다. 개인적인 차원의 대응, 정부의 관리, 데이터 관련 규제의 강화, 개인정보 활용에 대한 저항 운동, 대응 플랫폼의 개발 등 개인, 정부, 사회단체 단위에서 디지털 미디어 주목 권력에 도전할 수 있다. 하지만 개인적인 욕망이 디지털 자본의 이익과 교접하는 지점에 대한 성찰이 없다면, 기능주의적 논의에 그치거나 편의주의적 방편을 찾아내는 것에 만족하는 수준으로 끝날 수밖에 없다.

들뢰즈와 과타리에 따르면 욕망을 생산하는 기계가 권력의 유형을 결정한다. 전제주의, 봉건주의, 자본주의 모두 욕망기계가 권력의 유형을 결정하며, 이는 '기계가 원하는 욕망을 생산하고 사용할 수 있는 사회적 형식'이 권력을 통해 표현되기 때문이다. 따라서 저항은 이러한 욕망 생산 기계를 뒤흔드는 것에서 시작해야 한다. 디지털 미디어 플랫폼의 지배에서 벗어나기 위해서는 자본주의 욕망기계를 통해 작동하는 욕망이 아니라 스스로가 진정 원하는 것이 무엇인가를 숙고해야만 한다. 내가 소셜미디어를 통해 이루려는 것은 나의 욕망이 아니라 자본주의 욕망기계를 통한 욕망이다. 그것은 만들어진 것이고 조작된 것이다. 따라서 내가 진정으로 원하는 것이 무엇인가에 대해 침잠하고 숙고하는 작업이 필요하다.

숙고의 시간은 여러 의문을 만들어낼 수 있다. 사람들이 생산해내는 모든 데이터가 디지털 자본주의 이윤 창출의 근원이라면 데이터 생산의 주체가 오히려 데이터를 통제할 힘을 가질 수도 있지 않을까? 만약 사람들이 자신의 진정한 욕망을 깨닫고 데이터 자본주의가 조작하는 욕망을 걷어내서 자신이 생산해내는 데이터에 대한 통제권을 가져오겠다고 결심한다면 우리 사회에는 어떤 일이 일어날까? 데이터에 대한 통제권이 권력이라면 사람들이 권력을 회수할 수 있는 방법은 의외로 쉬울 수도 있다. 다만 문제는 우리가 디지털 미디어 자본이 만들어둔 습속만이 유일하게 자연스러운 것이라고 통념화하는 데에 있다. 사람들의 주목을 감시하고, 그것에서 이윤을 획득하는 체제가 어떻게 자연스러울 수 있을까? 이 부분에서 우리의 욕망을 바꿀 수만 있다면 우리는 더욱 많은 것을 바꿀 수 있다.

디지털 참여와 보지 않기 노력의 연결, 그리고 문제의 해결

디지털 미디어 생산소비자들이 미디어 활동에 참여하면 할수록 불평등을 경험하게 되는 것은 미디어 활동이 자본주의 가치의 창출 과정 속에서 이루어지기 때문이다. 즉 미디어에의 참여가 민주주의와 연결되기보다는 독점적인 미디어 자본의 이윤 창출 구도 속으로 함몰되기 때문이다. 이런 상황에서 미디어 참여를 독려하는 것은 민주적인 시민의 힘을 규합하는 것이 아닌, 파편화된 상품 만들기 활동으로 연결될 가능성이 높다. 이런 구조에서라면 디지털 미디어 사용은 민주주의의 발전에 아무런 도움을 줄 수 없다.

그렇다면 디지털 미디어를 계속 사용하되 그것이 수용자 중심의 결집된 힘을 만들어낼 수 있게 하려면 어떻게 해야 할까? 참여가 불평등으로 계속해서 연결된다면 디지털 미디어 참여를 통해 불평등을 개선할 수 있는 방법은 없을까? 이를 위해서는 들뢰즈(Deleuze, 1994)의 차이 개념이 매우 유용하게 사용될 수 있다. 디지털 미디어 이용이 불평등과 이윤 창출의 구도를 강제할수록 이러한 활동을 오히려 반복적으로 구성하더라도, 그 속에서 개별적인 차이를 찾아내기 위해 노력해야 하고, 또 차이를 통해 대안적인 활동을 만들어낼 수 있어야 한다. 그래야만 이러한 차이들이 모였을 때 디지털 미디어가 강제하는 일률적 규제를 무너뜨릴 수 있게 된다. 반복적인 인터넷 사용에 있어서 중요한 것은 사람들이 스스로 차이를 자각하는 것이다. 예를 들어 모든 사람이 페이스북을 사용하더라도, 각자가 반복적으로 구축하는 행위들은 사실 그 모두가 창의적으로 구현하는 차이를 가지는 행위들임을 인식해야 한다. 그리고 이를 바탕으로 페이스북을 이용하는 행위에 대한 개별적인 성찰과 자각이 이루어져야 한다. 이러한 차이 인식 과정을 거친다면 페이스북 사용에 대해 일률적으로 주어졌던 환경적 제약에 막혀 아무렇지도 않게 노동 시간을 늘려온 관행을 극복할 수 있게 된다. 내가 주도하는 페이스북 사용이 시작되는 것이다. 페이스북을 통해 의미 없는 일상을 보내는 것이 아니라 페이스북의 통제력을 약화시키기 위한 사회운동을 실행할 수도 있다. 일정한 방향으로 흘러가도록 유도된 사용이 아닌, 그 사용 방향에서 과감하게 일탈하는 것이다. 이 과정에서 디지털 미디어 자본의 통제력을 무너뜨릴 기회 요인이 발생할 수도 있다.

디지털 미디어 자본은 사람들의 디지털 활동을 착취할 수단으로서 디지털 미디어 사용 환경을 일률적으로 제시하지만, 사람들이 그러한 일괄적으로 규정된 활동에서 벗어나 차이를 인식하고 새로운 대안들을 찾아내려고 노력하게 되면 주어진 환경을 바꿀 힘이 생긴다. 그러한 차이 인식이 이루어진 이후라야만 마침내 내외부의 힘을 결집해 처음 규정되었던 착취의 고리를 끊고 새로운 사회관계를 형성하는 길로 나아갈 수 있게 된다. 이런 시각에서 보면 디지털 미디어는 착취의 고리로부터 시작하지만, 반복적인 미디어 사용이 오히려 사람들에게 새로운 사회운동의 경로를 열어줄 수 있다. 엄청난 시간을 투입해서 계속 반복적으로 해온 주목 행위를 통해 스스로 통제권을 가질 수 있는 계기가 마련되는 것이다. 디지털 미디어 이용이 의미 없는 반복으로 느껴질 수 있지만, 그러한 반복 속에서도 차이를 지니는 생각을 계속해서 만들어나가려고 노력한다면 변화를 위한 동력은 생성될 수 있다는 것이다.

이렇게 일상으로부터 차이를 찾아내고, 새로운 대안을 만들어내는 과정은 단지 디지털 미디어 자본의 이윤 창출 도구, 즉 주목을 위한 대상화된 주체로서 존재하던 생산소비자들이 자신의 역할에 대한 대안적인 자아를 탐색하게 되는 것과도 연결된다. 디지털 미디어 자본주의 구도 속에서 디지털 네트워크 속 하나의 주목 주체로 존재하던 사람들이 이러한 이윤 창출의 논리에서 벗어나 새로운 자아를 탐색하는 과정은 자신의 수동적인 역할에 대한 고뇌와 함께, 이를 타개하기 위한 방안을 탐색하게 만든다.

결국 디지털 미디어 자본주의의 이윤 창출 구도를 허물고 새로운 자아를 찾으려는 노력은 언뜻 보면 디지털 미디어 안에서의 반복적인 행위들에 불과하지만, 그러한 반복적인 행위들이 차이를 만들어낼 수 있고, 이러한 차이는 디지털 미디어를 대하는 자기 자신의 새로운 역할, 즉 디지털 미디어 보지 않기와 같은 통제권 회복 노력과 연결될 수 있다. 디지털 미디어 보지 않기는 단순히 미디어와 단절하는 것이 아니라 기존의 자본주의 프레임에서 벗어나 대안적인 방식으로 미디어를 사용하려는 접근 방법이다. 이는 디지털 미디어를 다르게 보는, 즉 진정한 인식의 차이를 보여주는 생각의 강도를 의미한다. 비록 디지털 미디어를 반복적으로 사용하지만 이러한 인식의 차이를 보여주는 다른 생각을 가질 수 있다면, 우리는 자신을 둘러싼 디지털 미디어 자본의 통제에서 스스로 벗어날 수 있다.

가장 중요한 것은, '주어진 대로 수용하지 말고, 다르게 받아들이려고 노력하는 것'이다. 이러한 노력이 모일 때 변화가 가능하다. 디지털 미디어 자본주의는 우리에게 계속 동일성을 강조하면서 한 사람당 하나의 주목으로만 남아 있을 것을 강요한다. 그들에게 사람들은 주목의 개체에 불과하며, 네트워크 속에서 동일한 역할을 수행하는 노드에 불과하다. 하지만 우리가 디지털 미디어의 반복적인 사용 속에서도 서로의 차이를 발견하려 노력하고, 개성을 지닌 자아들의 다른 역할들을 탐색해낼 때 디지털 기술이 우리에게 강요하는 것, 즉 알고리즘을 통한 인간 개성의 실종을 비로소 막아낼 수 있다.

디지털 미디어가 불평등과 통제를 강화해온 것은 엄연한 사실이지만, 새로운 가능성을 열어준 것도 사실이다. 하지만 문제는 새로운 가능성을 찾으려는 노력을 어떻게 할 것인가에 대한 답이 분명하지 않다는 것이었다. 이에 대해 들뢰즈의 차이 개념은 명료한 답을 제시해준다. 즉 디지털 미디어에 대한 디스토피아적인 절망에 사로잡혀 있기보다는 디지털 미디어가 요구하는 획일화된 동일성에 반기를 들고, 스스로 차이를 만들어내는 주체성을 회복한다면 기술이 우리에게 준 혁명의 가능성을 비로소 열어갈 수 있다는 것이다. 디지털 미디어를 동일성의 포로가 아니라 기존의 미디어 환경으로부터 차이를 만들어내는 새로운 사회관계의 틀로 생각해보라는 제안이다.

디지털 미디어 보지 않기는 지금과 같이 습관적으로 미디어화된 사회에서 하나의 대안으로 기능한다(Kaun & Schwarzenegger, 2014). 디지털 미디어 보지 않기를 디지털 미디어가 모든 것을 지배하는 사회에서 새로운 대안으로 생각하게 되면, 일상적으로 디지털 미디어를 사용하는 행위에 대해서도 새로운 시각으로 바라볼 수 있게 된다. 미디어화된 사회에서 디지털 미디어 사용하기는 자본에 종속된 의미 없는 행위에 불과했다면, 디지털 미디어 보지 않기를 통해 통제권을 회복한 후의 디지털 미디어 사용하기는 새로운 의미의 사회 참여, 사회 유대, 사회운동을 가능하게 한다. 결국 디지털 미디어 보지 않기, 새로운 정체성 형성, 사회운동의 활성화는 통합적으로 작용할 수밖에 없다.

디지털 사회는 분명한 변화를 보여준다(Floridi, 2015). 디지털 사회로의 변환은 현실과 가상현실의 차이를 흐리게 만들고, 인간, 기계, 자연의 차이를 불분명하게 만든다. 또한 이러한 사회는 정보 부족에서 정보 과잉으로 빠르게 전환할 뿐만 아니라 주체 중심에서 상호 관계 네트워크 중심으로 강조점을 빠르게 이동시킨다. 디지털 사회는 표면적으로 자유, 평등, 공정함을 내세우는 것 같지만, 실제로는 디지털 미디어 자본이 이윤을 창출하기 위한 데이터 프로파일링, 표적 광고, 차별 마케팅 등을 과감하게 적용하는 거대한 자본 경쟁의 장으로 기능한다. 디지털 사회로의 변화는 디지털 기술의 사용과 관련된 변화에 머물지 않고, 사람들의 정체성과 사회관계를 뒤흔든다. 따라서 쉬운 정보 접근은 결국 사람들의 인지 기능에 부담을 주고, 중요한 이슈에의 집중을 어렵게 하며, 때로는 사회문제를 회피하게 만든다.

디지털 사회의 이러한 측면은 사람들이 기계가 지시하는 대로 움직이는 데에 너무 익숙해져 있기 때문에 발생한다. 하지만 개인정보 데이터가 계속 쌓이고, 네트워크의 크기는 개인이 통제하지 못할 정도로 커지고, 결국 기계가 인간의 지시를 받는 것이 아니라 기계의 지시에 의해 사람들의 행동이 정렬되는 상황에 오면 이러한 문제를 해결하는 것은 더욱 어려워진다. 따라서 지금부터라도 문제를 해결하기 위해서는 사람들이 디지털 사회를 보는 인식 자체를 바꿔줄 필요가 있다. 이는 디지털 사회 속에서 자신의 정체성을 되찾는 것과 연결되며, 이를 위해서 부단히 디지털 미디어 사회가 우리에게 강요하는 것을 깨닫고 주체적으로 디지털 미디어와의 관계, 사람들과의 관계를 재정립해야만 한다. 이러한 노력에서 가장 중요한 것이 디지털 미디어 주목에 대한 개인의 통제권을 되찾아오는 것이다. 결국 디지털 미디어 사회의 문제점에 대해 성찰하고 자율적으로 행동하는 개인의 정체성을 확립하려면 주목의 통제권을 갖추는 것이 가장 선행되어야 한다.

개인의 주목이 시장 원리에 의해 탕진되는 것이 아니라 개인의 고유 권리로서 존중받는 사회를 만드는 것이 중요하다. 이러한 개인의 고유 권리로서의 주목은 개인정보에 대한 개인의 통제, 디지털 노동의 정도에 대한 사회적 규범화, 이윤 창출의 정도와 방법에 대한 사회적 합의, 사회정의와 유대관계의 실현 등에 사용되어야 한다. 이와 같은 주목의 공적 사용이 사적 사용에 대응해서 사회적 규범으로 자리 잡으려면, 개인적 차원의 주목이 아닌 사회적 차원에서 주목의 힘을 통합적으로 구성하고, 이를 사회 변화의 동력으로 만들어낼 수 있어야 한다. 사적인 주목은 공적인 주목이 되어야 하고, 개인적인 주목은 사회적인 주목을 향해 서로 힘을 합쳐가야 한다.

에필로그

흔히 혁명이 불가능한 시대라고 말한다. 이러한 주장은 혁명의 주체를 생산 현장의 노동자들로 축소하고, 계급혁명을 통한 사회적인 전복으로서의 혁명을 의미할 때에만 타당하다. 하지만 디지털 미디어 시대로 접어들면서 이제 노동과 노동자의 의미는 확대되었고, 사회 변화를 이끌어야 할 착취의 대상도 전 사회의 구성원 대부분으로 넓어졌다. 이제 혁명은 디지털 미디어에 대한 통제권을 누가 가질 것인가의 문제가 되었고, 이를 통해 우리 사회의 작동 원리와 불평등을 개선하는 행위가 연결된다. 따라서 '디지털 미디어 주목'이 가지는 의미를 이해하고 '디지털 미디어 보지 않기'를 실천하는 것은 혁명을 포기한 우리에게 새로운 혁명의 희망을 제시하게 될 것이다.

주목은 보는 것, 기억하는 것, 저장하는 것이 결합한 행위이다. 하지만 기술의 발달로 인해 저장의 영향력이 너무 강해지면서 인간과 기술의 조화가 깨지고, 주목은 단지 미디어 자본의 이익 창출을 위한 도구로 전락하게 되었다. 저장은 기술이 지배하고, 저장을 지배하는 기술은 인간의 의식과 행위를 지배한다. 그렇다면 문제를 해결하기 위해서는 사람들이 스스로 보는 것과 기억하는 것을 자발적으로 선택하고, 기술의 조종을 받는 저장 기능의 영향력을 줄이기 위해 노력해야 한다. 디지털 미디어가 저장해 둔 것들, 알고리즘, 개인화된 정보, 주목받는 유명인 및 주목 계급, 자극적인 콘텐츠 등과 함께 우리가 이미 익숙해져 있는 각종 주목 양식에서 벗어나는 것이 무엇보다 필요하다. 그러한 주목 양식은 우리에게, '주목 경쟁은 자연스러운 것이며, 아침에 일어나 인터넷을 켜는 것은 당연한 것이고, 자신의 영혼까지 디지털 미디어에 지배당한다 한들 아무런 문제가 없다'고 설파한다.

우리 사회는 주목에 목을 매는 사회가 되었다. 이런 사회가 낳은 결과는 끔찍하다. 모두가 주목을 끌기 위해 비정상적인 행동을 하고, 이러한 모든 행위는 디지털 미디어 기업들의 중요 수입원이 된다. 행복한 일보다 불행한 일들이 클릭을 더 많이 얻고, 남을 비방하고, 싸우고, 능멸하고, 더 극단적으로 말할 때 더 많은 사람이 주목하며 디지털 미디어 기업은 더 많은 돈을 번다. 이것이 일상이 된 사회에서 우리는 살아가고 있다. 우리가 주목을 조절하고 디지털 미디어로부터 통제권을 찾아오는 문제는, 따라서 우리 개인의 문제에서 끝나지 않는다. 우리 사회 구성원 모두가 불행의 구렁텅이로 빠지면서 소수의 자본이 돈을 벌고 있다면, 이런 사회구조를 바꾸기 위해 노력해야 하지 않겠는가?

주목은 일반적으로 세 가지 층위에서 논의되는데, 각각 당면한 대상에 대한 주목spotlight, 개인이 일정 시간 노력해서 달성하려는 성취와 관련한 주목starlight, 개인의 기본적인 가치를 기반으로 한 장기 목표와 연관된 주목daylight이다(Williams, 2018). 디지털 미디어에의 과도한 집중은 이처럼 다양한 주목의 적절한 작동에 두루 영향을 미쳐, 사람들이 주목을 통해 자신의 삶을 제대로 영위하지 못하게 만들고, 궁극적으로 디지털 미디어 자본의 이익 창출에 기여하게 만든다. 결국 디지털 미디어가 만들어내는 주목은 이 세 유형의 주목을 이상행동으로 만들어버린다. 이러한 기존의 주목 유형 논의에 한 가지를 덧붙이자면 주목의 정치적·사회적·구조적 측면을 들 수 있다. 디지털 미디어는 개인적인 주목 층위 외에 사회적 차원에서 주목 환경을 조성함에 따라 개인의 노력으로는 극복할 수 없는 거대한 주목 감옥을 완성하게 된다. 현대인이 당면한 집중력의 문제에 대해 논의한 최근의 한 대중 서적도 집중력의 문제가 개인의 영역에 머물지 않으며, 그것은 사회 시스템의 문제이고, 빅테크 기업들의 조작과 관련되어 있다는 것을 지적한 바 있다(Hari, 2023).

결국 주목의 문제는 이를 이용해 이익을 챙기려는 주체가 더 광범위하게 사회 작동 시스템을 장악하고 있기 때문에 발생하는 것이고, 이를 사람들이 공공의 영역으로 다시 찾아와 통제권을 회복할 수만 있다면 많은 문제를 해결할 수 있게 될 것이다. 이런 공공의 영역 되찾기 운동은 비즈니스 모델 차원과 공론장 영역으로 나누어서 생각해볼 수 있다. 비즈니스 모델 차원에서 디지털 미디어 자본이 사적인 이익을 항구적으로 축적하는 문제의 해법은 공공성을 강화하는 비즈니스 모델을 도입하는 차원에서 논의되어야 한다. 기본적으로 영리 디지털 자본주의 모델은 공짜인 척하지만 실상은 엄청난 디지털 주목 노동을 요구하고, 그것을 일방적으로 잉여가치화해서 자신의 주머니로 가져간다. 이런 방식은 가난한 사람들이 더 플랫폼이 요구하는 것을 들어줄 수밖에 없도록 만들면서 더욱더 사회적인 불평등을 강화한다.

따라서 디지털 미디어의 공공성을 우선으로 내세우는 공공 모델의 도입이 중요하다. 공공 모델은 디지털 미디어 자본으로부터 독립해 다양한 방식의 공공 펀딩을 통해서 디지털 미디어 플랫폼을 운영하고, 모든 사람이 과도한 주목과 디지털 노동의 희생 없이 온라인 활동을 영위하도록 만들 수 있다. 우리가 현재의 과잉 주목 사회에서 벗어나 정체성을 되찾고, 디지털 미디어에서 비롯되는 많은 문제점을 해결하려면 공공 모델을 만들려는 노력을 게을리해서는 안 된다. 어려움이 많은 것은 사실이지만, 사회적인 차원에서 디지털 미디어 사용에 대한 통제권을 되찾겠다는 사회적

합의만 이루어진다면 공공의 펀드로 운영되면서 기업과 정부의 간섭으로부터 자유로운 모델을 만드는 것은 불가능한 일이 아니다.

공공 모델이 비즈니스 모델로 채택되기 위해서는 디지털 미디어 사용과 관련된 공론장이 형성되고, 이성적 논의를 통해 사회적 합의가 이루어지는 것이 무엇보다 중요하다. 사람들이 현재의 디지털 미디어 기업의 비즈니스 모델에 대해 개인적으로 문제점을 자각하더라도, 그것을 사회적 차원에서 문제 해결을 위한 공론장으로 끌어내지 못한다면 개인적으로 파편화된 문제 인식만으로 사회구조적 변화를 끌어내는 것은 힘들다. 최근의 하버마스(Habermas, 2023)를 중심으로 한 공론장 논의를 보면, 디지털 미디어 시대에는 같은 이슈를 모든 공중이 논의할 수 있는 포괄적인 형태의 공론장이 계속해서 사라지고 있다고 진단한다. 디지털 미디어 시대에는 사적인 영역과 공적인 영역이 혼합되고, 이슈가 파편화되면서 단지 '좋아요'와 '싫어요'를 통해 표현되는 이상한 일반투표 형식의 공론장plebiscitary public sphere이 형성되고 만다. 이런 왜곡된 형태의 공론장에서는 디지털 미디어 사용과 관련한 민주적 숙의가 이루어지기 힘들다.

하버마스는 필터링 기능을 갖춘 매스미디어에서 어떤 희망을 찾고자 하지만, 디지털 미디어는 결국 매스미디어의 상품화·상업화가 심화되어 나타난 현상이라고 봐야 한다. 현재 우리나라의 언론 현실을 고려했을 때 매스미디어가 대안으로 작동할 가능성은 희박하다. 우리나라 언론은 이미 자본에 잠식되어 자정 능력을 상실했을 뿐만 아니라 기존 사회구조를 변동시키고자 하는 어떠한 동기 요인도 가지고 있지 않다. 만약 그런 에너지가 과거에 있었다면 지금은 이미 소진한 것이 확실하다. 따라서 문제 해결을 위한 방안은 근본적으로 신자유주의적인 구조에 바탕을 둔 미디어 체제에서 수용자들이 통제권을 찾아오는 것에 대한 개인적 자각과 그것의 내면화, 그리고 그것을 사회적 변화의 동력으로 묶어내는 전략이다. 여기서 디지털 미디어의 문제 해결을 위해 디지털 미디어가 가진 긍정적인 측면의 불씨를 되살리려는 노력이 필요해진다. 19세기 영국의 노동자들에게 그들 자신이 처한 현실적인 문제를 해결하기 위해서는 노동자라는 자각이 필요했던 것처럼, 디지털 미디어 사회의 문제를 해결하기 위해서는 디지털 노동을 하고 있는 사람들이 스스로 자신이 노동자라는 자각을 갖는 것이 중요하다.

따라서 디지털 미디어 시대에는 사람들이 디지털 주목 노동에 대한 자각, 그리고 이를 통해 자신이 하는 노동에 대한 자율권을 되찾기 위한 의지를 가지는 것이 필요하다. 사람들은 자신이 바른 정보를 받게 되었을 때만 이성적인 공론장을 만들어나가는 수동적 대상이 아닌, 주체적으로 공론장을 만들기 위해 환경을 구축해나가는 능동적 변화 주체라는 인식을 가져야 한다. 이러한 정체성 인식을 가진 개인들이 모여서 공론장을 주도하고, 디지털 미디어가 가져간 통제권의 부당함에 대해 비판하며 착취의 영역을 없애기 위해 함께 노력할 때만이 디지털 미디어 사회의 문제를 해결할 수 있다. 결국 사람들의 자각과 디지털 미디어가 가진 긍정적인 네트워크의 측면을 연결하고, 여기서 생긴 집단적인 힘을 사회적 압력으로 만들 수 있을 때 변화는 일어날 수 있다.

지금까지 이 책에서 다룬 디지털 미디어 보지 않기라는 주제는 실상 우리나라 미디어 커뮤니케이션 학자들의 관심사와는 동떨어진 주제이다. 미디어 커뮤니케이션 학자들은 미디어가 가지는 효과에 대한 연구에 더 많은 관심을 둘 뿐, 미디어를 보지 않는 것을 장려하거나 강조점을 두는 연구에는 소홀할 수밖에 없다. 어떻게 보면 디지털 미디어 보지 않기는 자신들의 존재 자체를 부정하는 연구 주제라고 간주할 수도 있다. 하지만 인간사의 모든 일은 양이 있으면 음이 있고, 또 음이 있으면 양이 있다. 우리가 어떻게 하면 미디어를 통해 가장 최적의 효과를 거둘 것인가에 대해 고민하는 동안, 디지털 미디어가 가지고 온 피해는 눈덩이처럼 커져가고 있다. 과도한 몰입이나 중독의 문제만을 이야기하는 것이 아니라, 우리의 생활 자체가 디지털 미디어에 통제권을 빼앗기면서 스스로를 상품으로 만들고, 크고 작은 모든 프로모션 경쟁에 집착하게 되는 '주체성을 상실한 개인'으로 변모되어 갈 뿐만 아니라, 사회적으로는 공론장을 어렵게 하고 사회적 연대를 무너뜨리며 결국은 민주주의의 기반을 약화시키는 주목 자본주의의 놀이터가 형성되고 있다. 이 책은 미디어 학자들에게 이제 미디어 연구를 효과의 측면이 아니라 통제권의 측면에서 바라볼 것을 강조하고 있다. 우리는 디지털 미디어가 만들어낸 거대한 권력을 견제하고, 스스로 디지털 미디어를 통제할 수 있게 되었을 때 비로소 자신이 가진 많은 문제를 새로운 패러다임으로 바라볼 수 있게 되지 않겠는가?

참고문헌

김영욱(2018). “디지털 프로모션에서 생산소비자와 감시의 작동 원리: 디지털 노동에 대한 감시사회의 착취 구도 해석”. 『커뮤니케이션 이론』 14권 4호, 5-57.

______(2022). “디지털 미디어와 커뮤니케이션 정치경제학”. 『디지털 시대 커뮤니케이션 정치경제학』(13-67쪽). 서울: 컬처룩.

김은성(2022). 『감각과 사물: 한국사회를 읽는 새로운 코드』. 서울: 갈무리.

박성우(2018). “미디어화, 해방과 소외의 파르마콘: 쿨드리의 미디어화 논의에 대한 비판적 검토”. 『언론정보연구』 55권 2호, 45-73.

이택광(2019). “방탄소년단 ‘현상’”. 『문화과학』 97, 202-215.

Agai, M. (2022). “Disconnectivity synced with identity cultivation: adolescent narratives of digital disconnection”. *Journal of Computer-Mediated Communication, 27*(6), 1-11.

Andersson, L. (2016). “No digital ‘castles in the air’: Online non-participation and the radical left”. *Media and Communication, 4*(4), 53-62.

Andrejevic, M. (2008). “Watching television without pity: The productivity of online fans”. *Television & New Media, 9*(1), 24-46.

Arriaga, P. (1984). “On advertising. A Marxist critique”. *Media, Culture & Society, 6*(1), 53-64.

Balt, E., Mérelle, S., Robinson, J., Popma, A., Creemers, D., van den Brand, I., … & Gilissen, R. (2023). “Social media use of adolescents who died by suicide: Lessons from a psychological autopsy study". *Child and adolescent psychiatry and mental health, 17*(1), 48.

Banet-Weiser, S. (2012). *Authentic: TM. The politics of ambivalence in a brand culture*. New York: New York University Press.

Baym, N. K. (2010). *Personal Connections in the Digital Age*. Cambridge: Polity.

Baym, N. K., & Ellison, N. B. (2023). "Toward work's new futures: Editors' Introduction to Technology and the Future of Work special issue". *Journal of Computer-Mediated Communication, 28*(4), 1-5.

Beller, J. (2006). *The cinematic mode of production: Attention economy and the society of the spectacle*. Lebanon, NH: University Press of New England.

______(2012a). "Wagers within the image: Rise of visuality, transformation of labour, aesthetic regimes". *Culture Machine, 13*, 1-28.

______(2012b). *The cinematic mode of production: Attention economy and the society of the spectacle*. Lebanon, NH: University Press of New England.

Berlin, I. (1969). *Four essays on liberty*. Oxford: Oxford University Press.

Brennen, B. (2019). *Opting out of digital media*. London: Routledge.

Brinkmann, S. (2017). *The joy of missing out: The art of self-restraint in an age of excess*. Cambridge: Polity.

Buchanan, I. (2008/2020). *Deleuze and Guattari's anti-Oedipus: A reader's guide*. 이규원·최승현 옮김, 『"안티-오이디푸스" 읽기』. 서울: 그린비.

Bueno, C. (2017). *The attention economy. Labour, time and power in cognitive capitalism*. London: Rowman & Littlefield.

Burke, K. (1961). *The rhetoric of religion: Studies on logology*. Berkeley, CA: University of California Press.

______(1970). *The rhetoric of religion: Studies in logology* (Vol. 188). Berkeley, CA: University of California Press.

Caraway, B. (2011). "Audience labor in the new media environment: A Marxian revisiting of the audience commodity". *Media, Culture & Society, 33*(5), 693–708.

Casemajor, N., Couture, S., Delfin, M., Goerzen, M., & Delfanti, A. (2015). "Non-participation in digital media: Toward a framework of mediated political action". *Media, Culture & Society, 37*(6), 850–866.

Castells, M. (2009). *Communication power*. Oxford: Oxford University Press.

Chib, A., Ang, M. W., Ibasco, G. C., & Nguyen, H. (2021). "Mobile media (non-) use as expression of agency". *Mass Communication and Society, 24*(6), 818–842.

Christofides, E., Muise, A., & Desmarais, S. (2016). "Privacy and disclosure on Facebook: Youth and adults' information disclosure and privacy practices". *Journal of Social and Personal Relationships, 33*(5), 651-671.

Couldry, N., & Hepp, A. (2013). "Conceptualizing mediatization: Contexts, traditions, arguments". *Communication theory, 23*(3), 191–202.

Couldry, N., & Mejias, U. A. (2020). "The costs of connection: How data is colonizing human life and appropriating it for capitalism". Stanford, CA: Stanford University Press.

Dahl, R. A. (1969), "The Concept of Power". In R. Bell, D. V. Edwards, & R. H. Wagner (Eds.), *Political power. A reader in theory and research* (pp. 79–93). New York: Free.

Davenport, T. H., & Beck, J. C. (2001). *The Attention Economy: Under-standing the New Currency of Business*. Cambridge, MA: Harvard Business School.

Deleuze, G. (1994). *Difference and repetition*. New York: Columbia University Press.

Deleuze, G., & Guattari, F. (1980/1987). *A thousand plateaus: Capitalism and schizophrenia*. B. Massumi (Trans.). Minneapolis, MN: University of Minneapolis Press.

______(1983/2000). *Anti-Oedipus: Capitalism and schizophrenia*. R. Hutley, M. Seem, & H. R. Lane (Trans.). Minneapolis, MN: University of Minnesota Press.

______(2009/2014). *Anti-Oedipus: Capitalism and schizophrenia*. 김재인 옮김, 『안티 오이디푸스: 자본주의와 분열증』. 서울: 민음사.

Deuze, M. (2011). "Media life". *Media, culture & society, 33*(1), 137-148.

Duke, É., & Montag, C. (2017). "Smartphone addiction, daily interruptions and self-reported productivity". *Addictive behaviors reports, 6*, 90-95.

Fast, K. (2021). "The disconnection turn: Three facets of disconnective work in post-digital capitalism". *Convergence, 27*(6), 1615-1630.

Fisher, E. (2012). "How Less Alienation Creates More Exploitation? Audience Labour on Social Network Sites". *tripleC: Communication, Capitalism & Critique. Open Access Journal for a Global Sustainable Information Society, 10*(2), 171-183.

Floridi, L. (2014). *The onlife manifesto: Being human in a hyperconnected era*. Cham, Heidelberg, New York, Dordrecht, London: Springer Nature.

Franck, G. (1999. 12. 7.). "The economy of attention, Telepolis". Retrieved from http://www.heise.de/tp/artikel/5/5567/1.html

Fuchs, C. (2009). "Some Reflections on Manuel Castells' Book 'Communication Power'". *tripleC: Communication, Capitalism & Critique. Open Access Journal for a Global Sustainable Information Society, 7*(1), 94-108.

______(2012). "Dallas Smythe Today-The Audience Commodity, the Digital Labour Debate, Marxist Political Economy and Critical Theory". *tripleC: Communication, Capitalism & Critique. Open Access Journal for a Global Sustainable Information Society, 10*(2), 692-740.

______(2014). *Digital labour and Karl Marx*. New York: Routledge.

______(2015a). "The digital labour theory of value and Karl Marx in the age of Facebook, YouTube, Twitter, and Weibo". In C. Fuchs & E. Fisher (Eds.),

Reconsidering value and labour in the digital age (pp. 26-41). London: Palgrave Macmillan UK.

_____ (2015b). *Reading Marx in the information age: A media and communication studies perspective on capital* (Vol. 1). London: Routledge.

_____ (2019). *Rereading Marx in the age of digital capitalism*. London: Pluto.

_____ (2020). *Marxism: Karl Marx's fifteen key concepts for cultural and communication studies*. New York: Routledge.

Galloway, A. R., & Thacker, E. (2013). *The exploit: A theory of networks* (Vol. 21). Minneapolis, MN: University of Minnesota Press.

Gandini, A. (2021). "Digital labor: An empty signifier?". *Media, Culture & Society, 43*(2), 369-380.

Gill, R. (2011). "'Life is a Pitch': Managing the Self in New Media Work". In M. Deuze (Ed.), *Managing Media Work* (pp. 249-262). London: Sage.

Goldhaber, M. (1997). "The Attention Economy and the Net". *First Monday, 2*(4), Retrieved from http://firstmonday.org/article/view/519/440

_____ (2006). "The value of openness in an attention economy". *First Monday, 11*(6). Retrieved from http://www.firstmonday.org/issues/issue11_6/goldhaber/index.html

Habermas, J. (2023). *A New Structural Transformation of the Public Sphere and Deliberative Politics*. Oxford: John Wiley & Sons.

Halfmann, A. (2021). "Digging deeper into the reasons for self-control failure: Both intrinsic and extrinsic motivations to use mobile communication shape self-control processes". *Mass Communication and Society, 24*(6), 843-866.

Harcourt, B. E. (2015). *Exposed: Desire and disobedience in the digital age*. Cambridge, MA: Harvard University Press.

Hardt, M., & Negri, A. (2004). *Multitude*. New York: Penguin.

_____ (2017). *Assembly*. Oxford: Oxford University Press.

Hari, J. (2023). *Stolen focus: Why you can't pay attention — and how to think deeply again*. New York: Crown.

Harvey, D. (2017). *Marx, capital, and the madness of economic reason*. Oxford: Oxford University Press.

Hepp, A., & Krotz, F. (Eds.). (2014). *Mediatized worlds: Culture and society in a media age*. New York: Springer.

Hesselberth, P. (2018). "Discourses on disconnectivity and the right to disconnect". *New media & society, 20*(5), 1994-2010.

Jakobsson, P., & Stiernstedt, F. (2010). "Pirates of Silicon Valley: State of exception and dispossession in Web 2.0". *First Monday, 15*(7), Retrieved from http://fistmonday.org/htbin/cgiwrap/bin/ojs/index.php/fm/article/view/2799/2577

James, I. (2010). "Bernard Stiegler and the time of technics". *Cultural Politics, 6*(2), 207-228.

Jenkins, H., Ito, M., & Boyd, D. (2016). *Participatory culture in a networked era: A conversation on youth, learning, commerce, and politics*. Cambridge: Polity.

Jhally, S. (1987). *The Codes of Advertising*. London: Frances Pinter.

Jorge, A. (2019). "Social media, interrupted: users recounting temporary disconnection on Instagram". *Social Media+ Society, 5*(4), 2056305115614851. doi:10.1177/2056305115614851

Karppi, T. (2011). "Digital suicide and the biopolitics of leaving Facebook". *Transformations, 20*, 1-28.

Kaun, A. (2021). "Ways of seeing digital disconnection: A negative sociology of digital culture". *Convergence, 27*(6), 1571-1583.

Kaun, A., & Schwarzenegger, C. (2014). "No media, less life? Online disconnection in mediatized worlds". *First Monday, 19*(11), Retrieved from http://firstmonday.org/ojs/index.php/fm/article/view/5497/4158

Konrath, S. (2013). "The empathy paradox: Increasing disconnection in the age of increasing connection". In R. Luppicini (Ed.), *Handbook of research on technoself: Identity in a technological society* (pp. 204-228). Hershey, PA: IGI Global.

Kuntsman, A., & Miyake, E. (2019). "The paradox and continuum of digital disengagement: Denaturalising digital sociality and technological connectivity". *Media, Culture & Society, 41*(6), 901-913.

Latour, B. (2007). *Reassembling the social: An introduction to actor-network-theory*. Oxford: Oxford University Press.

Lee, M. (2011). "Google ads and the blindspot debate". *Media, Culture & Society, 33*(3), 433-447.

Lee, S. (2022). "Coexistence between attention and distraction: An attempt to bridge the gap between Bernard Stiegler and Walter Benjamin". *Educational Philosophy and Theory, 54*(5), 512-520.

Lutz, C., & Hoffmann, C. P. (2017). "The dark side of online participation: Exploring non-, passive and negative participation". *Information, Communication & Society, 20*(6), 876-897.

Lyotard, J. F. (1991). *The inhuman: Reflections on time*. Stanford, CA: Stanford University Press.

MacKenzie, D. (1984). "Marx and the Machine". *Technology and culture, 25*(3), 473-502.

Marcuse, H. (1955). *Eros and civilization*. Boston, MA: Beacon.

______(1964). *One-dimensional man: studies in the ideology of advanced industrial society*. Boston: Beacon.

Marx, G. T. (2002). "What's New About the 'New Surveillance'? Classifying for Change and Continuity". *Surveillance & Society, 1*(1), 9-29.

Marx, K. (1932/1988). *Economic and philosophic manuscripts of 1844*. Translated by M. Milligan. New York: Prometheus.

______(1867/1976). *Capital: A Critique of Political Economy* (Vol. 1). Translated by B. Fowkes. London: Penguin.

______(1894/1981). *Capital: A Critique of Political Economy* (Vol. 3). Translated by D. Fernbach. London: Penguin.

______(1939/1973). *Grundrissse: Foundations critique of the political economy*. Translated by M. Nicolaus. London: Penguin.

Mayer-Schönberger, V. (2011). *Delete: The virtue of forgetting in the digital age*. Princeton, NJ: Princeton University Press.

McChesney, R. W. (2013). *Digital disconnect: How capitalism is turning the Internet against democracy*. New York: New.

McLuhan, M. (1994). *Understanding media: The extensions of man*. Cambridge , MA: MIT press.

Mejias, U. A. (2013). *Off the network: Disrupting the digital world* (Vol. 41). Minneapolis, MN: University of Minnesota Press.

Mill, J. S. (2003). *On liberty*. New Haven, CT: Yale University Press.

Moe, H., & Madsen, O. J. (2021). "Understanding digital disconnection beyond media studies". *Convergence, 27*(6), 1584-1598.

Natale, S., & Treré, E. (2020). "Vinyl won't save us: reframing disconnec-tion as engagement". *Media, Culture & Society, 42*(4), 626-633.

Negri, A. (1991). *Marx beyond Marx*. London: Pluto.

______(2024). "The appropriation of fixed capital: A metaphor?". *tripleC, 22*(1), 459-467.

Nelson-Field, K. (2020). *The attention economy and how media works: Simple truths for marketers*. New York: Springer Nature.

Newport, C. (2016). *Deep work: Rules for focused success in a distracted world*. London: Hachette UK.

Nguyen, M. H. (2021). "Managing social media use in an 'always-on' society: Exploring digital wellbeing strategies that people use to disconnect". *Mass*

Communication and Society, 24(6), 795-817.

Odell, J. (2020). *How to do nothing: Resisting the attention economy*. Brooklyn, NY: Melville House.

Perlow, L. A., & Porter, G. (2009). "Extreme work and the digital detox". *Harvard Business Review, 87*(12), 68-74.

Portwood-Stacer, L. (2012a). "How we talk about media refusal (Part I)". *Flow*. Retrieved from https://www.flowjournal.org/2012/07/how-we-talk-about-media-refusal-part-1/

______(2012b). "How we talk about media refusal (Part II)". *Flow*. Retrieved from https://www.flowjournal.org/2012/09/how-we-talk-about-media-refusal-part-2-asceticism

______(2012c). "How we talk about media refusal (Part III)". *Flow*. Retrieved from https://www.flowjournal.org/2012/10/how-we-talk-about-media-refusal-part-3-aesthetics

______(2013). "Media refusal and conspicuous non-consumption: The performative and political dimensions of Facebook abstention". *New Media & Society, 15*(7), 1041-1057.

Preester, H. D. (2021). "Life is what you fill your attention with: The war for attention and the role of digital technology in the work of Bernard Stiegler". *Phenomenology and Mind, 20*, 102-116.

Primack, B. A., Shensa, A., Sidani, J. E., Whaite, E. O., Lin, L., Rosen, D., … & Miller, E. (2017). "Social media use and perceived social isolation among young adults in the US". *American journal of preventive medicine, 53*(1), 1-8.

Przybylski, A. K., Murayama, K., DeHaan, C. R., & Gladwell, V. (2013). "Motivational, emotional, and behavioral correlates of fear of missing out". *Computers in human behavior, 29*(4), 1841-1848.

Putnam, R. D. (2000). *Bowling alone: The collapse and revival of American community*. New York: Simon & schuster.

Reckwitz, A. (2020). *The society of singularities*. Cambridge: Polity.

Reinecke, L., & Trepte, S. (2014). "Authenticity and well-being on social network sites: A two-wave longitudinal study on the effects of online authenticity and the positivity bias in SNS communication". *Computers in Human Behavior, 30*, 95-102.

Robert, A. (1989). *Democracy and its Critics*. New Haven, CT: Yale University Press.

Rogers, E. M. (1964). *Diffusion of Innovations*. Glencoe, IL: Free.

Rosalind, G. (2011). "'Life is a pitch': Managing the self in new media work". In M. Deuze (Ed.), *Managing Media Work* (pp. 249-262). London: Sage.

Rosenberg, N. (1974). "Karl Marx on the economic role of science". *Journal of Political Economy, 82*(4), 713-728.

Rossiter, N. (2004). "Creative industries, comparative media theory and the limits of critique from within". *TOPIA: Canadian Journal of Cultural Studies, 11*, 21-48.

Rucht, D. (2004). "The quadruple 'A': Media strategies of protest movements since the 1960s". In W. van de Donk, B. D. Loader, P. G. Nixon, & D. Rucht (Eds.), *Cyberprotest: New media, citizens and social movements* (pp. 25-48). New York: Routledge.

Ruivenkamp, G., & Hilton, A. (Eds.). (2017). *Perspectives on commoning: Autonomist principles and practices*. London: Bloomsbury.

Sagioglou, C., & Greitemeyer, T. (2014). "Facebook's emotional consequences: Why Facebook causes a decrease in mood and why people still use it". *Computers in Human Behavior, 35*, 359-363.

Schmitt, J. B., Breuer, J., & Wulf, T. (2021). "From cognitive overload to digital detox: Psychological implications of telework during the COVID-19 pandemic". *Computers in Human Behavior, 124*(C), 106899. https://doi.

org/10.1016/j.chb.2021.106899

Simondon, G. (1958/2011). *Du mode d'existence des objects techniques*. 김재희 옮김, 『기술적 대상들의 존재 양식에 대하여』. 서울: 그린비.

Smythe, D. W. (1977). "Communications: blindspot of western Marxism". *CTheory, 1*(3), 1–27.

______(1981). *Dependency road: Communications, capitalism, conscious-ness, and Canada*. Norwood, NJ: Ablex.

Snow, B. (2017). *Log off: How to stay connected after disconnecting*. Independently published.

Srnicek, N. (2017). *Platform capitalism*. Hoboken, NJ: John Wiley & Sons.

Stiegler, B. (1998). *Technics and time, 1: The fault of Epimetheus* (Vol. 1). Stanford, CA: Stanford University Press.

______(2009). *Technics and time, 2: Disorientation* (Vol. 2). Stanford, CA: Stanford University Press.

______(2010a). *For a new critique of political economy*. Cambridge: Polity.

______(2010b). *Taking care of youth and the generations*. Stanford, CA: Stanford University Press.

______(2011a). *Decadence of industrial democracies* (Vol. 1). Cambridge: Polity.

______(2011b). *Technics and time, 3: Cinematic time and the question of malaise* (Vol. 3). Stanford, CA: Stanford University Press.

______(2012a). "Relational ecology and the digital pharmakon. *Culture machine, 13*, 1–19.

______(2012b). "The theatre of individuation: Phase-shift and resolution in Simondon and Heidegger". K. Lebedeva (Trans.). In A. D. Boever, A. Murray, J. Roffe, & A. Woodward (Eds.), *Gilbert Simondon: Being and technology* (pp. 185–202). Edinburgh: Edinburgh University Press.

______(2013). *What makes life worth living: On pharmacology*. Hoboken, NJ: John Wiley & Sons.

______(2016). *Automatic Society, vol. 1: The Future of Work*. D. Ross (Trans.). Cambridge: Polity.

Syvertsen, T. (2017). *Media resistance: Protest, dislike, abstention*. London: Springer Nature.

Syvertsen, T., & Enli, G. (2020). "Digital detox: Media resistance and the promise of authenticity". *Convergence, 26*(5-6), 1269-1283.

Terranova, T. (2000). "Free labor: Producing culture for the digital economy". *Social text, 18*(2), 33-58.

______(2004). *Network culture*. London: Pluto.

______(2012). "Attention, economy and the brain". *Culture Machine, 13*, 1-19.

Tromholt, M. (2016). "The Facebook experiment: Quitting Facebook leads to higher levels of well-being". *Cyberpsychology, behavior, and social networking, 19*(11), 661-666.

Valkenburg, P. M., & Piotrowski, J. T. (2017). *Plugged in: How media attract and affect youth*. New Haven, CT: Yale University Press.

Vogel, E. A., Rose, J. P., Okdie, B. M., Eckles, K., & Franz, B. (2015). "Who compares and despairs? The effect of social comparison orientation on social media use and its outcomes". *Personality and individual differences, 86*, 249-256.

Williams, J. (2018). *Stand out of our light: Freedom and resistance in the attention economy*. Cambridge: Cambridge University Press.

Williams, R. (1977). *Marxism and literature* (Vol. 392). Oxford: Oxford University Press.

______(1980). *Culture and materialism*. London: Verso.

Wyatt, S. M., Thomas, G., & Terranova, T. (2002). "They came, they surfed, they went back to the beach: Conceptualizing". *Virtual society? Technology, cyberbole, reality* (pp. 23-40). Oxford: Oxford University Press.

찾아보기

[ㅂ]

[ㅈ]

[ㅊ]

[ㅋ]

[ㅌ]

[ㅍ]

[ㅎ]

주목 불복종

디지털 미디어 주목 통제권 회복

펴낸날 1판 1쇄 2025년 1월 20일
지은이 김영욱
펴낸이 주소현
펴낸곳 이화여자대학교출판문화원
주소 서울특별시 서대문구 이화여대길 52(우 03760)
등록 1954년 7월 6일 제9-61호
전화 02) 3277-2965 (편집), 02) 362-6076 (마케팅)
팩스 02) 312-4312
전자우편 press@ewha.ac.kr
홈페이지 www.ewhapress.com
책임편집 이지예 · 김가영
디자인 정혜진

ISBN 979-11-5890-536-1 93330
값 28,000원